Uwe Neumahr

Inquisition und Wahrheit

Für Agnes

Uwe Neumahr

Inquisition und Wahrheit

Der Kampf um den reinen Glauben

Von Peter Abaelard und
Bernhard von Clairvaux bis
Hans Küng und Josef Ratzinger

Kreuz

Inhalt

Einleitung

Rouen, 30. Mai 1431. Es herrschte reges Gedränge an jenem Vormittag. Die Straßen waren versperrt, und immer wieder rief jemand aus der aufgebrachten Menge: »Verbrennt die Hexe!« Ungeduldig und mit unbändiger Sensationsgier wartete die Meute auf die Hinrichtung. Auf den mit aller Sorgfalt errichteten Holztribünen befanden sich bereits der zuständige Inquisitor und andere kirchliche Würdenträger, um der grausigen Vorführung beizuwohnen. Der Scheiterhaufen wartete bereits auf sein Opfer. Im Zentrum der Aufmerksamkeit aber stand die ehemals gefeierte Heerführerin, die wegen Ketzerei zum Feuertod verurteilt worden war und nun auf einem Karren auf den Marktplatz gefahren wurde. Noch keine 20 Jahre alt, geschunden durch die Kerkerhaft, mit kurzgeschorenen Haaren und einem Büßerhemd bekleidet, schien Jeanne d'Arc ihr Schicksal mit stoischer Seelenruhe hinzunehmen. Ein Augustinermönch ging mit einem hoch erhobenen Kruzifix vor ihr her. Gebannt starrte ein kleines Mädchen auf die Papierkrone, die man der Angeklagten mit der Inschrift »Ketzerin, Rückfällige, Abtrünnige, Götzendienerin« auf den Kopf gesetzt hatte. Plötzlich bat Jeanne um ein Kreuz, und ein von Mitleid bewegter Soldat reichte ihr ein selbstgebasteltes. Jeanne dankte ihm, verlangte aber ein kirchlich geweihtes Kreuz, worauf der Augustiner die Soldaten bat, ein solches aus der nahen Kirche zu holen. Murren machte sich über die Verzögerung breit, und ein Hauptmann schrie: »Sollen wir hier vielleicht zu Mittag essen?« Brutal zerrten die Wächter Jeanne zum Holzstoß weiter. Ein Dominikaner stieg mit ihr die Treppe zum Scheiterhaufen hinauf. Als die Flammen zu züngeln begannen, ermahnte sie den Dominikaner, der noch immer neben ihr stand, sich in sichere Entfernung zu begeben. Es ist überliefert, dass ihr letzter Seufzer ein Gebet gewesen sei. Ihr zum Teil verkohlter Körper wurde der Menge gezeigt, um zu beweisen, dass sie tatsächlich eine Frau war. Danach verbrannte man den Torso vollkommen. Später wurde Jeannes Asche in die Seine gestreut.

So qualvoll endete das Leben von Jeanne d'Arc, der Jungfrau von Orléans. Seit seinem 14. Lebensjahr hatte sich das fromme Bauernmädchen von Stimmen dazu berufen gefühlt, Frankreich im Hundertjährigen Krieg von den Engländern zu befreien. Einem Meteor gleich erschien sie auf den Kriegsschauplätzen und führte ihr Heer tatsächlich in einigen Schlachten zum Sieg, bis sie bei dem Versuch, die Stadt Compiègne zu befreien, von den mit den Engländern verbündeten Burgundern gefangen gesetzt wurde. Groß war der Jubel, als man der verhassten Feindin habhaft wurde. Auf englischer Seite wurde Jeanne sogleich zur Zauberin erklärt und als solche der Inquisition übergeben. Ihre Schuld sei es, dass sich in Frankreich Irrtümer, Abgötterei, falsche Lehren und unzählige Übelstände verbreitet hätten. Dass Jeanne darauf beharrte, in direktem Kontakt zu Gott zu stehen, wertete man als Ungehorsam der Kirche gegenüber. Gegenstand der Verhandlung wurden auch ihre männliche Kleidung, die »nach Art der Sklaventreiber kurz geschnittenen Haare« sowie ein als Selbstmordversuch dargestellter Sprung vom Turm bei einem Fluchtversuch. Der mit den Engländern verbündete Bischof Cauchon setzte in seiner Machtgier alles daran, die Heerführerin zu vernichten. Nachdem ein Gutachten der Universität von Paris Jeannes Schuld bestätigt hatte, wurde sie von der Inquisition schuldig gesprochen und der weltlichen Gerichtsbarkeit zur Vollstreckung der Strafe übergeben. Am 30. Mai 1431 wurde sie als Ketzerin verbrannt – und am 16. Mai 1920 von Papst Benedikt XV. heilig gesprochen!

Wie kam es, dass die katholische Kirche, die Jeanne im Jahre 1431 der Ketzerei angeklagt hatte, derselben Frau später den Status einer Heiligen zugestand? »Du bist schismatisch, hast in bezug auf die Wahrheit und das Recht der Kirche einen falschen Glauben, und bis zur gegenwärtigen Stunde irrst du gefährlich im Glauben an

Gott«, lautete ein Anklageartikel, mit dem die Inquisition Jeanne zum Feuertod verurteilt hatte.[1] Die Glaubensrichter beriefen sich in diesem Prozess also ganz bewusst auf die Wahrheit: Jeanne hatte unter anderem der »Wahrheit der Kirche« zuwidergehandelt, und dies in solchem Maße, dass sie mit dem Tode bestraft wurde. Nach urchristlicher Überzeugung ist die Kirche »Die Säule und Grundfeste der Wahrheit« (1 Tim 3,15) – der *einen* Wahrheit, wie sie von Gott offenbart wurde. Und es war die berüchtigte Inquisition, die seit ihrer Gründung im 12. Jahrhundert damit beauftragt wurde, all das zu schützen, was aus Sicht der Kirche als religiöse Wahrheit betrachtet wurde. Sie sollte das Abirren von dem in Christus eröffneten Weg der Wahrheit verhindern. Wie aber kam es, dass die Inquisition im Jahre 1431 den Begriff der Wahrheit offensichtlich anders verstand als der Heilige Vater im frühen 20. Jahrhundert? Dass die *eine* Wahrheit für die katholische Kirche zu einem späteren Zeitpunkt eine ganz andere war?

Wir alle scheinen ganz genau zu wissen, was »wahr« ist. Jeder beruft sich auf die Wahrheit, selbst diejenigen, denen wir sofort jeden Anspruch auf Wahrhaftigkeit absprechen würden. Die Terroristen des 11. September 2001 glaubten – um auf ein zeitgenössisches Extrembeispiel zu sprechen zu kommen –, dass ihre grausamen Taten der Wahrheit des Korans und des muslimischen Glaubens zugute kämen. Denn durch ihre mörderischen Anschläge versprachen sie sich nichts Geringeres als Seelenheil im Jenseits, ganz zu schweigen von den ominösen Jungfrauen, die ihnen von ihren religiösen Führern für das Paradies zugesichert wurden. Ein fragwürdiger deutscher Popstar zierte im Jahre 2003 seine Autobiographie schamlos mit dem Titel »Nichts als die Wahrheit«, wohl wissend, dass ihn kurz nach dem Erscheinen des Buches viele Menschen der Lüge bezichtigen würden. Auch Politiker berufen sich beständig auf die Wahrheit, um sie kurz darauf in den niederen Gefilden der Realpolitik zu beugen. Wahrheit scheint ein dehnbarer und vieldeutiger Begriff zu sein. Und schon bei diesen wenigen Beispielen sieht man, in welch unterschiedlichen Bedeutungsebenen von ihm gesprochen wird: Wahrheit als Gegenteil von Lüge, Wahrheit als Glaubenswahrheit und so weiter.

Wahrheiten stehen sich oft konträr und unversöhnlich gegenüber, zumal im religiösen Kontext. Kompromisse scheinen ausgeschlossen, denn es sind tiefe Überzeugungen, die eine Annäherung der Positionen verhindern. Religionskriege, Rassenhass und Fanatismus – man muss nur die Nachrichten einschalten, um die neuesten im Namen der Wahrheit begangenen Untaten präsentiert zu bekommen. Ein anderer Punkt ist folgender: Im Zuge einer durch die 68er-Bewegung geprägten Hinterfragungs-Kultur wurden Wahrheiten, die gestern noch in aller Munde waren, vielfach so zerredet, dass Menschen sich aus Gründen der *political correctness* scheuen, überhaupt noch irgendwelche Wahrheitsansprüche geltend zu machen. »Man wurde schließlich erzogen, anderen Wahrheiten gegenüber tolerant zu sein«, erfährt man von ihnen. Relativismus – und somit die Überzeugung, dass es nichts Allgemeingültiges gebe – lautet das oberste Gebot dieser Hinterfrager-Fraktion. Ein volkstümliches Sprichwort hingegen besagt »Die Wahrheit liegt in der Mitte«. Nicht rechts, nicht links also, sondern in der Mitte. Der Supermarkt der Wahrheiten bietet scheinbar für jeden etwas an: für weltliche Relativisten und Hinterfrager, für Personen, die Glaube und Wissenschaft versöhnen wollen, für religiöse und politische Extremisten, sowie für Pragmatiker, die sich dem gesunden Menschenverstand verpflichtet fühlen und zur Mitte tendieren. Ein regelrechter Kulturkampf tobt. Und die Verunsicherung geht mittlerweile bei vielen Menschen so weit, dass sie das Gefühl haben, in einem regelrechten Wahrheits-Vakuum zu leben.

Seit Menschengedenken gab es unterschiedliche Wahrheitsauffassungen, ja es gab in der Vorzeit wohl so viele Wahrheiten, wie es Menschen gab. Der Historiker Felipe Fernández-Armesto vertritt die These, dass »in den frühesten Zeiten, von denen wir Kenntnis haben, Wahrheit für gewöhnlich so verstanden wurde, dass sie gefühlsmäßig oder durch nicht-sinnliche und nicht-rationale Arten von Erkenntnis aufgenommen wurde.«[2] Wahrheit war dieser Theorie nach also ein rein emotionales Erlebnis. Erst mit dem Aufkommen der Schrift und der Begründung des Staatswesens in der Antike oblag es dann staatlichen Institutionen, Wahrheit zu definieren – etwa in Gesetzesform. Menschen wurden damit beauftragt, sie durchzusetzen und mitzuteilen. Regelrechte Wahrheits-Hüter walteten ihres Amtes. Aber nur da, wo auch tatsächlich Macht ausgeübt wurde, konnte Wahrheit verbindlich durchgesetzt werden, denn gegnerische Gruppierungen erhoben ihrerseits Ansprüche. Und dies nicht nur im Hinblick auf die Wahrheitsvermittlung weltlicher Organe, sondern vor allem auch auf so genannte Kultwahrheit – die Wahrheit der Religionen.

Das Christentum entstand zunächst im Wettbewerb der Religionen als ein Glaubenssystem unter vielen anderen, beständig bedroht von konkurrierenden Heilslehren – etwa dem Demeter-, Bacchus- oder Mithraskult, der Gnosis und dem philosophischen Wahrheitsbewusstsein der griechischen Denker.[3] Doch das Christentum ging seine Mission überaus selbstbewusst an, indem es von Anfang an einen Universalanspruch formulierte: »Ich bin der Weg, die Wahrheit und das Leben«, sagt Christus im Johannesevangelium (Joh 14,6). Dieser Satz drückt den grundlegenden Anspruch des christlichen Glaubens aus. Der Exklusivitätsanspruch und das missionarische Streben des Christentums gründen gerade darauf. Christus, der Gottessohn, ist im Besitz der absoluten Wahrheit und niemand sonst. In der Apostelgeschichte sagt Petrus den Ältesten des Volkes Israel: »In keinem anderen Namen ist das Heil zu finden. Denn es ist uns Menschen kein anderer Name unter dem Himmel gegeben, durch den wir gerettet werden sollen.« (Apg 4,12) Als sich das Christentum gegen Ende des 4. Jahrhunderts schließlich als Staatsreligion etablierte, kam es zu einer Institutionalisierung des kirchlichen Amtes. Die Bibel wurde kanonisiert und grundlegende Glaubenswahrheiten wurden dogmatisiert. Gerade das

Dogma, der Glaubenssatz, wurde zu einer durchschlagenden Waffe, um anders lautende Meinungen zu unterbinden. Wahrheiten wurden durch Dogmen verbindlich festgeschrieben, abweichende Ansichten dadurch tabuisiert. Bereits der 1. Korintherbrief mahnt Abweichungen und Spaltungen innerhalb der Kirchengemeinde an: Die Gemeinde Christi sei ein Leib und solle ein Leib bleiben, lautet die zentrale Botschaft jenes Briefes. Häretiker, die diese Einheit bedrohten – sei es aus dem Inneren der Gemeinde heraus, sei es von außen –, wurden bekämpft und zwar im Laufe der Jahrhunderte immer heftiger, bis es gegen Ende des 12. Jahrhunderts unter Papst Innozenz III. schließlich zur Etablierung der berüchtigten Inquisitionsprozesse kam.

Das lateinische Wort *inquisitio* bedeutet zunächst nichts anderes als gerichtliche Untersuchung. Man wollte zur Reinerhaltung des Glaubens Untersuchungen einleiten und die Abweichler gegebenenfalls bestrafen. Doch sind es nicht formelle Befragungen und Protokolle, die wir mit dem Wort Inquisition assoziieren, sondern vielmehr brutale und Menschen verachtende Vorgänge. Schon im Jahr 1215 forderten die Teilnehmer des 4. Laterankonzils die Auslieferung der verurteilten Ketzer an die weltliche Gerichtsbarkeit, was nur allzu oft den sicheren Feuertod bedeutete. Folter, dunkle Verliese und brennende Scheiterhaufen stehen in unserem kollektiven Gedächtnis symbolisch für den kompromisslosen Wahrheitsanspruch, der durch die Inquisition vertreten wurde. Ziel der Inquisition war seit ihrer Gründung nichts Geringeres als die Vernichtung der Häresie, die als kriminelles Vergehen schärfste Bestrafung verdiente. Bereute der Angeklagte vor dem katholischen Glaubenstribunal nicht, wurde er als unbußfertiger, verstockter und hartnäckiger Ketzer verurteilt und den weltlichen Richtern übergeben. Über Jahrhunderte hinweg ein fast sicheres Todesurteil. All dies geschah im Namen der Wahrheit.

Die katholische Kirche gibt nach ihrer Glaubensüberzeugung weiter, was die Erstboten Gottes einst verkündet haben. In ihrer Gesamtheit kann sie glaubend und lehrend nicht das verfehlen, was Gott ihr zum menschlichen Heil gesagt hat. In diesem Sinne ist sie als Ganzes »unfehlbar«. So jedenfalls lautet die Theorie, womit wir bereits bei einer hochaktuellen theologischen Debatte angelangt sind. Gibt es die absolute Irrtumslosigkeit der Schrift, des Papstes und des kirchlichen Lehramtes? Lässt sich überhaupt eine Festlegung der Wahrheit in Form von Dogmen nachvollziehen? Diese Fragen, die unter anderen der Schweizer Theologe Hans Küng in der zweiten Hälfte des 20. Jahrhunderts formulierte, stellen geradezu die Kernfragen der Inquisitionsgeschichte dar. Darf ein Inquisitor bei seiner Urteilsverkündung Anspruch auf absolute Wahrheit erheben? Kann eine Institution, die aus fehlbaren Menschen besteht, von sich behaupten, sie vertrete im Namen des Ganzen die Wahrheit? Liest man Bücher über die Inquisition, stehen sich diesbezüglich häufig zwei Positionen gegenüber: Autoren aus dem Umfeld der katholischen Kirche gestehen Rom die letzte Autorität in Wahrheitsbelangen zu. Relativierende, wenn nicht gar verteidigende Urteile über die Inquisition bezeugen ihre Parteinahme. Auf der anderen Seite findet man viele Autoren, die der katholischen Kirche den absoluten Wahrheitsanspruch absprechen und die Taten der Inquisition auf das Schärfste verurteilen – häufig mit erhobenem Zeigefinger und einem moralisierenden Unterton. Zwischentöne oder neutrale Stellungnahmen hört man nur selten; das Thema Inquisition emotionalisiert.

Um es gleich vorwegzunehmen: Es gibt an den Taten der Inquisition nichts zu beschönigen, geschweige denn zu relativieren. Was geschehen ist, wird in diesem Buch auf den Punkt gebracht. Dennoch versucht es sich nicht im Schlepptau romkritischer Autoren für eine ebenso einseitige Polemik in Dienst nehmen zu lassen. Ein dritter Weg soll eingeschlagen werden: Es ist der Versuch, Täter und Opfer Gehör zu verschaffen und die Motivationen der einzelnen Protagonisten zu verstehen. *Inquisition und Wahrheit* eröffnet einen Blick hinter die Kulissen der häufig schwierigen Wahrheitssuche. In zehn Porträts, die fast 900 Jahre Inquisitionsgeschichte umfassen, wird das Ringen um die Wahrheit zwischen Opfer und Täter dargestellt und die ganze Bandbreite der dramatischen Auseinandersetzung aufgezeigt. Häretiker und Großinquisitoren, Katharer und Dominikaner, Philosophen und Heilige, Wissenschaftler und Zensoren stehen sich in den einzelnen Porträts gegenüber; selbst Päpste und ihre Nachfolger, so unglaublich dies auch klingen mag. Denn Maßnahmen einzelner Päpste, die zur Humanisierung der Inquisition beitrugen, wurden nicht zuletzt von ihren eigenen Nachfolgern zunichte gemacht. Berühmte Täter-Opfer-Paare – von Abaelard und Bernhard von Clairvaux über Galilei und Urban VIII. bis hin zu Ratzinger und Küng – geben eine breite Palette historischer wie zeitgenössischer Auseinandersetzungen mit der Wahrheit wieder. Was geschah, wenn zwei konträre Wahrheitsauffassungen in einem Prozess aufeinander stießen? Verachteten sich die Gegner oder stand der Richter dem Angeklagten mit Gleichgültigkeit gegenüber? Respektierten sie sich mitunter sogar gegenseitig? Gab es das dramatische Ringen um Wahrheit zwischen Inquisitor und Inquisit, den Versuch das Gegenüber von der eigenen Position zu überzeugen? Oder machte der Inquisitor sprichwörtlich »kurzen Prozess«? Und gab es, entgegen gängiger Vorurteile, auch Schattierungen innerhalb der klerikalen Wahrheitsauffassung? Wer weiß schon, dass es im 18. Jahrhundert einen Papst gab, der den Wahrheitsanspruch der römischen Inquisitoren hinterfragte und sich in seiner Privatkorrespondenz über die Urteile der spanischen Inquisition lustig machte? Wer weiß schon, dass ein Großinquisitor im Falle eines plausiblen Beweises bereit gewesen wäre, die Wahrheit der Bibel in einem gewissen Punkt zu revidieren?

Inquisition und Wahrheit legt dar, welchen Wandlungen und Zwängen der Wahrheitsbegriff im Laufe der Jahrhunderte ausgesetzt war und wie persönlich er häufig interpretiert wurde. Auseinandersetzungen, die von Zynismus und Brutalität, von Missverständnissen, aber auch von

Humanität, Toleranz, menschlicher Größe und bisweilen von Komik zeugen, werden dem Leser dargeboten. Tragisches, Nachdenkenswertes und Bewegendes animieren dazu, neu über die berüchtigte Inquisition und ihre Fälle nachzudenken.

Der Kastrat und der Heilige. Peter Abaelard und Bernhard von Clairvaux

Peter Abaelard (1079–1142)

Peter Abaelard gilt als einer der bedeutendsten Denker des europäischen Mittelalters. Viele Jahrhunderte vor der Aufklärung trat er für den Primat der Vernunft nicht nur in der Philosophie, sondern auch in Glaubensfragen ein und geriet dadurch mit der kirchlichen Obrigkeit in Konflikt. Geboren in der Nähe von Nantes, verzichtete Abaelard auf sein Erbe, um sein Leben ganz der Wissenschaft zu widmen. 1102 gründete er in Melun, später in Corbeil und Paris, eine eigene Schule. Die Zahl seiner Anhänger stieg ebenso rasch an wie die seiner Gegner. Im Widerspruch zu seinen Lehrern und gegen den Widerstand vieler Kleriker schuf er ein bedeutendes philosophisch-theologisches Werk. Weltberühmt wurde Abaelards Liebesgeschichte mit Heloise. Eine andere große Persönlichkeit seiner Zeit, Bernhard von Clairvaux, wurde sein unerbittlicher Feind. Im Jahre 1121 trafen die beiden auf dem Ketzergericht in Soissons aufeinander.

Bernhard von Clairvaux (um 1090–1153)

Schon vor Gründung der päpstlichen Inquisition im 13. Jahrhundert gab es systematische Ketzerverfolgung. Zu den berühmtesten Glaubensrichtern jener Frühzeit zählte Bernhard von Clairvaux. Unnachgiebig in seiner Überzeugung, verfolgte er die Feinde der Kirche mit Ingrimm. 1115 gründete er das Reformkloster Clairvaux zur Erneuerung des klösterlichen Gemeinschaftslebens. Noch zu Bernhards Lebzeiten wurden 68 Filialen gegründet. 1174 wurde Bernhard heilig gesprochen, 1830 zum Kirchenlehrer erhoben. Schon zu Lebzeiten eine Berühmtheit, holten Könige und Päpste seinen Rat ein. Bernhard von Clairvaux – Abt, Kreuzzugsprediger und Mystiker – war einer der bedeutendsten Mönche des Zisterzienserordens. Seine Mystik wurde bestimmend für das Mittelalter. Prägend bis in die Neuzeit hinein blieb sein Einfluss auf Predigt und geistliches Leben.

Vom Schlafmittel benommen, das ihm sein hinterhältiger Diener verabreicht hatte, konnte sich Abaelard kaum wehren. Zu schockiert war er, als die kräftigen Burschen ihn plötzlich in seinem Bett überfielen, ihn festhielten und mit Gewalt den Rock über seinen Kopf zogen. Kühl und mit chirurgischer Präzision banden sie seinen Hodensack ab, setzten das Messer an und schnitten die Hoden heraus. »Es war so kurz und plötzlich«, berichtet Abaelard später, »dass ich fast keinen Schmerz empfand.« Auch wenn der physische Schmerz zum Zeitpunkt der Verstümmelung offenbar erträglich war und die Wunde nach einer gewissen Zeit vernarbte, verfolgte die Scham den berühmten Mann doch ein Leben lang. Wie ein Lauffeuer verbreitete sich die Nachricht von Abaelards Kastration. Nur durch Flucht in die Abtei von Saint-Denis konnte er sich den Mitleidsbekundungen der Verehrer entziehen. Seine Studenten murmelten hinter vorgehaltener Hand, und viele seiner Kollegen konnten die Schadenfreude kaum verbergen, galt Peter Abaelard doch als arroganter und anmaßender Besserwisser. Er selbst musste sich eingestehen, dass seine klerikale Laufbahn beendet und der Spott seiner Feinde ihm gewiss sein würde. Mit Genugtuung durfte Abaelard wenigstens noch erleben, wie man zweier seiner Täter habhaft wurde und sie auf grausame Weise bestrafte: Sie wurden ebenfalls kastriert und zudem noch geblendet: Auge um Auge, Hoden um Hoden.

Rache war es, derentwegen der berühmte Magister im Jahr 1118 entmannt wurde, Rache für die angebliche Entehrung seiner Geliebten. Dabei hatte das Liebesverhältnis so verheißungsvoll begonnen. Die Beziehung zwischen Abaelard und Heloise – wohl die romantischste und berühmteste Liebesgeschichte des europäischen Mittelalters – nahm ein Jahr zuvor ihren Anfang. Zwei außergewöhnliche Menschen trafen aufeinander, deren intensive emotionale Bindung trotz späterer Trennung über Jahrzehnte hinweg bestehen bleiben sollte. Heloise war erst sechzehn, als Abaelard in ihr Leben trat. Entzückt zeigte sich das mit ungewöhnlichen Geistesgaben versehene Mädchen, als ihr

19

Onkel ihr mitteilte, dass der berühmte Magister bei ihnen wohnen werde. Ihr Onkel Fulbert hatte die prestigeträchtige Stellung des Domherrn von Notre-Dame in Paris inne, und Abaelard sollte mit Beginn des Jahres 1114 die Zöglinge jener Domschule unterrichten. Das intelligente Mädchen freute sich inständig, sah sie in dem gelehrten Mitbewohner doch eine Chance, ihren Wissensdurst zu stillen. Abaelard hingegen, ausgebrannt von akademischen Streitereien und ermüdet vom Studium der trockenen Pergamente, beabsichtigte, einen Durst ganz anderer Art zu löschen. Stattlich, von angenehmem Äußeren und mit stolzem Blick versehen, vermochte der 38-jährige Magister den körperlichen Reizen des schüchternen Mädchens nicht zu widerstehen. Schon vor seinem Einzug bei Fulbert waren ihm jene Reize aufgefallen, und Abaelard nutzte das neue Mietverhältnis, um Heloise unter dem Deckmantel einer Lehrer-Schüler-Beziehung zu verführen. Enthaltsam bis zu diesem Augenblick, schreibt er freimütig über den Beginn ihrer Affäre:

»Die Liebe zu Heloise durchglühte mich, und ich suchte Mittel und Wege, täglich in ihrer Häuslichkeit zu verkehren und so das junge Mädchen zu zähmen. So vereinbarte ich mit Fulbert, dass er mich in sein Haus aufnehme und den Preis nach Belieben festsetze. […] Fulbert kam ans Ziel seiner Wünsche: mein Geld für sich und meine Gelehrsamkeit für seine Nichte. […] Diese Art und dieses Maß von Harmlosigkeit verwunderte mich doch erheblich; ich konnte nicht verblüffter sein, wenn er sein zartes Lämmlein einem heißhungrigen Wolf zu hüten gab.«[4]

Ehrliche Worte! Dass Augen und Hände der Liebenden während der privaten Unterrichtsstunden nicht nur den Folianten zugewandt waren, kann man sich denken. Der Hausgemeinschaft folgte die Liebesgemeinschaft. Und Abaelard war in seinen öffentlichen Lehrveranstaltungen an der Domschule fortan so zerstreut, dass seine Studenten den gestrengen Philosophen nicht wiedererkannten. Es freute sie zu sehen, wie er seinen eigenen Grundsätzen untreu wurde. Sollten sie ihre Zeit nicht ausschließlich den Studien und der Philosophie widmen, wie er häufig gepredigt hatte? Wohlmeinende Hänseleien seitens der Studentenschaft begleiteten seine Wege.

Als Heloise Abaelard aber eines Tages offenbarte, dass sie ein Kind von ihm erwarte, kam Abaelard in gehörige Schwierigkeiten. Er musste sich und Heloise vor Fulberts Zorn in Sicherheit bringen, schäumte dieser doch vor Wut, dass sein Vertrauen in den Hauslehrer missbraucht worden war. Bei Nacht und Nebel entführte Abaelard Heloise und brachte sie zu seiner Schwester in die Bretagne. Dem zornentbrannten Onkel versprach er zähneknirschend, Heloise zur Frau zu nehmen, falls Fulbert die Eheschließung geheim halten werde. Fulbert willigte ein und drängte den werdenden Vater, Heloise zurückzubringen, um sie zu heiraten. Als Abaelard in der Bretagne angekommen war, erwartete ihn Heloise bereits mit ihrem gemeinsamen Sohn Astrolabius. Sie aber sträubte sich lange, Abaelard zu heiraten, denn die Kirchenreformen Leos IX. und Gregors VII. verhießen für sie nichts Gutes: Durch diese war vor einem Menschenalter bestimmt worden, dass Ehepartner von der Priesterschaft ausgeschlossen würden, solange die Frau nicht Nonne wurde. Und dazu war das junge Mädchen verständlicherweise nicht bereit. Sie wollte weder ihr Kind hergeben, noch auf ihren Geliebten verzichten. Außerdem stünde Abaelard durch eine geheime Liebesbeziehung, wie sie meinte, die kirchliche Laufbahn weiterhin offen. Abaelard aber gab Fulberts Drängen nach und überredete ihn, die Ehe in aller Heimlichkeit zu schließen, so dass alle Beteiligten ihr Gesicht wahren konnten: Des Domherren und seiner Nichte Ehre wäre damit entsprochen, und Abaelard hätte weiterhin auf eine klerikale Karriere bauen können. So weit, so gut. Abaelard und Heloise schlossen in Fulberts Gegenwart im Jahre 1118 den Bund fürs Leben. Um nicht aufzufallen, gingen die beiden Liebenden in den darauf folgenden Wochen weitestgehend getrennte Wege und sahen sich in aller Heimlichkeit nur selten – bis Fulbert sein Versprechen plötzlich brach. Das Gerücht einer angeblichen Eheschließung kursierte allerorten, so dass er seinen guten Ruf gefährdet sah und ihn wiederhergestellt wissen wollte. Aufgebracht verbreitete er die Nachricht von der Heirat. Erzürnt leugnete Heloise alles. Abaelard sah sich wieder zur Flucht veranlasst und brachte Heloise in das Kloster in Argenteuil, wo sie gegen ihren Willen die Nonnentracht überstreifte, allerdings ohne die Gelübde abzulegen.

Was Abaelard tat, bedeutete damals so viel wie Scheidung, denn er brachte seine Ehefrau ins Kloster. Aus Fulberts Sicht aber hatte Abaelard Heloise in seinem eigenen Haus zuerst die Jungfräulichkeit geraubt und dann die Dreistigkeit besessen, sie zur Nonne zu machen, als ob sie noch Jungfrau wäre. Dieser Tatbestand schrie nach Blutrache. Und so kam es schließlich zu Abaelards grausamer Kastration.

In seiner *Leidensgeschichte,* der ebenso brillanten wie selbstmitleidigen Autobiographie Abaelards, meint der Philosoph später in seinem tiefen Fall eine gewisse Gerechtigkeit erkennen zu müssen: An jenem Organ, mit dem er gesündigt hatte, war er bestraft worden; und er war von dem Mann verraten worden, den er selbst verraten hatte. In Saint-Denis legte Abaelard schließlich das Mönchsgelübde ab. Heloise nahm ihrerseits den Schleier. Sie begannen einen liebevollen Briefwechsel, dessen Echtheit zwar oft bestritten wird, der aber zu den schönsten Erzeugnissen der mittelalterlichen Liebesliteratur zählt. Abaelard übernimmt in seinen schriftlichen Mitteilungen häufig die Rolle dessen, der von seiner Schuld gequält wird. Heloise jedoch tröstet ihn mit einer beständig wiederholten Rechtfertigungsrede zugunsten wahrer Liebe und dem Vorrang des individuellen Gewissens:

»Herzliebster, Du weißt es, alle, alle wissen es, was ich in Dir verloren … Ohne Zaudern brachte ich mein altes Gewand und mein altes Herz zum Opfer, um aller Welt zu zeigen, wie ich Dein eigen sei mit Leib und Seele … Ein festes Eheband, eine Morgengabe – habe ich je danach gefragt? In dem Namen Gattin hören andere vielleicht das Hehre, das Dauernde; mir war es immer der Inbegriff der

Süße, Deine Geliebte zu heißen … Herr Gott, sei Du mein Zeuge, wenn der Kaiser käme, der Beherrscher der ganzen Welt sich herabließe, mich zu ehelichen, wenn er mir dabei die ganze Erde verschriebe und verbriefte zum ewigen Besitz; ich möchte doch lieber Deine Dirne heißen als seine Kaiserin.«[5]

Abaelards romantische Liebesgeschichte lässt zumeist alles andere, was an seinem faszinierenden Gelehrtenleben bemerkenswert ist, in den Hintergrund treten. Und doch war er auch ein berühmter Häretiker, der auf Grund seiner Wahrheitsauffassung von der Kirche verurteilt wurde. Was war geschehen, und was bedeutete Wahrheit für diesen Denker des frühen 12. Jahrhunderts? Werfen wir einen kurzen Blick auf die Ideengeschichte jener Jahre: Die Zeit vom 12. bis zum 14. Jahrhundert wird heute gerne als »Zeitalter des Glaubens« bezeichnet. Die Kirche war jene Institution, die das tägliche Leben im Kleinen wie im Großen durch immer neue Gesetze zu regulieren beanspruchte. In diese Zeit fiel die Gründung der päpstlichen Inquisition, und die Kirche bestimmte weitestgehend die Ordnung der Welt. Allerdings rumorte es unter den festgefügten Schichten der Ordo-Gesellschaft gewaltig, denn ein aus der antiken Philosophie bekannter schlafender Riese trachtete zusehends nach Mitspracherecht: die Vernunft, die nun als Gegengewicht zum Glauben auftrat. Als ihr geistiger Urvater galt gemeinhin der griechische Philosoph Aristoteles. Vor allem durch die Untersuchungen des spätantiken Denkers Boethius und die Überlieferungen der Araber wurden die mittelalterlichen Gelehrten mit aristotelischer Logik vertraut. Der Syllogismus – der logische Schluss vom Allgemeinen auf das Besondere – wurde zur Schneide, um das Wahre vom Falschen zu trennen. Nichts war fortan vor Syllogismen gefeit, auch die heiligen Schriften und die Werke der Kirchenväter nicht. Und es war Peter Abaelard, der die aristotelische Logik zur Perfektion trieb. Der Philosoph behauptete nämlich, dass die Dialektik – wie er die Logik auch nannte – das wesentliche Instrument sei, um Wahrheit von Unwahrheit zu unterscheiden.

Wie die beiden Liebenden durch ihre unorthodoxe Beziehung übliche Beziehungsmuster des Mittelalters hinterfragten, durchbrach Abaelard gängige Argumentationsstrukturen seiner Zeit. War die Wahrheit vormals so gut wie unantastbar, machte Abaelard die Suche nach ihr erst zur Aufgabe. Galt es vorher in den Schreibstuben der Theologen, ältere Texte blind zu überliefern, forderte Abaelard, sie zunächst kritisch auf ihre Authentizität hin zu beleuchten. Schon früh zeigten sich seine Disputierfreudigkeit und sein kritischer Geist. Als junger Mann fühlte er sich von der Welt der Studien so angezogen, dass er bereit war, das ihm zustehende Erbteil an die Geschwister abzutreten. Das bretonische Heimatdorf, in dem er um 1079 geboren wurde, ließ er hinter sich und brach auf, um die Turnierstätten der philosophischen Diskussionen aufzusuchen. Denn nur in einem fruchtbaren Umfeld, so glaubte Abaelard, könne die Saat des Wissens aufgehen. Und wo immer ein philosophisches Wortgefecht tobte, genoss es der junge Bretone, seinen Gegnern die Stirn zu bieten und die Mauern ihrer Argumente durch den Posaunenschall seiner Beweisgründe zum Einsturz zu bringen.

Großen Einfluss auf Abaelards weiteres Leben sollte sein Lehrer Roscelin gewinnen, der ihm als Kritiker kirchlicher Lehrpositionen voranging. Roscelin war einer jener berüchtigten Gelehrten, die im Universalienstreit Stellung bezogen und später von der Kirche dafür bestraft wurden. Universalie bedeutet eine allgemeine Vorstellung, etwa »das italienische Volk« oder »die katholische Kirche«. Universalien werden also durch allgemeine Begriffe bezeichnet, können aber unabhängig von diesen existieren. In diesem Zusammenhang empfand sich die Kirche als geistige Wesenheit, die von der Summe der einzelnen Glieder unabhängig war. Sie sah sich größer als das, was über die Kräfte und Eigenschaften der Einzelwesen hinausgeht. Den Vertretern dieser Position standen die so genannten Nominalisten gegenüber, die eine pragmatischere Sicht der Dinge befürworteten: Nur die individuellen Objekte und Personen existierten, alles andere seien

Peter Abaelard
(1079–1142)

ABELARD.

nichts als Namen (*nomina*). Der Mensch als abstrakte Wesenheit existiere nicht, nur Menschen als Individuen.

Das, was uns heutzutage vielleicht als Haarspalterei erscheinen mag, hatte im Mittelalter für die Kirche lebenswichtige Bedeutung. Denn wie stand es um die Dreieinigkeit? Roscelin behauptete, dass Gott ein Wort sei, das man auf die drei Personen der Dreieinigkeit anwenden könne. Wirklich existieren würden aber nur die drei Personen, nicht jedoch die Dreieinigkeit. Hieß das aber nicht, dass die katholische Kirche nun mehreren Göttern huldigen müsse? Diese Lehre konnte in den Augen orthodoxer Kirchenfürsten nicht geduldet werden, zumal Roscelins Argumente den muslimischen Gegnern in die Hände spielten, die dem Christentum gerade wegen der Dreieinigkeit kritisch vorhielten, eine polytheistische Religion zu sein. So zwang man Roscelin schließlich zum Widerruf.

Bei dieser etwas anrüchigen Person studierte Abaelard bis 1099 in Loches. Auch wenn Abaelard später keinen Hehl daraus machte, dass er ein Schüler Roscelins gewesen war, distanzierte er sich von seinem einstigen Lehrmeister. Abaelard zog es nun nach Paris, wo die Kunst der Dialektik blühte, und er traf auf einen neuen Lehrmeister, der das genaue Gegenteil Roscelins war. Dank seiner überragenden Intelligenz und seiner raschen Auffassungsgabe erlangte Abaelard bald die Gunst des Meisters Wilhelm von Champeaux. Der angesehene Magister lehrte an der Kathedralschule von Notre-Dame. Wenn wir Abaelard glauben dürfen, war Wilhelm »platonischer als Platon selbst«, denn für Wilhelm waren die Universalien objektiv wirklich: Das Individuelle sei weiter nichts als eine Ausgestaltung seiner Gattung und existiere lediglich durch die Teilnahme am Allgemeinbegriff – lautete eine zentrale These Wilhelms. Somit sei ein bestimmter Mensch nur existent, insofern er der Gattung *Mensch* zugehöre. Die ganze Menschheit sei beispielsweise in Sokrates gegenwärtig. Wilhelm war ein Vertreter des so genannten »naiven Realismus«, für den allgemeine Gattungsbegriffe von vornherein real waren.[6]

Wilhelms Begeisterung für seinen begabten Schüler kühlte jedoch bald ab, als er merkte, dass der Grünschnabel ihm nicht den notwendigen Respekt erwies, ja seine Lehre verspottete. Abaelard verhöhnte den allseits geachteten Lehrer und machte sich durch seine überhebliche Art Feinde.

»Die ganze Menschheit soll in Sokrates gegenwärtig sein?«, fragte er in einer Vorlesung. »Wenn also die ganze Menschheit etwa in Alexander gegenwärtig ist, dann muss Sokrates, der ja zu der Gesamtmenschheit gehört, in Alexander gegenwärtig sein. Vermutlich meinst du« – so Abaelard in intellektuell brillanter wie hochmütiger Manier – »dass alle wesenhaften Elemente der Menschheit in jedem Menschenwesen gegenwärtig sind.«[7]

Nach dieser Zurechtweisung durch den jungen Studenten verstummte Wilhelm. Und man kann sich das eisige

Schweigen im Hörsaal vorstellen. Der Skandal war perfekt und Abaelards Stellung an Wilhelms Schule wurde zusehends unhaltbar, bis der junge Denker sich entschloss, eine eigene Schule zu gründen. In den vorherrschenden Denkrichtungen bestens ausgebildet – er war ja von beiden im Universalienstreit involvierten Parteien unterrichtet worden – wurde er um 1102 Magister in Melun. Er entwickelte in den kommenden Jahren eine zwischen den Extrempunkten vermittelnde Theorie, die später als »Konzeptualismus« bezeichnet wurde. Und sein Ruhm als Lehrer und Streiter in Wahrheitsbelangen verbreitete sich so rasch, dass er bald eine Berühmtheit wurde, der die Schüler in Scharen zuliefen.

Abaelards großes Thema wurde die Vernunft. Sich dem Glauben mit philosophischer Vernunft zu nähern – dies war das große Anliegen, das er in seinen Vorlesungen und Schriften vertrat. In seinem Werk *Dialektik* argumentiert er, die Wahrheit könne der Wahrheit nicht widersprechen. Folglich müssten die Wahrheiten der Bibel mit den Feststellungen der Vernunft übereinstimmen, denn sonst würde uns Gott, der uns beides gegeben hat, mit der einen oder anderen täuschen. Schon in dieser Schrift erkennen wir gehöriges Konfliktpotential: Abaelard wertete die Dialektik nämlich so hoch, dass er die Glaubwürdigkeit der Kirchenväter und der kanonischen Überlieferung – das heißt unausgesprochen der Kirche überhaupt – für geringer hielt als die der Dialektik. In seiner Schrift *Sic et non* (Ja und Nein) ging er noch einen Schritt weiter. Darin deckte er die Widersprüche auf, die den Annahmen der Theologie und der Philosophie seiner Zeit innewohnten.

Sic et non besteht ausschließlich aus Zitaten der Kirchenväter, dem Kirchenrecht, Liturgien und der Bibel. Betrachtet man die Sammlung, so fällt auf, dass jeder Aussage sofort eine mit entgegengesetztem Inhalt folgt. Die Lösung, die Synthese, bleibt dem Leser nach der Lektüre freilich selbst überlassen. Abaelard fügt niemals etwas hinzu. Kritik an kirchlichen Positionen übt er nie; er will lediglich zum Nachdenken anregen.

Hielt sich der Ärger über *Sic et non* in Kirchenkreisen noch in Grenzen, rief sein Versuch, das Mysterium der Dreieinigkeit mit der Vernunft zu erklären, großen Widerstand hervor: Wir können in dem einen Gott seine Macht als die erste Person, seine Weisheit als die zweite, seine Gnade, Liebe und Hilfsbereitschaft als die dritte Person begreifen, so Abaelard. Hieß das aber nicht, die göttliche Dreieinigkeit zu entpersonalisieren? Bezeichnen in der Trinitätslehre die drei Namen Vater, Sohn und Heiliger Geist nicht üblicherweise drei Personen? Zwei besonders eifrige Theologen schwärzten Abaelard beim Bischof von Reims an, bis dieser den Denker aufforderte, nach Soissons zu kommen, um sich dem Vorwurf der Ketzerei zu stellen. Und es kam, wie es kommen musste. Die von Hunger und Krankheit gezeichneten Bürger von Soissons wurden im Vorfeld so gegen den angeblichen Ketzer aufgehetzt, dass Abaelard um sein Leben fürchtete: »Der Erfolg dieser Hetze war, dass die Masse mich [...] beinahe steinigte. Sie hatten sich weismachen lassen, ich trage mündlich und schriftlich die Lehre von drei verschiedenen Göttern vor.«[8] Ohne Abaelard angehört zu haben, wurde er 1121 verurteilt und seine Schrift über die Trinität dem Feuer übergeben. Ein in doppelter Hinsicht kastrierter Mann, geistig wie körperlich, zog nun traurig von dannen. Nach seiner Verurteilung kehrte Abaelard erschöpft in die Abtei von Saint-Denis zurück, nicht ahnend, dass dies erst der Anfang seiner zweiten Leidensgeschichte sein sollte. Sein erbittertster Gegner in späteren Jahren war noch gar nicht auf ihn aufmerksam geworden. Er hatte Wichtigeres zu tun. Bernhard von Clairvaux war zu sehr mit administrativen Aufgaben beschäftigt.[9]

Als Gründer und Abt des Reformklosters Clairvaux widmete Bernhard seine ganze Kraft der Erneuerung des Mönchsideals. Für die in seinen Augen eitlen Haarspaltereien gewisser Philosophen hatte er keine Zeit. Dieser Mahner und Traditionalist war eine jener zwielichtigen Persönlichkeiten des Mittelalters, deren Bewertung die Nachwelt spaltet. Bernhard polarisiert noch heute: In der katholischen Kirche gilt der später heilig gesprochene Zisterzienserabt als Patron der Imker und Wachszieher. In zahlreichen Kirchen erblickt man sein Konterfei sympathisch lächelnd mit einem Bienenkorb in der Hand. Seiner Liebe zu Bienen stand allerdings sein Hass den Muslimen gegenüber, war es doch Bernhard, der fanatisch zum Kreuzzug gegen die Ungläubigen aufrief. Viele Tausende folgten seinem Aufruf, und noch viele Tausend mehr verloren in den Gemetzeln im Orient ihr Leben – Christen wie Muslime. Schon hier sehen wir, dass er der Wahrheit des katholischen Glaubens alles unterordnete. Er ging dabei – im wahrsten Sinne des Wortes – über Leichen. Mit zwölf anderen Mönchen gründete Bernhard in der Abgeschiedenheit eines einsamen Tales das Kloster Clairvaux, das bald vielen als Musterkloster galt. Seine Ausstrahlung war derart, dass Frauen in der Nachbarschaft fürchteten, er werde ihre Söhne und Liebhaber zum Mönchsleben verführen, da die Abtei von Jahr zu Jahr größer wurde. Damals ahnte er noch nicht, dass er zu *der* maßgeblichen Autorität in religiösen Fragen werden sollte. Bernhard wurde schließlich so berühmt, dass er vor Königen und Päpsten predigte. Es galt seinen Ratschlag einzuholen. Schon äußerlich wirkte er respekt- und furchteinflößend. Bernhard steigerte seine Frömmigkeit bis zu einer verzehrenden Askese. Sein Rücken war durch die beständigen Selbstkasteiungen zu einer einzigen Wundfläche aus blutunterlaufenen Narben und Verletzungen geworden. Seine Ordensoberen mussten ihm schließlich befehlen, mehr zu essen, da er Gefahr lief, zu verhungern.

Eine Berühmtheit seiner Zeit, lebte er achtunddreißig Jahre lang in einer engen Zelle in Clairvaux, wo ihm ein Strohlager als Schlafstätte diente. Wissenschaft und Bildung allerdings bedeuteten Bernhard wenig. Wie konnte der winzige Geist des Menschen es wagen, die göttliche Schöpfung zu verstehen, geschweige denn, über sie zu richten? Das *vitium curiositatis*, das übertriebene Interesse an weltlichen Dingen bei Abwendung von den göttlichen, war ihm ein besonderer Dorn im Auge. Eitle und törichte Anmaßung nannte er den Stolz der Philosophen, Geschwätz ihre Dispute. Als orthodoxer Vertreter des alten Mönchsideals sah er in den philosophischen Hinterfragungen vor allem eine Gefährdung seiner Glaubenshaltung. Und diese galt es mit aller Härte zu verteidigen. Von einem gewissen Abaelard und seinen tollkühnen philosophischen Schlüssen hörte er wohl zum erstenmal, als ihn Wilhelm von Saint-Thierry im Jahre 1139 auf die neuartige Lehre aufmerksam machte. Kämpferisch und unbeugsam war Abaelard in der Zwischenzeit nämlich seiner philosophischen Linie treu geblieben. Er verteidigte weiterhin die Vormachtstellung der Vernunft, radikaler denn je. Um 1125, also wenige Jahre nach seiner Verurteilung in Soissons, schrieb Abaelard das *Gespräch eines Philosophen, eines Juden und eines Christen*, das in Zeiten der Kreuzzüge und Religionskriege eine ungeheuerliche Provokation darstellte. Dieses Werk ist zweifellos eines der aufregendsten Dokumente der abendländisch-mittelalterlichen Philosophie – nicht nur, weil der Weise im Gespräch ein Muslim ist. Abaelards ehrgeiziges Ziel war nichts Geringeres als eine philosophische Verständigung unter den Religionen herzustellen – ein für das christliche Mittelalter unerhörter Vorgang. Und es ist schwer, in diesem Zusammenhang nicht von Aufklärung, Toleranz und ihrer Ausübung zu sprechen.

Wilhelm von Saint-Thierrys Wunsch jedoch, Abaelard zu verklagen und den Philosophen auf dem Konzil von Sens direkt herauszufordern, kam Bernhard zunächst nicht nach. Er wusste, dass er neben dem wortgewandten und intellektuell bestechenden Abaelard keine gute Figur abgeben würde; in dialektischen Wortgefechten wäre er hoffnungslos unterlegen gewesen. »Der rechte Glaube glaubt, er disputiert nicht«, ließ er in einem Brief ebenso selbstsicher wie furchtsam verlautbaren. Doch Bernhard konnte sich dem Drängen der Würdenträger nicht auf Dauer widersetzen. Der Zisterzienserabt, der auf Grund seiner moralischen Unfehlbarkeit gefürchtet war und schon zu Lebzeiten im Ruf eines Heiligen stand, musste die orthodoxe Lehre verteidigen. Denn eines störte die Kirche an Abaelard ganz besonders: Der Philosoph nahm an, es gebe kein Mysterium an der Religion, er meinte alle Dogmen könnten einer vernunftmäßigen Erklärung zugänglich gemacht werden. Der herausfordernde Bretone musste ein für allemal mundtot gemacht werden. Zu viele Schüler hatte er bereits mit subversiver Logik infiziert. Und so organisierte man ein groß angelegtes Konzil, das zum herausragenden Ereignis des Jahres 1140 werden sollte.

Verwirrt und zugleich geschmeichelt zeigte sich Abaelard, als er der Vorladung nach langem Zögern nachgekommen war und in das Städtchen Sens einzog. Denn wie hätte er ahnen können, dass sein Fall die Mächtigen des Landes so sehr beschäftigte: Der König von Frankreich war mit seinem Hofstaat anwesend, und hohe kirchliche Würdenträger waren dutzendweise zugegen. Bernhard aber, vom Rheumatismus geplagt und streng in seiner zur Schau gestellten moralischen Überlegenheit, war die furchteinflössendste Gestalt von allen. Grimmig und mit autoritärem Gebaren ließ er den stolzen Philosophen im Auftrag des Erzbischofs vor dem versammelten Konzil erscheinen, um ihm in feierlichem Ton seine Verfehlungen gegen den Glauben vorzulesen.

Man schrieb den 3. Juni des Jahres 1140. Als Abaelard die Kathedrale betrat, wo ihn die große Versammlung mit dem König und den Bischöfen an der Spitze erwartete, herrschte bereits reges Gedränge und offen zur Schau gestellte Neugierde. Würdevoll saßen die hohen Herren in ihren Kirchstühlen. Langsam lief Abaelard auf seinen berühmten Richter zu, und vor Spannung durchrieselte ein Schauer das Publikum. Ruhig und besonnen vernahm Abaelard die Anklagepunkte, als Bernhard sie mit kaltem Blick und tiefer Stimme vortrug – doch was dann geschah, verblüffte alle Anwesenden. Man rechnete mit einer engagierten Verteidigungsrede des Philosophen, ja mit einem rhetorischen Feuerwerk. Doch Abaelard ließ zur großen Enttäuschung seines Publikums jede Hoffnung auf Voyeurismus und Schadenfreude ins Leere laufen. Als Bernhard einige Anklagepunkte vorgelesen hatte und begann, ihn zu befragen, verweigerte Abaelard jede Aussage und berief sich auf Rom. Stolz gab er bekannt, dass er niemanden außer dem Papst als Richter anerkennen werde. Die Konzilsteilnehmer verdutzt hinter sich lassend, zog er erhobenen Hauptes von dannen und machte sich auf den Weg nach Rom. Wieder einmal hatte Abaelard in den Augen seiner Mitmenschen für einen Skandal gesorgt.

Um seinen großen Auftritt gebracht und in seinem Stolz tief gekränkt, bewirkte Bernhard schließlich, dass Abaelards Lehre kirchlich verurteilt wurde. Auch wenn er eine Berufung nicht verhindern konnte, taten er und die Erzbischöfe von Sens und Reims alles, um Rom in ihrem Sinne zu beeinflussen. In großer Eile setzte Bernhard Briefe auf, um Innozenz II. und seine Umgebung vor Abaelards Lehre zu warnen. Auf Grund seiner Abhandlung *Über die Irrtümer Abaelards* wurde der Philosoph schließlich am 16. Juli 1140 vom Papst zum Stillschweigen verurteilt. In einem Dekret ließ der Papst das Urteil des Konzils bestätigten und Abaelard befehlen, sich in ein Kloster zurückzuziehen. Abaelard, der sich schon auf dem Weg nach Rom befand, wurde durch Krankheit an der Weiterreise gehindert und fand bei dem ihm wohlgesonnenen Abt von Cluny, Petrus Venerabilis, Zuflucht. Dort ereilte ihn auch die Nachricht von seiner Verurteilung. In einer letzten trotzigen Anwandlung wollte Abaelard die Reise fortsetzen, woran ihn schließlich Petrus Venerabilis hinderte. Seine zwei letzten Lebensjahre verbrachte der »Sokrates der Gallier«, wie er von Petrus Venerabilis in einer Ehrenbezeichnung genannt wurde, als Mönch in Cluny, wo er Heloise – die er nie wieder sah – ein erschütterndes Bekenntnis des Glaubens schrieb. Aber dass Abaelards Tod auch der Abschluss ihres eigenen Lebens sein würde, wie Heloise einst schrieb, sollte sich nicht bewahrheiten. Erst 20 Jahre später starb sie als Äbtissin und wurde schließlich in jenes Grab gebettet, in dem ihr Geliebter ruhte.

Bernhard war es, der letztlich bewirkte, dass Abaelard verurteilt wurde. Doch was genau störte ihn so sehr an den

Gedanken des Philosophen, dass er diesen mit Ingrimm, ja Hass verfolgte? Zum verbalen Showdown zwischen Abaelard und Bernhard kam es nie. Stolz und selbstbewusst entzog sich Abaelard einer Auseinandersetzung. Wir kennen aber die Briefe Bernhards, in denen er gegen Abaelard polemisiert und seine Lehre offen angreift. Sie sind es, die Licht in das Dunkel bringen und eine klare Sprache in Bezug auf Bernhards Angriffsstrategie sprechen. Die Stimmung, die in Sens herrschte, war düster. Tiefstes Misstrauen kennzeichnete die Gemütslage beider Opponenten. Abaelard beklagte sich später zu Recht, dass Bernhard beständig geheuchelt habe, als er bis zum letzten Augenblick versicherte, Abaelards Freund zu sein: Er wolle ja nur zu seinem Besten handeln, sei sein Freund … Doch Bernhards Briefe sprechen eine andere Sprache:

Spöttisch nahm sich Bernhard zunächst den Namen *Theologia* vor, auf dessen Neudefinition Abaelard besonders stolz war. In seiner Schrift *Theologia* beabsichtigte Abaelard, Glauben und Wissen in Einklang zu bringen. Schon dies war in Bernhards Augen ein Frevel. Doch ein weiterer Gedankengang entsetzte den konservativen Theologen noch mehr: Abaelard zeigte sich überzeugt, dass die göttliche Weisheit auch nichtchristliche Denker inspiriert haben könne, dass verschiedene Religionen als historische Beispiele von Religiosität gewertet werden könnten. Dies bedeutete im Umkehrschluss, dass anderen Religionen mit Respekt begegnet werden müsse. Aber hatte Bernhard zuvor nicht schon hundertmal gegen die Ungläubigen zum Kreuzzug aufgerufen, die es gnadenlos auszumerzen gelte? Polemisch hielt ihm Bernhard vor: »[…] es handelt sich hier nicht um *Theologia*, sondern vielmehr um *Stultologia*« (stultus = töricht). Um den Philosophen ganz bewusst zu beleidigen, nahm Bernhard in seinen brieflichen Mitteilungen nun Abaelards Eitelkeit aufs Korn: »O sage uns, sage uns doch, was es wohl ist, das einzig dir geoffenbart wurde und sonst niemand anderem. […] Ich lausche den Propheten und Aposteln, ich gehorche dem Evangelium, aber nicht dem Evangelium nach

Petrus Abaelard. Schreibst du gar ein neues Evangelium für uns? Die Kirche hat keinen Platz für einen fünften Evangelisten.«[10]

Auf dem Konzil von Sens hatte Bernhard insgesamt 19 Anklagepunkte (*capitula*) gegen Abaelard aufgesetzt, die den Begriff der Sünde, die Person Christi, die Erbsünde und vor allem die Dreieinigkeit betrafen. Betrachten wir kurz die Trinität: Abaelards Dreieinigkeitslehre impliziert nach Bernhard Folgendes: »Dass der Vater die vollkommene Macht ist, der Sohn eine gewisse Macht, der Heilige Geist keine Macht.« Dies, so Bernhard mit Zorn, sei die Folgerung aus Abaelards Auseinandersetzung mit dem gegenseitigen Verhältnis der göttlichen Person.

Abaelard aber gebraucht die Begriffe Macht, Weisheit und Güte in Wirklichkeit, um die drei Personen damit zu erklären. Bernhards verzerrende Schlussfolgerung lautet nun schlicht: »Der Sohn ist die Weisheit, die Weisheit ist eine gewisse Macht (nämlich die Macht zu unterscheiden), also ist der Sohn eine gewisse Macht; der Geist ist die Güte, die Güte ist keine Macht, also ist der Geist keine Macht.«[11]

Abaelard wollte mit Hilfe der drei Begriffe das gegenseitige Verhältnis der Personen charakterisieren. Er wollte den Gottesbegriff lebendiger beschreiben und dynamisieren. Bernhard aber folgerte, es handle sich dabei um den Vergleich der Anteile des Sohnes und des Heiligen Geistes an den göttlichen Eigenschaften des Vaters. »Nichts ist so gut gesagt, dass es nicht verdreht werden könnte.«, schrieb Abaelard später. Erschwerend trat hinzu, dass Bernhard sich in seiner Anklageschrift auf einen Text bezog – *Das Buch der Sentenzen,* – das Abaelard zwar zugeschrieben wurde, in Wirklichkeit aber gar nicht von ihm stammte.

Wie immer ließ Abaelard nichts auf sich beruhen. Sein Zorn war ebenso unversöhnlich wie der seines Opponenten und er gab ihm in seiner *Apologie* Ausdruck: Bernhard habe ihn völlig missverstanden, weil er in Dialektik unerfahren sei und deshalb keine Ahnung habe, wie man ein derartiges Problem angehe!

Bernhard von
Clairvaux
(um 1090–1153)

Bernhards Meinung nach entpersonalisierte Abaelards Schrift aber die göttliche Trinität, und dieser Umstand ließ sie zu einer tödlichen Bedrohung für jede Christenseele werden. Deshalb musste die *Theologia* vernichtet und ihr Urheber als Häretiker und Gotteslästerer zum Schweigen gebracht werden. 1140 wurde das Buch in Rom in einer feierlichen Zeremonie verbrannt, und »Peter Abaelard, der abartige Verfälscher des Dogmas und der Widersacher des katholischen Glaubens«[12] von Innozenz II. verurteilt. Abaelard wurde ewiges Schweigen auferlegt. Er musste sich in ein Kloster zurückziehen.

Die Kirche war in Bernhards Augen trotz aller Mängel das wahrhafte Werkzeug Gottes. Wer es wie Abaelard wagte, mit intellektueller Selbstständigkeit gegen diesen Alleingeltungsanspruch anzutreten, konnte nur mit Verachtung und Bestrafung rechnen. Dabei war diese Auseinandersetzung um Wahrheit im Grunde genommen nichts anderes als die Geschichte eines Missverständnisses zweier völlig verschieden gearteter Denkweisen. Abaelard zweifelte niemals am christlichen Glauben, geschweige denn an der katholischen Kirche. Sein Erklärungsmuster der christlichen Mysterien war schlicht ein anderes. Selbst Kleriker und Mönch, machte er sich die heidnische Philosophie zunutze, um das Göttliche zu verstehen. Der Widerspruch war für ihn dabei Teil seines Berufs; Widerspruch war für Abaelard weder etwas Verwerfliches noch etwas Zersetzendes, er sollte lediglich der Wahrheitsfindung dienen. Abaelard lebte den Widerspruch; Bernhard hingegen duldete ihn in gewissen Fragen nicht. Schon die Tatsache, dass Abaelard heidnische Philosophen wie Aristoteles und Platon für sein Gottesverständnis heranzog, machte ihn in Bernhards Augen verdächtig.

Bernhards beständige Berufung auf die Heilige Schrift diente ihm dazu, das kirchliche Dogma als unantastbare Wahrheit den philosophischen Neuerern um Abaelard entgegenzuhalten. In Anlehnung an Paulus unterschied er zwischen menschlicher und göttlicher Weisheit. Ein weiser Mensch aber, der Gott verstehen könne? Dies konnte es für Bernhard nicht geben.

Die Vorgehensweise des späteren Heiligen in der Auseinandersetzung mit Abaelard wirft ein verheerendes Licht auf ihn: Er konnte den Philosophen mit theologischen Argumenten nie überwinden, denunzierte ihn stattdessen beim Papst, bediente sich der Polemik und nahm schließlich kirchenpolitische Machtmittel in Anspruch, um seinen Gegner auszuschalten. Hätte Abaelard in späteren Jahrhunderten gelebt, wäre er wahrscheinlich als hartnäckiger und verstockter Ketzer verbrannt worden. Doch so tragisch seine Lebensgeschichte in vielerlei Hinsicht auch war: Hier hatte er Glück. In der Frühphase der Inquisitionsgeschichte gab es noch keine Hinrichtungen. Schriften brannten, Menschen nicht – was sich aber rasch ändern sollte.

Der Katharer
und der Ketzerjäger.
Pierre Autier und
Bernard Gui

Pierre Autier (um 1250–1310)

Der legendäre Katharer-Führer Pierre Autier hielt die Inquisitoren der römischen Kirche lange Jahre zum Narren. Ursprünglich Notar, ließ er sein bürgerliches Leben hinter sich, um Katharer-Priester zu werden. Durch seinen missionarischen Eifer gab er der vom Niedergang bedrohten Katharer-Bewegung in Südfrankreich neuen Auftrieb. Ihm war es maßgeblich zuzuschreiben, dass der vom Aussterben bedrohte Katharismus wieder zu neuem Leben erweckt wurde. Die katholische Kirche setzte mehrere Inquisitoren auf ihn an. Lösegelder wurden für seine Ergreifung ausgesetzt, eine Hetzjagd in Gang gesetzt. Die Geschichte seiner Gefangennahme gleicht einem mittelalterlichen Spionageroman. Niemand Geringerer als der berühmte Inquisitor Bernard Gui wurde schließlich auf seine Fährte gesetzt.

Bernard Gui (um 1261–1331)

Durch Umberto Ecos Roman *Der Name der Rose* wurde Bernard Gui zum Inbegriff des zynisch-sadistischen Inquisitors. Geboren wurde der historische Bernard Gui um 1261 in Royère und trat zwischen 1266 und 1275 in das Dominikanerkloster in Limoges ein. 1290 schloss er seine Studien in Montpellier ab und lehrte fortan in verschiedenen französischen Städten Theologie. Mit der Stellung als Bischof von Tuy in Galizien (1323) und als Bischof von Lodève (1324) erreichte Bernard Gui den Höhepunkt seiner Karriere. Von Johannes XXII. hoch geschätzt, schrieb er Werke unterschiedlichsten Charakters. Seit 1307 mit dem Amt des Inquisitors von Toulouse betraut, begann Gui einen langen und erfolgreichen Feldzug gegen häretische Bewegungen. Insgesamt verkündete er 930 Urteile, darunter viele Todesurteile. Er selbst starb im Jahr 1331 auf der Burg Lauroux.

»Endlich haben sie ihn. Pierre Autier ist der Inquisition in die Hände gefallen!«, flüsterte ein junges Mädchen hinter vorgehaltener Hand, als der gefesselte Katharer durch die Menschenmenge zu seinem ersten Verhör geführt wurde. Und in der Tat, ein dicker Fisch war Bernard Gui hier ins Netz gegangen. Nach Jahren der Verfolgung, in denen Pierre Autier trotz aller inquisitorischer Nachstellungen der vom Verfall bedrohten Katharerbewegung in Südfrankreich neues Leben einhauchen konnte, stand er nun vor seinem alten Todfeind. Schon viele Katharer hatte der dominikanische Inquisitor vor das Tribunal zerren lassen, aber dieser hier war zweifellos sein größter Erfolg. Eine lebende Legende stand vor Bernard Gui, ein Mann, von dem es hieß, dass er jederzeit bereit war, sich zu Tode zu fasten, nur um das letzte Sakrament unversehrt zu bewahren, welches die Seele nach katharischem Glauben vollständig von der Sündhaftigkeit befreien sollte. Pierre war das Oberhaupt einer ganzen Ketzerfamilie, die einen jahrelangen Partisanenkrieg gegen die römische Kirche geführt hatte – und dies nicht nur in Südfrankreich, sondern bis in das benachbarte Aragón hinein. In einer ungeheuren Sisyphusarbeit hatten die Autiers die Aufgabe wahrgenommen, ein von den Glaubensrichtern eingeschüchtertes und kontrolliertes Land von Neuem zu missionieren. Nur allzu oft hatten sie sich über die katholischen Kleriker lustig gemacht. Bis in die Höhle des Löwen wagten sie sich vor: Pierres Sohn Jacques war so kühn gewesen, vor einer Versammlung katharischer Frauen in der Kirche zum heiligen Kreuz in Toulouse um Mitternacht eine Messe zu zelebrieren. Er habe diesen Ort gewählt, weil er sich dort am ungestörtesten fühlte, gab er später frech zu Protokoll. Immer wieder waren sie ihren Häschern entkommen. In geheimen Verstecken untergebracht, mit einer Wohnung zu konspirativen Zwecken in Toulouse versehen, zogen die Autiers missionierend von Stadt zu Stadt. Dabei bekehrten sie immer mehr Menschen zum katharischen Glauben und lieferten sich mit den Inquisitoren ein Katz- und Mausspiel. Ein Spitzel wie jener Guillaume Dejean, der den Bettelmönchen seine Dienste angeboten hatte, um der Autiers habhaft zu werden, wurde kurzerhand in den Bergen oberhalb von Larnat erschlagen. Zertrümmert und entstellt fand man seinen Leichnam in einer Schlucht.

Bernard Gui musste an jenem heißen Sommertag des Jahres 1309 auf der Hut sein. Hinter einem großen Nussbaumtisch sitzend, flankiert von einem Protokollanten und einem beisitzenden Richter, wusste er genau, dass da kein einfacher Pyrenäenbauer vor ihm stand, wie so viele der bisherigen Angeklagten. Das war keiner, der seinen spitzfindigen Fangfragen nur Schweigen und Unbedarftheit entgegenzusetzen hatte. Pierre Autier war ein überaus gebildeter und willensstarker Mann, der in bürgerlichen Kreisen beheimatet war und einst den Beruf des Notars in Ax ausgeübt hatte.

Kalt blickte der Angeklagte dem Inquisitor in der stickigen Luft des Versammlungsraumes entgegen. Gui war sich sicher, dass Autier durch seine juristische Ausbildung über die Tücken der Verhörführung Bescheid wusste. Und er vermutete, dass sein Gegenüber die häretischen Gedanken zu verbergen trachtete. So begann Bernard Gui sein Verhör äußerst behutsam, als Pierre Autier ihm plötzlich angriffslustig und mit bebender Stimme entgegenrief: »Die Kirche Roms ist nichts anderes als die Synagoge Satans!«

Wer war dieser Häretiker, der sich in keiner Weise einschüchtern ließ und seinen Inquisitor forsch herausforderte? Wer waren jene südfranzösischen Katharer, die nicht nur der römischen Kirche die Existenzberechtigung absprachen, sondern der Sexualität mit noch größerer Feindschaft begegneten als die Kirchenväter selbst?

Südfrankreich war seit jeher ein schwieriges Pflaster für die römische Kirche gewesen. Obwohl seit dem Beginn des 13. Jahrhunderts hauptsächlich die Grafen von Toulouse in der Provence herrschten, war die gesamte Region von Enklaven anderer Besitzer durchdrungen. Die zurückkehrenden Kreuzfahrer brachten neue Wellen eines orientalischen Mystizismus mit sich. Demoralisiert durch die verlustreichen Kämpfe im Morgenland, standen viele von ihnen den eifernden Kreuzzugspredigern mit Verachtung gegenüber. Die berühmten Troubadoure traten mit ihren kecken und antiklerikalen Liedern hervor und verbreiteten umstürzlerische Gedanken. Anlehnungen an antike Religionen und der häretische Einfluss aus den byzantinisch geprägten Gebieten trugen dazu bei, dass die Klerikerfeindlichkeit beständig zunahm. So wurde die Kultur der Region durch verschiedenartige Traditionen und Glaubensformen bestimmt. Es existierten – mehr schlecht als recht – verschiedene Glaubensrichtungen nebeneinander, die sich allmählich über ganz Westeuropa ausbreiteten. Berthold von Regensburg bezifferte die Anzahl ketzerischer Sekten im 13. Jahrhundert auf insgesamt 150. Viele davon waren harmlose Gruppierungen, die sich in den Augen Roms nur dadurch schuldig machten, dass sie ohne priesterlichen Beistand die Bibel in der Volkssprache lasen. Andere, wie die italienischen Humiliaten oder die flämischen Beginen, wichen von der katholischen Orthodoxie ab, indem sie auf dem priesterlichen Armutsideal beharrten. Die mächtigste ketzerische Gruppierung waren aber zweifellos die Katharer, die um 1018 erstmals in Erscheinung traten. Bereits 1165 waren sie so einflussreich, dass es bei einer öffentlichen Disputation in Lombré bei Albi zu einer verbalen Auseinandersetzung zwischen Bischöfen der römischen Kirche und »vollkommenen« Katharern kam. Wie so häufig in der Folge wurde der Siegerkranz bei diesem frühen Aufeinandertreffen den Katharern zugesprochen. Rhetorisch gewandt und vom Volk geliebt, schlugen die Katharer ihre Gegner bei den Wortgefechten regelmäßig. Viele katholische Missionare mussten erkennen, dass die Abweichler aus besonderem Holz geschnitzt waren. Selbst der später heilig gesprochene Dominikus gab seinen ehrgeizigen Missionierungsversuch auf, als er nach einem Streitgespräch mit Schimpf und Schande davongejagt wurde. Später sah er sich gar zu Worten der Verdammnis über die Provence genötigt. Noch schlimmer erging es aber dem päpstlichen Legaten Pierre de Castelnau: der Zisterzienser wurde als Abgesandter der als »Hure« und »Teufelsweib« beschimpften römischen Kirche verspottet und vom Volk gedemütigt.

Die Katharer

Die Katharer, was im Griechischen soviel wie »die Reinen« bedeutet, waren auch unter den Namen »Bulgaren« – nach ihrer angeblichen Herkunft aus dem Balkan – oder »Albigenser« – nach der französischen Stadt Albi, wo sie zahlreich vertreten waren – bekannt. Zu den ersten Zentren ihres Glaubens wurden die Städte Narbonne, Montpellier und Marseille. Wahrscheinlich waren es Kaufleute aus den Ketzerregionen Bulgariens und Bosniens, die die Saat des fremdartigen Glaubens in den französischen Städten gesät hatten.

Die Katharer selbst bezeichneten sich als »gute Christen«, für ihre Gegner waren sie schlicht Häretiker. Wie einst die orientalischen Manichäer teilten sie die Welt in das Gute – das heißt Gott, Himmel und Geist – und das Böse ein, womit sie Satan und alles Materiell-Sichtbare meinten. Auch andere Einflüsse der Spätantike, etwa Ansätze aus der frühchristlichen Gnosis und östlich-mittelalterliche Lehren wie die der bulgarischen Bogomilen und Paulikianer lagen dem katharischen Denken zu Grunde. Gemeinsam war all diesen Bewegungen der Glaube, dass es einen guten und einen bösen Gott gebe.

Die *perfecti*, die »Vollkommenen«, stellten eine Art Klerus der Katharer dar. Jene schwarzgewandeten Priester mussten bei ihrer Weihe geloben, Eltern, Frau und Kinder zu verlassen, um sich Gott und dem Evangelium zu widmen. Nie eine Frau zu berühren, ein Tier zu töten und Fleisch, Eier oder Milcherzeugnisse zu meiden, waren wichtige Glaubensgrundsätze. Die Inquisitoren machten sich später ein Vergnügen daraus, den Katharern bei ihrer Bekehrung Fleisch vorzusetzen, denn nur durch den Verzehr von Fleisch konnte die Aufrichtigkeit ihrer Konversion bewiesen werden.

Im Vordergrund der katharischen Lehre aber stand das Armutsideal und die Verneinung der irdischen Welt. Alles, was wir Menschen mit unseren Augen sehen, sei Teufelswerk – so die katharische Grundüberzeugung. Alles Stoffliche galt als böse, sowohl das Kreuz, auf dem Jesus starb, wie auch die geweihte Hostie der Eucharistie. Nur im übertragenen Sinne habe Christus gesprochen, als er das Brot mit den Worten: »Dies ist mein Leib« bezeichnete. Satan – und nicht Gott – habe die sichtbare Welt erschaffen. In der *Interrogatio Iohannis* (Befragung des Johannes), einem der wenigen überlieferten katharischen Schriftstücke, heißt es hierzu:

»Und er [Satan] dachte sich aus, den Menschen zu seinen Diensten zu erschaffen, und nahm Lehm und machte den Menschen, ihm selbst ähnlich.«[13]

Dieser der biblischen Schöpfungsgeschichte so gegensätzliche Mythos, ein gänzlich eigenes Sakramentsverständnis, die klare Trennung von Gut und Böse sowie eine andere Gottesauffassung zeigen, dass die Grundsätze der Katharer in mehr als nur einem Punkt den Ärger des Heiligen Stuhles erregen mussten. Nach Darstellung der Inquisition verwarfen die Katharer die Messe, die Sakramente, die Bilderverehrung, die Trinität und die jungfräuliche Geburt Mariens. Christus sei in ihren Augen ein Engel gewesen, aber nicht eins mit Gott. Zudem lehnten sie – wie es heißt – Privatbesitz ab und strebten nach Gütergemeinschaft.

Die Mehrheit der Katharer aber bildeten die *credentes,* die einfachen Gläubigen. Sie bewunderten die Vollkommenen und sahen in ihnen die wahren Apostel der alten Kirche, die dem feudalen Klerus der römischen Kirche den Spiegel vorhielten. Die *credentes,* die jeden Vollkommenen mit Ehrfurcht und einer dreifachen Verbeugung begrüßen mussten, hatten das Gelübde der *perfecti* später abzulegen. Sie durften heiraten und Fleisch essen, sollten aber auf dem Weg zum »vollkommenen« Leben nachweislich Fortschritte machen.

Der Mensch gehörte für die Katharer durch den Körper in den Machtbereich des Bösen. Die Seele aber müsse erlöst werden, da sie nach der Vereinigung mit ihrem im Himmel gebliebenen Geist strebe. Dieser Zusammenschluss gelingt nach katharischem Glauben nur, wenn der irdische Kreislauf von Zeugung und Vermehrung durchbrochen wird. Im Gegensatz zum christlichen Glauben bestand das Heil für die Katharer also nicht in der Erlösung individueller Seelen, sondern darin, den Kreislauf der Fortpflanzung zu durchbrechen. Erst nach dieser Befreiung könne die Macht und das Reich des Teufels zerstört werden. Strikte sexuelle Enthaltsamkeit – die von den Vollkommenen wohl tatsächlich praktiziert wurde – war eine Konsequenz dieser Glaubensüberzeugung.

Grundlage katharischer Ethik wurde die Bergpredigt: Der Verzicht auf Gewaltanwendung und die Sorge für Arme und Kranke waren wichtige Grundpfeiler ihres Glaubens. Gänzlich fremd war ihnen die christliche Vorstellung der Hölle und des Fegefeuers. Für die Katharer stand die Seligkeit jeder Seele zu. Tief verwurzelt war deshalb die Gewissheit, dass Gott am Ende über das Böse siegen werde. Mit dem Kranken*consolamentum*, einem letzten Sakrament, das die Seele vollständig von der Sündhaftigkeit befreien sollte, versahen die Katharerpriester die Sterbenden. Was aber geschah, wenn der Tod nicht eintrat und der Kranke genas? Dann hatte der »Getröstete«, wie er gemeinhin genannt wurde, den Tod mit Gewalt herbeizuführen. Viele Vordenker der Katharer empfahlen den Kranken daher, sich im Falle der Genesung zu Tode zu hungern, um so ins Paradies zu gelangen. Die Kranken begaben sich – wie der offizielle Terminus dafür hieß – in die *endura,* in den Selbstmord durch Nahrungsentzug.

Es war nicht zuletzt dieses grausam anmutende Ritual, das den Mythos der Katharer bis heute prägt und ihnen den Ruf einer Art südfranzösischer Samurai einbrachte.

Der Katharer-Spezialist Otto Rahn weiß sogar von fünf verschiedenen Selbstmordarten zu berichten: »Sie nahmen Gift, sie hungerten sich zu Tode, sie öffneten sich die Pulsadern, stürzten sich in eine Schlucht oder legten sich im Winter nach einem heißen Bad auf kalte Steinfliesen, um eine Lungenentzündung zu bekommen.«[14]

Die Katharer errichteten nach und nach eine Gegenkirche mit festen hierarchischen Strukturen und eigenen Bischöfen. Nicht nur in Südfrankreich, auch in der Lombardei, in Katalonien, León und in Deutschland, vor allem am Rhein, von Köln bis Straßburg, aber auch in Goslar, Erfurt und Passau ließen sie sich nieder. Innere Auseinandersetzungen – etwa in Bezug auf gemäßigte oder radikale Positionen sowie auf die Verteilung von Bischofssitzen – konnten nicht ausbleiben, so dass es zwischen 1170 und 1215 zu Aufspaltungen innerhalb der europäischen Katharergemeinde kam.

Es ist viel gerätselt worden, weshalb den Missionierungszügen der Katharerpriester so viel Erfolg beschieden war. Musste ihre strenge und asketische Lebensweise auf die breite Masse nicht abstoßend wirken? Das Gegenteil war der Fall. Ihr Erfolgsrezept war vor allem das Versprechen, dass die Gläubigen keinerlei Verantwortung für ihre Sünden trügen. Satan war der Schuldige, er hatte ja im Vorfeld von ihnen Besitz ergriffen. Durch das Ritual des *consolamentum* war ein Mittel gefunden worden, durch das das menschliche Seelenheil trotz allem garantiert werden konnte: Egal also, ob man vorher sündhaft gelebt hatte oder nicht. Im Gegensatz zu ihren Konkurrenten von der römischen Kirche verlangten die Katharer auch keine Bußübungen oder die Verrichtung guter Taten. Es bedurfte keiner Wohltaten zur Verwirklichung des Gottesreichs auf Erden. Dazu konnte es in ihren Augen ohnehin nie kommen.

Während viele Kleriker Roms vor allem dem Wein, der Völlerei und ihren Konkubinen huldigten, waren die Katharerpriester tatsächlich jene moralisch integren Vorbilder, als die sie sich ausgaben. Und so spielten die Katharer der allgemeinen Ablehnung römischer Kleriker in Südfrankreich in die Hände, wobei der Katharismus alle spirituellen Vorteile der christlichen Religion anbot.

Der Grund, weshalb Rom die Katharer nach und nach systematisch zu verfolgen begann, war neben ihrem steten Zuwachs auch die aggressiv vorgetragene Kritik an der römischen Kirche: Der Papst sei der Antichrist, Petrus nie in Rom gewesen, die römische Kirche sei nicht die Kirche Christi, die Päpste seien Nachfolger der Kaiser, die Kreuzzugsprediger Mörder …

Versuchte die römische Kirche anfangs noch die Katharer durch eine Predigtoffensive zu bekehren, so veranlasste sie deren massive Ausbreitung im Languedoc, wirkungsvollere Methoden zur Unterbindung des katharischen Glaubens anzuwenden. Und so kam es zu jenem einmaligen Ereignis, das in der Weltgeschichte ohne Vorbild war: einem Kreuzzug gegen Christen!

Im letzten Drittel des 12. Jahrhunderts erfuhren die Katharer noch eine weitgehende Duldung seitens der weltlichen Herrscher. Weiten Teilen des südfranzösischen Adels schien eine Schwächung der katholischen Kirche sogar wünschenswert. Selbst war man verhältnismäßig arm, die Kirche jedoch wohlhabend an Vermögen und Ländereien. So kam der katharische Machtgewinn gerade zur rechten Zeit. Im Fahrwasser der Katharer begannen viele Adlige, sich Kirchenbesitz anzueignen. Klöster wurden niedergebrannt, die kirchlichen Besitztümer konfisziert. Überlieferungen berichten von einem Skandal, als die Söldner des Grafen von Foix das Kruzifix als Dreschflegel benutzten. Nicht genug des Frevels, diente ihnen das Christusbild als Zielscheibe, um ihre Treffsicherheit unter Beweis zu stellen. Graf Raymond VI. von Toulouse ließ zahlreiche Kirchen zerstören und verjagte die Mönche von Moissac, bis ihm in Innozenz III. schließlich ein mächtiger Widersacher erwuchs. Nachdem Raymond mehrere Ultimaten des Kirchenoberhauptes hatte verstreichen lassen, schickte Innozenz III. Pierre de Castelnau als päpstlichen Legaten zu ihm, um ihn zur Vernunft zu bringen. Die Situation eska lierte endgültig, als Pierre de Castelnau dem Grafen nach langwierigen und erfolglosen Verhandlungen mit der Verlängerung des Kirchenbannes drohte: »*Excommunicatus es et excommunicatus manes!* – Du bist exkommuniziert und bleibst exkommuniziert!«, rief er ihm in wütendem Ton entgegen. Erzürnt ließ Raymond den päpstlichen Botschafter erschlagen. Dies geschah am 14. Januar 1208, und das Unglück nahm von diesem Zeitpunkt an seinen Lauf. Augenblicklich rief Innozenz zum Kreuzzug gegen die Provence auf. Angelockt von Ablässen und Schuldenerlass kamen skrupellose Söldner aus ganz Europa herbei, um auf Katharerjagd zu gehen. Weil der französische König militärisch vorläufig anderweitig in Anspruch genommen worden war, wurde Simon de Montfort – einem adligen Abenteurer, dessen Charakter sich durch eine Mischung aus Rücksichtslosigkeit, Grausamkeit, Habsucht und aufrichtigem Glauben auszeichnete – die Führung des Kreuzzuges übertragen.

Was nun mit dem Beginn des ersten Kreuzzugs 1209 folgte, war für die blutgetränkte Geschichte Europas nichts Neues: zerstörte Städte, niedergebrannte Burgen und Dörfer, vergewaltigte Frauen, Epidemien und verhungerte Kinder. Rücksicht nahm man auf niemanden. Zwischen Ketzern und katholischen Christen wurde kein Unterschied gemacht. Als man nach der Erstürmung von Béziers den päpstlichen Legaten Arnaud fragte, ob man die in den Kirchen Asyl suchenden Katholiken verschonen solle, antwortete er: »Erschlagt sie alle, denn Gott kennt die Seinen.«

Grausamkeit und Barbarei hatte es seit jeher gegeben, neu waren aber die Tausende lodernder Scheiterhaufen mit Menschen, die der Ketzerei bezichtigt worden waren. Ein neugegründetes Tribunal zeichnete sich hierfür verantwortlich: die von den Dominikanern betriebene päpstliche Inquisition. Aus Theologen waren Glaubensrichter, aus Priestern Polizisten geworden. Immer wieder bestätigte sich in der Folge der Ruf der Dominikaner, *domini canes*, »(Spür-)Hunde Gottes«, zu sein.

Der Feuertod selbst war eine äußerst zynische Strafe. Sie hing mit dem kirchlichen Verbot zusammen, im Falle einer Bestrafung Blut zu vergießen. *Ecclesia abhorret a sanguine* »Die Kirche scheut das Blut« – lautete ein kirchlicher Wahlspruch. Wenn aus diesem Grund die Verurteilten der weltlichen Gerichtsbarkeit übergeben wurden, so ersuchte die Kirche die Behörden lediglich, eine »gehörige Strafe« anzuwenden und dabei jedes Blutvergießen zu vermeiden. Erfindungsreich fand man jedoch rasch eine Alternative, bei der der körpereigene Saft unsichtbar bleiben konnte: den Flammentod. Nach dem Papat Gregors IX. kamen Staat und Kirche endgültig überein, die Verurteilten ohne Blutvergießen, also auf dem Scheiterhaufen, hinzurichten.

Besonders perfide waren auch die im Namen des Glaubens durchgeführten Folterungen. Viele Historiker haben darauf hingewiesen, dass die von den Inquisitoren angewandte Folter strengen Regeln ausgesetzt war, dass sie nur begrenzt Verwendung fand und weniger grausam war, als die der weltlichen Gerichtsbarkeit. Dies stimmt. Auch kann man das rechtfertigende Argument anführen, dass die Inquisitoren im Kontext ihrer Zeit standen, taten sie doch nichts anderes als ihre weltlichen Kollegen auch. Wenn die Folterkammern der Inquisitoren in unserem historischen Bewusstsein aber dennoch als etwas Verabscheuungswürdiges erscheinen, so liegt die Ursache nicht nur darin begründet, dass sie von einer Kirche betrieben wurden, die Nächstenliebe predigte, sondern auch in dem Zweck, dem die Folterungen galten: Menschen durch körperliche Qualen dazu zu bewegen, nicht etwa über gemeingefährliche Vergehen, sondern über religiöse Ansichten und Riten auszusagen und mögliche Mittäter zu denunzieren. Nichts hat die katholische Kirche mehr in Verruf gebracht, als die im Namen des Glaubens begangenen Hinrichtungen und Folterungen. Erst im Jahre 2000 entschuldigte sich Papst Johannes Paul II. in einem *Mea culpa* dafür, dass selbst Männer der Kirche im Namen der Glaubens- und Sittenlehre mitunter Wege gegangen seien, die nicht im Einklang mit den Evangelien stehen.

Das Schlachten weitete sich nach und nach zu einem französischen Bürgerkrieg aus. Simon de Montfort wurde bei der Belagerung von Toulouse von einem Geschoss tödlich getroffen, was die Kreuzzügler nicht daran hinderte, ihren grausamen Feldzug fortzusetzen. Unterstützt von den Grafen von Toulouse und weiteren adligen Familien leisteten die Katharer heftigen Widerstand, bis es 1243 auf der Burg Montségur zum dramatischen Höhepunkt des Krieges kam.

Bis auf die Grundmauern zerstört, lässt der Blick auf die großartige Ruine den Touristen heute schwerlich erahnen, welchen Eindruck Montségur den Belagerern von 1243 vermittelt haben muss. Das Herzstück des Katharismus war von turmhohen Mauern und Wehrdörfern umgeben. Die vom französischen Seneschall angeführten Truppen wussten, dass sie ein nahezu uneinnehmbares Bollwerk vor sich hatten. Und doch sollte sich das Kriegsglück schließlich zu ihren Gunsten wenden. Im Inneren fand sich neben Hunderten von Kriegern auch die *crème* des katharischen Klerus – sowohl der einheimische Bischof als auch rund 150 Vollkommene. Nach Monaten der Belagerung durch eine erdrückende, immer wieder aufgefrischte Übermacht, das tödliche Urteil der Inquisitoren vor Augen, vom Widerstand ermüdet und ausgehungert, hofften die Katharer auf ein Entsatzheer des Grafen von Toulouse. Eine Hoffnung, die trog. Der Landesvater, zu sehr mit seinem eigenem Schicksal beschäftigt, ließ sie im Stich. Verzweifelt entschloss man sich zur Kapitulation und errang einen makabren Kompromiss: Die Vollkommenen und der Bischof wurden ausgeliefert, die Laien hingegen erhielten freien Abzug.

Was sich in den zwei Wochen bis zum Ablauf der Kapitulationsfrist im Inneren der Burg an menschlichen Tragödien abgespielt haben muss, lässt sich kaum erahnen. »Die Grenze zwischen Scheiterhaufen und Freiheit ging mitten durch die Familien: Abgesehen von den Söldnern, hatte jeder Verteidiger eine Mutter, eine Verwandte oder einen Verwandten unter denen, die dem Feuertod entgegengingen«,[15] schreibt der Katharer-Historiker Lothar Baier.

Am 16. März 1244 endeten rund zweihundert Katharer »zu Ehren der Kirche und des Königs« auf dem Scheiterhaufen, wie der katholische Chronist Guillaume de Puylaurens schreibt.

Auch wenn mit dem Fall Montségurs noch nicht das Rückgrat der Bewegung gebrochen worden war, wurde die Anzahl der Katharer in den kommenden Jahren immer kleiner. Viele Katharer waren verbrannt worden, viele ließen sich aus Furcht vor der Inquisition bekehren, bis – ja bis – rund 50 Jahre später Pierre Autier auf der Bildfläche erschien.

Das Leben dieses Katharers taugt zur Legendenbildung. Würden die überlieferten Akten nicht glaubhaft versichern, dass sich tatsächlich alles so begab, wie es geschildert wird, könnte man Pierres Geschichte für einen mittelalterlichen Spionageroman halten. Er war wohl Mitte fünfzig, als er von seinem lasterhaften Leben Abstand nahm. Wie der heilige Augustinus erfuhr Pierre sein Erweckungserlebnis erst in späteren Jahren. Mit den besten Verbindungen zur bürgerlichen Oberschicht seiner Heimatstadt Ax ausgestattet, führte der Notar bis zu seinem fünfzigsten Lebensjahr alles andere als ein im katharischen Sinne reines Leben: Wir hören von seinen sieben Kindern, seiner Mätresse Moneta, mit der er zwei uneheliche Kinder hatte, von Pierres mondänem Leben in Saus und Braus, von Festen und Gelagen. Doch dann, gegen 1295/96, geschah das, was man die Autier-Legende nennen kann. Eines Tages überreichte Pierre seinem Bruder Guillaume ein Buch, das er soeben gelesen hatte. Auf seine Frage, was er davon halte, soll der Bruder geantwortet haben, er sei fest davon überzeugt, dass ihre Seelen verloren seien. Erschüttert sagte Pierre daraufhin: »Lass uns aufbrechen und die Erlösung für unsere Seelen suchen.« Kurz entschlossen zogen die Brüder in die Lombardei, dem spirituellen Zentrum des Katharismus, wo sie zum katharischen Glauben übertraten und im Status der Vollkommenen 1298 in ihre

Heimat zurückkehrten. Die Asche der Scheiterhaufen glühte noch, als sie unerschrocken ihren Missionszug antraten, von Ort zu Ort ziehend. Schon um 1300 war Pierre so bekannt, dass die Inquisition mit allen Mitteln versuchte, seiner habhaft zu werden. Seine Familie wurde zerstreut und zugrunde gerichtet, sein Vermögen konfisziert. Und doch gelang es ihm in der hügeligen und zerklüfteten Pyrenäenlandschaft immer wieder, bis zu seinen Verwandten nach Aragón vorzudringen. Einer Razzia in Montaillou entkam Pierres Bruder Guillaume nur mit knapper Not als Holzfäller verkleidet. Alle Bewohner über vierzehn Jahren ließ die Inquisition dabei verhaften. Christliche Nächstenliebe oder Mitleid kannte niemand; kurzen Prozess machte aber auch Pierre mit seinen Gegnern. Spione ließ er kurzerhand ermorden, unterstützt von seinem Bruder, seinem Sohn Jacques, sowie den Weggefährten Amiel de Perles, Pierre Sans und Sans Mercadier, deren Namen beständig in den Inquisitionsakten erscheinen. Um seiner habhaft zu werden, fuhr die Inquisition schwere Geschütze auf: Die Arbeit des Inquisitors Gottfried d'Ablis in Carcassonne scheint ganz darauf beschränkt gewesen zu sein, die Gehilfen und Verstecke Pierres ausfindig zu machen. Doch alle Anstrengungen waren umsonst. Von seinen Bewunderern geschützt, entkam Pierre – der oft tagsüber schlief und des Nachts reiste – immer wieder, bis Gottfried d'Ablis den äußerst erfolgreichen Inquisitor Bernard Gui zu Hilfe rief.

Durch Umberto Ecos Roman *Der Name der Rose* zum Inbegriff des zynisch-sadistischen Inquisitors geworden, war Bernard Gui zu Lebzeiten ein Senkrechtstarter seiner Zunft. Klein von Gestalt, mit stechendem Blick und hoher Intelligenz versehen, war er 1307 mit dem Amt des Inquisitors von Toulouse betraut worden. Fanatisch war sein inquisitorischer Eifer. In der Ausbreitung der Häresie sah er nichts anderes als das Werk Satans. Die füchsische Schläue der Ketzer zu entlarven – darin bestand sein besonderes Vergnügen. Und er wollte des Erzketzers habhaft werden, koste es was es wolle. In seiner kurzen Amtszeit hatte er bereits über hundert Urteile gefällt, darunter viele Todesurteile. Die Katharer, die Waldenser, die Beginen und die Juden mussten vor seinem Urteilsspruch zittern. Aber nicht nur als ein von seiner Mission überzeugter, skrupelloser Praktiker, auch als Theoretiker des Inquisitionsverfahrens machte der Dominikaner sich rasch einen Namen.

Gui schrieb ein Inquisitorenhandbuch, die *Practica officii inquisitionis haereticae pravitatis,* die seine Gerissenheit bestens unter Beweis stellt. Das Buch ist ein Leitfaden für Inquisitoren; es wurde mit dem Vorsatz abgefasst, den Kollegen die häufig schwierigen Untersuchungen zu erleichtern. Seine eigenen Erfahrungen zugrundelegend, empfiehlt Gui dem Inquisitor, sich genau auf sein Gegenüber einzustellen, gegebenenfalls Kunstgriffe anzuwenden, um den trickreichen Ketzer zu überführen. Hören wir ihn selbst:

»Wie es nicht für alle Krankheiten dieselbe Medizin gibt, sondern vielmehr für die einzelnen verschiedene einzelne Heilmittel, so ist auch nicht für alle Ketzer der verschiedenen Sekten ein und dieselbe Methode der Befragung, Untersuchung und Prüfung anzuwenden [...]«. Daher müsse der intelligente Inquisitor »schlaue Ketzer mit dem Zügel der Unterscheidung an der Nase herumführen.«[16]

Und ebenjene Schlauheit war es, die Bernard Gui auch mit der Verfolgung Pierre Autiers bewies. Am 10. August 1309 griff der Inquisitor zu einem drastischen Mittel. In feierlichen Worten erließ er eine Bekanntmachung, um die Bevölkerung an der Verfolgung des Ketzers zu beteiligen:

»Bruder Bernard Gui, Dominikaner, Inquisitor von Toulouse, entbietet allen Gläubigen in Christo die Belohnung und die Krone des ewigen Lebens. Umgürtet Euch, Söhne Gottes, erhebt Euch mit mir, Streiter Christi, gegen die Feinde seines Kreuzes, jene Verderber der Wahrheit und Reinheit des katholischen Glaubens, gegen Pierre Autier, den Erzketzer, und seine Anhänger und Mitschuldigen, Pierre Sans und Sans Mercadier. Sie, die sich versteckt halten und in der Dunkelheit umhergehen, befehle ich im Namen Gottes zu verfolgen und zu ergreifen, wo immer man sie findet, und verspreche die ewige Belohnung Gottes und einen reichen zeitlichen Lohn denjenigen, welche die Genannten ergreifen und vorführen. Wachet daher, ihr Hirten, damit die Wölfe Eure Schafe nicht fressen! Handelt mannhaft, Ihr treuen Eiferer Gottes, damit die Gegner des Glaubens nicht fliehen und uns entrinnen können!«[17]

Es dauerte nicht lange, bis die Beute ergriffen war. Nachdem in den Jahren 1308 und 1309 fast seine gesamte Familie verhaftet worden war, sah sich Autier seiner heimlichen Zufluchtsorte beraubt. Ende Juni 1309 fand er noch Asyl bei einem Glaubensgenossen in der Nähe von Castelnaudary, wo er über einen Monat lang blieb. Als er jedoch von dort aus aufbrechen wollte, wurde er verraten und umgehend ergriffen. Einer nach dem anderen seiner Bundesgenossen fiel in die Hände der Häscher, und viele der gefangenen Katharer begingen Selbstmord. Amiel de Perles unterzog sich nach seiner Gefangennahme sogleich der *endura* und verweigerte Speise und Trank, um im katharischen Sinne rein zu sterben. Doch die Inquisition wollte ihm diesen persönlichen Triumph nicht gönnen. Am 23. Oktober zerrte man die Überreste seines entkräfteten und fast leblosen Körpers auf den Scheiterhaufen. Die Vollkommenen Jacques und Guillaume Autier sowie Prades Tavernier wurden im Laufe des Jahres gefangen genommen und bald verbrannt. Der treue Perrin Maurel leugnete die ihm unterbreiteten Vorwürfe zunächst, bis Pierre Autier ihm im Gefängnis riet, ein Geständnis abzulegen.

Für das Oberhaupt selbst jedoch nahm man sich Zeit. Im sicheren Bewusstsein, einen dicken Fisch an der Angel zu haben, hielt es Bernard Gui für nötig, lange Verhöre mit dem widerspenstigen Katharer durchzuführen – Verhöre, die sich über viele Monate lang hinzogen. Noch immer gab es ja vereinzelt flüchtige Katharer, noch immer wusste man ja wenig über Sitten, Bräuche und Rituale der Sekte. Bot es sich da nicht an, einen führenden Exponenten – gar einen Vollkommenen – zu befragen?

Wie haben wir uns den Prozess zwischen Bernard Gui und Pierre Autier vorzustellen?

Zur großen Enttäuschung der Nachwelt blieben die Verhörprotokolle und Prozessakten nicht erhalten. Doch es gibt genügend Fakten – Zeugenaussagen und schriftliche Dokumente – aus denen sich der Verlauf der Auseinandersetzung schlüssig rekonstruieren lässt. Sehen wir uns also zunächst die Tatsachen an. Wir wissen mit Sicherheit, dass Pierre Autier während des Prozesses seinen Glauben niemals zu verbergen suchte und sich mutig zu seinen Anschauungen bekannte.[18] Beim Verhör nahm der Katharer eine trotzig-herausfordernde Haltung ein, und bis zuletzt blieb er von seiner Sendung überzeugt. Der von ihm missionierte Schäfer Pierre Maury sagte Jahre nach Autiers Tod in einer Zeugenaussage: »Der Häretiker Pierre Autier, der von diesem Bischof verbrannt worden ist, war viel gescheiter als der Bischof. Er fügte hinzu, dass Pierre Autier auf dem brennenden Scheiterhaufen sagte: Wenn man ihn nur vor dem Volk sprechen und predigen ließe, würde sich das ganze Volk zu seinem Glauben bekehren.«[19] An Selbst- und Sendungsbewusstsein hatte es Pierre Autier offensichtlich nicht gemangelt.

Worin lagen nun aber konkret seine Verfehlungen gegen die »Wahrheit und Reinheit des katholischen Glaubens«, wie es in Bernard Guis offizieller Bekanntmachung vom 10. August 1309 hieß?

Der Inquisitor selbst war felsenfest von der Wahrheit des katholischen Dogmas überzeugt. Geschult an den aktuellen Schriften der großen dominikanischen Gelehrten Albertus Magnus und Thomas von Aquin, war der Dominikaner ein äußerst strenger Inquisitor, der die Orthodoxie des katholischen Glaubens strikt vertrat. Die Urteilsverkündung selbst, nämlich das Todesurteil für den Katharer, zeigt dies deutlich. Pierre Autier dagegen war ein radikaler Dualist, der seine katharische Ausbildung von den im italienischen Exil lebenden Albigensern erhalten hatte und durch sie zu einem katharischen Fundamentalisten geworden war. Überzeugt von der Existenz der zwei Prinzipien, dem Guten und dem Bösen, erklärte er einst der Katharerin Sibyille Peyre die Geschichte vom großen Fall, der durch Satan verursacht worden war.

Hören wir, wie die Angeklagte Pierres Version der Geschichte den Inquisitoren zu Protokoll gab: Satan, der tausend Jahre vor dem Himmelstor gestanden hatte, war es einst durch eine List gelungen, sich Einlass in Gottes Reich zu verschaffen. Dort verführte er die Engel, lockte sie mit Gold und Besitztümern aus dem Himmelreich, bis sie schließlich auf die Erde herabfielen und von Satan in Körper eingehüllt wurden. Von Gottes Gnade überzeugt sagte Pierre Autier daraufhin, dass die gefallenen Engel eines Tages in den Himmel zurückkehren könnten, wenn »sie eine Seelenwanderung durch mindestens sieben oder neun Körper erfuhren, bis sie in den Körper eines Katharers gelangten, der, nachdem er das *consolamentum* empfangen und es in seiner Gültigkeit bewahrt hatte, schließlich in den Himmel zurückkehrte.«[20] Die menschlichen Körper seien ein Werk Satans, so Autier weiter, und der höhere Klerus der römischen Kirche sei mit den schuldig gewordenen Anführern der Engel gleichzusetzen.

Ebenfalls ganz im katharischen Sinne und in diesem Fall auch dem Neuen Testament widersprechend interpretierte Autier die Geschichte des Erlösers. Christus sei nie ein Mensch gewesen, er habe auch keine menschlichen Eigenschaften gehabt, er aß, trank und litt nicht, so wie er auch niemals starb. Christus war nichts anderes als Geist. Nachdem er zu Gott zurückgekehrt war, hatte er von ihm das Recht erhalten, seinen Aposteln die Erlaubnis des Bindens und Lösens zu erteilen. Seine Aufgabe bestand schlicht darin, das *consolamentum* – jenen von den Sünden befreienden Ritus – den Aposteln und der einzig wahren Kirche der Katharer zu übergeben. Selbst für katharische Verhältnisse erstaunlich war Autiers Lehre von der Inexistenz Marias: Sie sei nur im spirituellen Sinne Christi Mutter gewesen und selbst nichts anderes als ein Symbol für den Willen, Gutes zu tun.

Mit der *endura* hielt es Pierre Autier sehr genau. Sibille Peyre erinnerte sich, wie der Katharer ihre Verwandte Hu-

55

guette bis zu ihrem Tode begleitete. Als es mit der Frau zu Ende ging, wurde sie in den unteren Teil ihres Hauses gebracht, wo die bereits Entkräftete sich in die *endura* begab. Nachdem ihr das Sterbesakrament erteilt worden war, wachten Pierre und sein Bruder Guillaume sorgsam über sie, damit sie keine Nahrung mehr zu sich nehme. Als Huguette fragte, ob es mit ihr bald zu Ende gehe, erwiderte Sibille, »dass sie leben würde und sie sich zusammen um ihre Kinder kümmern würden. Pierre hörte diesen Wortwechsel und lächelte«. Er blieb bei der Sterbenden, »um sie zu sehen und zu hören, bis sie verstarb.«[21]

Peinlich achtete der Katharer darauf, niemals eine Frau zu berühren, geschweige denn ein Liebesverhältnis zu beginnen. Nach katharischem Glauben hatte Satan nämlich eine Frau zu den Engeln ins Himmelsreich geschickt. Von ihren Reizen verführt, folgten die Boten Gottes dann dem Teufel. Satan war es, der die Menschen dazu verlockte, dass ihre Seelen im Körper gefangen bleiben. Auch daran trage die Frau Mitschuld, denn der weibliche Körper produziert in Form der Embryonen immer neue gefangene Seelen. Deshalb spendeten die Katharer einer Schwangeren nicht das erlösende *consolamentum,* da sie ja noch die Teufelsbrut in sich trug. Für den Mann, der das *consolamentum* empfangen hatte, kam es einer Todsünde gleich, mit einer Frau zu schlafen. Extreme Frauenfeindlichkeit, Sexualfeindlichkeit und die Verneinung der materiell-sichtbaren Welt fanden die vollkommenen Katharer unter anderem in den biblischen Worten 1 Joh 2, 15–17 bestätigt: »Liebt nicht die Welt und was in der Welt ist! Wer die Welt liebt, hat die Liebe zum Vater nicht. Denn alles, was in der Welt ist, die Begierde des Fleisches, die Begierde der Augen und das Prahlen mit dem Besitz ist nicht vom Vater, sondern von der Welt. Die Welt und ihre Begierde vergeht; wer aber den Willen Gottes tut, bleibt in Ewigkeit.«

Aus Guis eigenem Inquisitorenhandbuch erfährt man, welche Fragen ein Inquisitor dem angeklagten Katharer zu stellen hatte. Und man geht nicht fehl in der Annahme, dass es wohl ähnliche Fragen waren, die Gui auch Pierre Autier unterbreitete:

»Was hältst du vom Glauben und den Sakramenten der römischen Kirche?

Was sagst du über das Sakrament der Eucharistie?

Wie denkst du über die Taufe?

Wie denkst du über die Ehe?

Wie denkst du über das vor einem Priester abgelegte Sündenbekenntnis?

Was sagst du über die Anbetung des heiligen Kreuzes?«[22]

Auf die traditionell zuletzt gestellte Frage, ob der Angeklagte »immer noch dasselbe« glaube, antwortete Pierre Autier – nach allem was wir wissen – zweifellos mit »ja«. Und wir müssen generell davon ausgehen, dass der Katharer während der Verhandlung seine Glaubensüberzeugungen aufrecht hielt.

Rekapitulieren wir die unterschiedlichen Sichtweisen: Die *endura* – jener Freitod durch Nahrungsentzug – war in Bernard Guis Augen nichts anderes als Selbstmord. Mit seinem beherzten Eintreten für die *endura* beging Pierre Autier eine schreckliche Sünde. Sie war für den Inquisitor ein Eingriff in die Souveränität des Schöpfergottes, des alleinigen Herrn über Leben und Tod. Der Katharer leugnete die Menschwerdung Christi, er leugnete die jungfräuliche Geburt Mariens, ja sprach den Katholiken sogar die Existenz der Gottesmutter ab. Pierre Autier vertrat eine an der ketzerischen Sekte der Manichäer orientierte dualistische Glaubensauffassung. Er beanspruchte zudem – als Laie – letzte Autorität in der Bibelexegese. Die Anbetung des Kreuzes, eines Stückes sichtbarer Materie, erschien ihm lächerlich. Ganz zu schweigen von seinen Beleidigungen der römischen Kleriker ...

Menschen waren schon für weitaus weniger gravierende Glaubensvergehen verbrannt worden.

Eines jedenfalls war der Monate währende Konflikt zwischen Bernard Gui und Pierre Autier nicht: ein Ringen um Wahrheit, ein Bemühen um Verständnis der anderen

Position. Zwei Todfeinde standen sich kompromisslos gegenüber, zwei Fundamentalisten trafen aufeinander, beide davon überzeugt, im Gegenüber einen Vertreter Satans zu erblicken. Und so stand der Ausgang des Prozesses von Anfang an fest. Für Bernard Gui gab es, nachdem er von dem Angeklagten die Schlupfwinkel der letzten Katharer erfahren hatte, keine andere Wahl als den Scheiterhaufen.

In einem Furcht einflößenden öffentlichen Autodafé, das abschreckend wirken und im Bewusstsein der Menschen großen Eindruck hinterlassen sollte, wurde Pierre Autier im April 1310 verbrannt. Bernard Gui inszenierte die Hinrichtung als pompöses Schauspiel des Todes mit Prozession und Ketzervorführung. Pierre Autier allerdings blieb bis zuletzt standhaft. Der Menschenmenge rief er auf dem Scheiterhaufen zu, dass er sie allesamt bekehren würde, wenn er nur könnte. Gottfried d'Ablis, Guis Kollege aus Carcassonne, war eigens gekommen, um Anteil an dem Triumph zu haben. Und der Triumph über die katharische Kirche war vollkommen, denn bald endete das blutige Drama des Katharismus in Südfrankreich. Mit den Aussagen Autiers ausgestattet, die wohl unter Folter getätigt worden waren, gelang es Bernard Gui und seinen Kollegen schnell, der letzten fliehenden Katharer habhaft zu werden. Im Jahre 1321 war es endgültig soweit: Als mit Guillaume Bélibaste der letzte Vollkommene verbrannt wurde, starb mit ihm der südfranzösische Katharismus aus.

Bernard Guis Laufbahn hingegen nahm einen kometenhaften Aufstieg, nicht zuletzt wegen seiner Erfolge als Inquisitor. Mit der Stellung als Bischof von Tuy in Galizien 1323 – wohin er sich aber anscheinend niemals begeben hat – und ab 1324 von Lodève erreichte er den Höhepunkt seiner Karriere. Spektakulär wird sein Tod in der Verfilmung des Romans *Der Name der Rose* dargestellt: In einer Kutsche fliehend und von seinen Opfern verfolgt, stürzt der Peiniger einen Abhang hinunter und zerschellt mitsamt seinem Gefährt. Die Realität aber war viel harmloser.

Gui beschloss sein Leben ruhig am 30. Dezember 1331 ungefähr 70-jährig auf der Burg Lauroux. Zu Lebzeiten schätzte Johannes XXII. seine Dienste so sehr, dass er ihn mit zahlreichen diplomatischen Missionen betraute. Gui schrieb im Laufe seines Lebens Werke verschiedenster Charaktere, etwa eine umfangreiche Sammlung von Heiligenleben, eine Kompilation der Papstgeschichte, die Geschichte des Dominikanerordens, eine Chronik und einen Stammbaum der französischen Könige sowie zahlreiche kleinere Arbeiten über theologische Fragestellungen, Liturgie und Konzilien. Seine Ordensbrüder betrieben nach seinem Tod ein Heiligsprechungsverfahren, das aber – man muss sagen zum Glück – nie von Erfolg gekrönt wurde.

Der Asket und der Lüstling.
Savonarola und Alexander VI.

Girolamo Savonarola (1452–1498)

Prophet oder Ketzer? Schismatiker oder Heiliger? Geboren in Ferrara verließ Girolamo Savonarola mit 22 Jahren das Elternhaus und wurde Novize im Dominikanerkloster von Bologna. Durch seine flammenden Bußpredigten erlangte er rasch Berühmtheit. Seine Karriere als Bußprediger führte ihn anschließend nach Ferrara, Brescia und Genua, bis er 1491 Prior des einflussreichen Dominikanerklosters San Marco in Florenz wurde, das er 1493 zu einer eigenen Kongregation erhob. Angewidert durch den Sittenverfall der Stadt, begann er einen moralischen Kreuzzug und setzte mit Hilfe einer Sittenpolizei seine Reformen durch. Nach der Vertreibung der Medici 1494 errichtete Savonarola einen theokratischen Staat und rief Christus zum König von Florenz aus. Doch dann trat Alexander VI. auf den Plan, jener berüchtigte Borgia-Papst, der nur durch Bestechung das höchste Kirchenamt erlangt hatte.

Alexander VI. (1431–1503)

Alexander VI., in Játiva bei Valencia als Rodrigo de Borja geboren, gilt als einer der schillerndsten Päpste der Renaissance. Er war bestrebt, seine Kinder zu bereichern und seine spanische Sippschaft dynastisch in Italien zu verankern. Übel genommen wurden ihm die Praxis des Ämterkaufs und sein skrupelloser Nepotismus. 1455 wurde er von seinem päpstlichen Onkel Kalixt III. zum Kardinal ernannt. Bereits mit 25 Jahren wurde er Vizekanzler der römischen Kirche. 1492 bestieg er unter dem Namen Alexander VI. den Stuhl Petri. Unter sein Pontifikat fiel die Entdeckung Amerikas. 1494 legitimierte er die »Teilung der Welt« im Vertrag von Tordesillas, mit dem Spanien und Portugal ihre Besitz- und Entdeckungsräume abgrenzten. Mit Erfolg begegnete er dem Eindringen Frankreichs und Spaniens in Italien. 1503 starb Alexander VI. unter ungeklärten Umständen.

Das entsetzliche Elend in der Welt, die Bosheit der Menschen, die Unzucht, die Ehebrüche, Räubereien, der Hochmut, Götzendienst und die rohen Gotteslästerungen hätten ihn darin bestärkt, »nicht wie ein Tier unter Schweinen« zu leben,[23] schrieb der 22-jährige Medizinstudent Girolamo Savonarola im Jahre 1474 an seine Familie, als ihm die Sinnlosigkeit seiner bisherigen Existenz bewusst geworden war. Abschiednehmen von seinem bürgerlich-weltlichen Dasein – dies war es, was er mit aller Macht wollte. Angewidert zeigte er sich vom höfischen Leben in Ferrara, jener Stadt, in der seine Familie in großbürgerlichen Verhältnissen lebte. Sein Großvater Michele war Inhaber des Lehrstuhls für Medizin an der Universität und gehörte zum feudalen Kreis der Humanisten am Hofe des Fürstengeschlechts der Este.

Die Herrscherfamilie wie die kosmopolitische Handelsstadt waren damals für Fremde aus aller Herren Länder Anziehungspunkte: Zwischen Venedig und Bologna an einem schiffbaren Poarm gelegen, diente Ferrara Gesandten, Kaufleuten und anderen Reisenden auf dem Weg nach Mittelitalien als Zwischenstation. Diese weltoffene Atmosphäre, und nicht zuletzt die große Spendierfreudigkeit der Este, machten die Stadt anziehend für Künstler und Gelehrte, die sich scharenweise in Ferrara ansiedelten. Schon früh wurde Girolamo Savonarola in die höfischen Kreise eingeführt; in jungen Jahren bereits kannte er die Gepflogenheiten der Aristokratie und den intellektuellen Kosmos der Gelehrtenwelt. Wie sein Großvater sollte er der Familientradition entsprechend ein berühmter Arzt werden, und wie es sich für Söhne aus begüterten Familien ziemte, lernte er Laute spielen und den Damen den Hof zu machen. Wir hören von einer gewissen Laudomia, in die er sich heftig verliebte, die seine Avancen jedoch rüde zurückwies. Nicht wenige Biographen erklären Savonarolas spätere Radikalisierung und Jenseitsorientierung auch mit dieser frühen Enttäuschung im diesseitigen Leben.[24]

Den Freuden des irdischen Daseins anfangs aber durchaus zugeneigt, wurde ihm eines Tages plötzlich eine schicksalhafte Offenbarung zuteil: Gott teilte ihm in einem Traum mit, er solle sich um die Seelen der Menschen kümmern – nicht um ihre körperlichen Gebrechen. Dies war die Initialzündung für eine beispiellose klerikale Karriere, deren Bewertung bis heute die Gemüter erhitzt. Wurde Savonarola in den kommenden Jahren ein großer Reformator oder schlicht ein verstockter Ketzer?

Aller Pracht, Eitelkeit und moralischer Verderbtheit sagte Savonarola von diesem Zeitpunkt an den Kampf an. Von heute auf morgen verließ er das Elternhaus und stellte sein Leben ganz in den Dienst der Buße. Zuvor hatte er schon zwei kleine Traktate »über das Verderben der Kirche« und »das Verderben der Welt« geschrieben. Vorbei war es nun mit der bürgerlichen Karriere, in die seine Familie so große Hoffnungen gesetzt hatte. Um dem Groll des Elternhauses zu entgehen, trat der 23-jährige im Jahre 1475 in das Dominikanerkloster in Bologna ein. Und schon bald fielen seinen Ordensoberen der Eifer und die enorme Begabung auf, mit denen Savonarola seinen Studien nachging. Zu Höherem berufen, schickte man ihn erst einmal nach Ferrara zurück, um dort Theologie zu studieren. Mit glänzender Reputation ausgestattet, setzte er seine Karriere dann als Prediger in Ferrara, Brescia und Genua fort. Keine Gelegenheit ließ er aus, um mit Feuereifer von der Kanzel herab seine Überzeugungen auszusprechen. Dabei wurde er von seinem eigenen Eifer derart mitgerissen, dass er bisweilen anfing zu stottern – und so zum Gespött der Gottesdienstbesucher wurde. War ihm anfangs auf Grund seiner ungeschickten Vortragsweise noch kein Erfolg beim Publikum beschieden, erlernte er in den kommenden Jahren allmählich, die Herzen der Menschen durch Worte zu erobern. Und dies mit solcher Meisterschaft, dass er bald als einer der berühmtesten Redner seiner Zeit galt. 1491 wurde der als Prediger von seltenen Qualitäten gerühmte Mönch schließlich Prior des einflussreichen Dominikanerklosters San Marco in Florenz.

Florenz befand sich in diesen Jahren auf dem Höhe-

HIERONIMUS SAVONAROLA
Ein durch Lehr und Schrifften fürtrefflicher Theologus.
Gebohren zu Ferrara in Italien den 21. Sept. 1452.
Zu Florentz gefänglich eingesetzt den 9. Apr. 1498.
Daselbst erwürgt und verbrendt den 2. Mey desselbigen jahrs.

Ich hab des Papsts Gewalt und Ablaß umbgekehret,
Den Glauben ohne Werck, sampt wahrer Buß gelehret,
Drauff ward ich vor dem Papst in Kirchen-Bann erklärt,
Und erstlich zwahr erhenkt, darnach mit feür verbrendt.

Girolamo
Savonarola
(1452–1498)

punkt seiner kulturellen Blüte. Der Zeitraum, den man
heute gemeinhin Florentiner Hochkultur nennt, jene Epo-
che, die im frühen 14. Jahrhundert mit dem genialen Dichter Dante und seinem kongenialen Malerkollegen Giotto
begann, neigte sich langsam ihrem Ende zu. Unter der
Herrschaft Lorenzos des Prächtigen aus der Familie der
Medici, der sich sowohl als Staatsmann wie als Mäzen für
das Wohl seiner Heimatstadt verantwortlich zeichnete,
hielten Dichter wie Angelo Poliziano oder der Maler
Sandro Botticelli die Ideale der heidnischen Antike hoch.
Der christliche Schöpfergott war im wahrsten Sinne des
Wortes aus der Mode gekommen. Man huldigte unverhohlen den alten Göttern der Römer und Griechen: Sie bevölkerten den Himmel der Astrologen, die Verse der Poeten
und die Gemälde der Maler. Eines der berühmtesten Bilder

65

Botticellis, das noch heute Tausende von Besuchern in die Uffizien lockt, hat keine christliche Legende, sondern einen antiken Mythos – die Geburt der Venus – zum Gegenstand. Polizianos Theaterstück *Orpheus* gilt gemeinhin als das erste weltliche Drama der Neuzeit. Die Renaissance stand in voller Blüte; und Sinnlichkeit wurde in dieser neuheidnischen Welt geradezu als göttlich angesehen. Erotisch-blasphemische Karnevalsgesänge, etwa von Lorenzo de' Medici selbst, zirkulierten allerorten. Noch immer waren es Boccaccios häufig obszöne Novellen aus dem *Decameron*, die zur Lieblingslektüre der Florentiner zählten.

In dieses sinnenfrohe und der katholischen Orthodoxie wenig geneigte Umfeld drang nun Girolamo Savonarola ein. Und man kann sich denken, dass er seinen ganzen Eifer darauf verwandte, der Unzucht der Florentiner entgegenzuwirken. »Diese völlig zu Feuer und Flamme gewordene Persönlichkeit« – wie es der Historiker Jacob Burckhardt formuliert – begann einen radikalen Kreuzzug gegen den Sittenverfall und setzte mit dem Wort seine mächtigste Waffe ein. Und mit Worten wusste er wahrlich Menschen zu beeindrucken, denn mit bebender Stimme erzeugte er Angst und Panik unter den Gottesdienstbesuchern. Als Bußprediger und Moralist warnte er sein Publikum, Gott würde Italien auf entsetzliche Weise bestrafen, wenn das Volk seine Sünden nicht bereute und zur rechten Lebensführung zurückkehrte. Zwischen 12000 und 15000 Menschen bevölkerten jedes Mal den Dom, wenn er seine apokalyptischen Predigten hielt. Gerüste mussten errichtet werden, um der Menschenmenge Herr zu werden. Die Florentiner hingen buchstäblich an seinen Lippen. Und Gänsehaut überkam sie, wenn Savonarola wieder einmal das nahende Weltende prophezeite. Harsche Kritik übte der ebenso prüde wie redegewandte Mönch dabei gerne am »verfluchten Laster« der Homosexualität – einer unter der Florentiner Bürgerschicht der damaligen Zeit schon fast modeartigen Erscheinung.

Um die Moral der Florentiner zu erneuern, bedurfte es neben der sittlichen Instruktion seiner Meinung nach vor allem einer kulturellen Reformbestrebung: Bildende Kunst, Musik und Literatur sollten dem Glauben dienlich gemacht werden. So traf Savonarolas Bannstrahl den überaus beliebten florentinischen Volksdichter Luigi Pulci. Dieser erlaubte es sich in seiner Versdichtung *Morgante,* vor allem im berühmten »Credo Marguttes«, mit blasphemischer Ironie das Glaubensbekenntnis zu parodieren. Da ist die Rede vom Glauben an den Kapaun – gekocht oder gebraten – und an Butter, Bier und Most; an große und kleine Münzen, an Torte und Pastetchen.[25] Ein Dichter, der in seinem Werk heilige Verse parodiert – klingt das nicht vertraut und überaus modern? Luigi Pulci als Salman Rushdie der Frühen Neuzeit? In Sachen Ironie und Blasphemie verstanden Fundamentalisten jedenfalls noch nie besonders viel Spaß, und dass Savonarolas Eifer fundamentalistische Züge trug, steht außer Frage. Der streitbare Mönch verdammte Pulci schließlich in einer Predigt über Aggäus und kündigte schon das spätere Schicksal des Buches an: Wie viele andere Werke heidnischen Inhalts sollte auch der *Morgante* auf dem Scheiterhaufen enden. Der Florentiner Dichter aber weilte zu diesem Zeitpunkt schon nicht mehr unter den Lebenden und hatte somit das Glück, dass ihm selbst ein schlimmeres Schicksal erspart blieb.

Von Savonarolas Ausstrahlung und rhetorischen Fähigkeit gebannt, waren Tausende seiner Zuhörer schließlich mehr und mehr davon überzeugt, dass Savonarola ein wahrer Prophet und die Stimme Gottes sei. Geistig ganz verschiedenartige Menschen wurden in seinen Bann geschlagen; für die künstlerische und intellektuelle Elite der Arnostadt wurde der Prediger gar zum Fixpunkt. Sandro Botticelli wurde ein leidenschaftlicher Anhänger Savonarolas und malte nur noch Bilder, zu denen er Anregung aus den Predigten des Dominikaners schöpfte. Der Maler Baccio della Porta trat in das Kloster San Marco ein und nahm als Mönch den Namen Fra Bartolomeo an. Michelangelo sollte sich bis an sein Lebensende lebhaft der machtvollen Stimme und der leidenschaftlichen Gesten Savonarolas erinnern. Und selbst Lorenzo de' Medici –

wahrlich kein Aushängeschild christlicher Tugend – rief den Dominikaner im Jahre 1492 an sein Sterbebett, um Absolution für seine Sünden zu erbitten.

Die Invasion des französischen Königs Karl VIII. trug noch zu Savonarolas Ruf bei, denn der Mönch hatte verkündet, jener König sei ein Werkzeug der göttlichen Rache und werde Florenz erobern. Savonarola erhöhte sein Ansehen bei der Bevölkerung schließlich noch, indem er den französischen König davon überzeugen konnte, sein Heer vor der Stadt zu lassen. Froh darüber, einer Plünderung entgangen zu sein, lagen viele Florentiner Savonarola fortan zu Füßen und gehorchten seinen Weisungen. Florenz sollte eine puritanische Kutte anlegen.

Nach der Vertreibung der Medici im Jahre 1494, die durch Karls Invasion hervorgerufen wurde, spielte Savonarola nun eine überaus wichtige Rolle in der städtischen Politik. Sein Ideal war ein theokratischer Staat, an dessen Verwirklichung er mit seinen Anhängern eifrig arbeitete. Nach der Herrschaft der Medici sollte nun in den politischen Gremien auch das Gemeinwesen breiter repräsentiert werden. Und so beschloss man, die Macht der alten Oligarchenfamilien erheblich zu beschränken, was einer politischen Revolution gleichkam und für sozialen Sprengstoff sorgte.

Seine moralischen Reformen aber konnten nicht ohne die Hilfe einer Sittenpolizei durchgesetzt werden. Dazu gehörten vor allem die von Savonarola fanatisierten Jugendbanden – jene so genannten »Weiner« (*piagnoni*) –, die in Häuser eindrangen und »Eitelkeiten« wie Perücken, Schmuckstücke, Spielkarten und Schminktöpfe verlangten, um sie dem Feuer zu übergeben. Als man die tyrannischen Knaben bisweilen mit Schlägen abwies, entschloss man sich, Erwachsene als Beschützer mitzuschicken. Und so kam es am letzten Karnevalstag des Jahres 1497 zu einem beeindruckenden Autodafé. Die Piazza della Signoria hatte schon viele Schauspiele gesehen, keines war aber eindrucksvoller als jener Scheiterhaufen, auf dem unter Beteiligung der ganzen Bevölkerung alle weltlichen Eitelkeiten zum Opfer gebracht wurden. Eine riesige Pyramide türmte sich gegenüber dem Palazzo della Signoria auf. Zuunterst lagen Würfel, Spiegel, falsche Bärte, Perücken, Spielkarten, Schmuck und Parfümflaschen; darüber Bücher nichtchristlichen Inhalts italienischer und lateinischer Dichter – unter anderem der *Morgante* Pulcis, Boccaccios *Decameron* und Petrarcas Liebesgedichte – neben Zeichnungen, Büsten und Bildern berühmter Florentiner Schönheiten wie Lena Morella oder Maria de' Lenzi. Der Maler Fra Bartolomeo, ganz vom Taumel ergriffen, schleuderte eigenhändig seine alten Zeichnungen in die Flammen. Und viele andere Künstler taten es ihm nach.

Florenz befand sich in einem religiösen Trance-Zustand – ganz im Gegensatz zum Zentrum der katholischen Christenheit. In Rom nämlich herrschte seit 1492 Rodrigo Borgia unter dem Namen Alexander VI.[26] Savonarola traf mit diesem Pontifex Maximus auf einen Gegenspieler, der in jeder Hinsicht sein genauer Widerpart war. Alexander VI., jener berühmt-berüchtigte Papst, lebte einem genussfreudigen Renaissancefürsten gleich, der durch Bestechung das höchste Kirchenamt erlangt hatte und dessen Konkubinen im Papstpalast ein- und auszugehen pflegten. Rodrigos spanischer Onkel Alfonso Borgia, der unter dem Namen Calixt III. von 1455 bis 1458 als Kirchenoberhaupt regiert hatte, ermöglichte ihm den Aufstieg in der kirchlichen Hierarchie. Rodrigo war zwar anfangs kein Priester – dies wurde er erst Jahre später – dennoch ernannte ihn sein päpstlicher Onkel zum Kardinal. Als Vizekanzler wurde er schließlich zu einem der reichsten Männer Europas. Dem schönen Geschlecht besonders zugeneigt, zeugte er mehrere Kinder, darunter Lucrezia und Cesare, den er als siebzehnjährigen Jüngling in den Kardinalspurpur hüllte. Wie hoch es an Alexanders Hof bisweilen herging, beschreibt sein deutscher Zeremonienmeister Johannes Burchard in seinem Tagebuch eindrücklich: »Am Abend veranstaltete der Herzog Valentino (Cesare Borgia) in seinem Gemach im Vatikan ein Gelage mit fünfzehn ehrbaren Dirnen, Kurtisanen genannt, die nach dem Mahl mit den Dienern und den anderen Anwesenden tanzten, zuerst in ihren Kleidern, dann nackt. Nach dem Mahl wurden die Tischleuchter mit den brennenden Kerzen auf den Boden gestellt und Kastanien rings herum gestreut, die die nackten Dirnen auf Händen und Füßen zwischen den Leuchtern durchkriechend aufsammelten, wobei der Papst, Cesare und seine Schwester Lucrezia zuschauten. Schließlich wurden Preise ausgesetzt, seidene Unterröcke, Schuhe, Barette und anderes für die, welche mit den Dirnen am öftesten den Akt vollziehen könnten. Das Schauspiel fand hier im Saal öffentlich statt, und nach dem Urteil der Anwesenden wurden an die Sieger die Preise verteilt.«[27]

In Florenz galt schon der Besitz von Frauenbüsten als anrüchig, und in Rom feierte man Orgien mit Prostituierten! Aber nicht nur das. Cesare veranstaltete blutige Stierkämpfe auf dem heiligen Boden des Petersplatzes, und manches gemeine Verbrechen des kriminellen Sohnes billigte Papst Alexander stillschweigend. Gerüchte besagen, dass er selbst mit dem berüchtigten »Borgia-Gift« Rivalen aus dem Weg räumen ließ. Staatsmännisch jedoch hochbegabt, wie man dem Zeugnis zahlreicher Historiker entnehmen kann, bestach Alexander durch seine groben, etwas kantigen Gesichtszüge, durch sein eindrucksvolles Auftreten und seine faszinierende Beredsamkeit.

Dass dieser zynisch-sinnenfrohe Machtmensch mit Savonarolas strengen Moralvorstellungen nicht einverstanden war und dass hier zwei Menschen aufeinander trafen, die in ihrer charakterlichen Veranlagung nicht hätten unterschiedlicher sein können, ist offensichtlich. Hier eine schon fast barock anmutende Erscheinung mit der Figur eines Orson Welles, auf Macht-, Lustgewinn und Reichtum erpicht, dort ein von Bußübungen und Kasteiungen ausgemergelter Mönch, dessen dürrer Körper unter der weißen Dominikanerkutte fast zu verschwinden drohte. Schon optisch trennten die beiden Kontrahenten Welten.

Betrachten wir ihre Auseinandersetzung aber von Anfang an: Die Amtskirche wurde schon früh stutzig. In Florenz befand sich ein Prediger, der sich päpstlicher als

Papst
Alexander VI.
(1431–1503)

ALEXANDER·VI·PAPA·VALENTINVS·HISP
fu fatto del mense an. u. mesi 11 giorni. 0

der Papst gebärdete, und der – was viel schlimmer war –
eine Kirche innerhalb der Kirche zu gründen beabsichtigte. Savonarola nahm in seinem missionarischen Reform-
eifer auf die Regularien der Kirche nur wenig Rücksicht.
Neider aus dem klerikalen Umfeld in Florenz berichteten
dies dem päpstlichen Hof umgehend. Und so wurde er am
21. Juli 1495 nach Rom vor den Heiligen Stuhl zitiert. Er
habe gehört, so Alexander in einer brieflichen Mitteilung,
dass Savonarola nicht aus sich heraus oder aus menschlicher Weisheit, sondern durch göttliche Eingebung predige.
Gerne wolle er ihn dazu befragen, ließ er in höflichem Ton
schreiben. Savonarola jedoch entschuldigte sich und
machte gesundheitliche Gründe für sein Ausbleiben verantwortlich. Er würde ja sehr gerne kommen, zumal er
Rom noch nicht kenne, doch »[…] ich enthalte mich sogar

71

der Predigten und selbst der Studien nach dem Rat der Ärzte, nach deren und anderer Leute übereinstimmender Meinung ich Gefahr laufe, in Kürze zu sterben, wenn ich nicht geeignete Arzneien zu meiner Heilung erhalte.«[28]

Savonarola genas und predigte anfangs wirklich nicht. Doch nach zwei Monaten begann er von neuem in dem sicheren Bewusstsein, dass seine florentinische Gottesdiktatur der Ansprache und ständigen Anwesenheit ihres Propheten bedurfte.

Schon am 16. Oktober traf ihn ein höflich verpackter Bannstrahl des Papstes: »In Antwort auf deine Briefe befehlen wir dir in der Tugend des heiligen Gehorsams, dass du in Zukunft ganz und gar von jeglichem Predigen ablässt, sei es öffentlich oder privat.«[29]

Und das Tauziehen begann wieder von vorn. Obwohl sich Savonarola tatsächlich an das Predigtverbot hielt, fuhr Alexander noch schwerere Geschütze auf. Er war sich nun der Widerspenstigkeit seines Gegners und der damit einhergehenden Gefahr bewusst. Alexander beauftragte den Generalvikar der lombardischen Kongregation des Dominikanerordens, den florentinischen Gottesstaat genau unter die Lupe zu nehmen. Bedenkt man, dass sich das Kloster San Marco kurz zuvor von dieser norditalienischen Kongregation getrennt hatte, erkennt man die Intention des Papstes: Einen Keil in den Dominikanerorden zu treiben und zu polarisieren – dies war Alexanders erklärte Absicht. Beleidigt unterbreitete Savonarola dem Papst den Vorschlag, anstelle des lombardischen Abgesandten doch besser einen engen römischen Vertrauten mit dieser heiklen Aufgabe zu betrauen.

Alexander wurde es nun aber zu bunt. San Marco wurde kurzerhand an die römisch-toskanische Kongregation angeschlossen und stand somit unter direkter Kontrolle des Papstes. Als sich Savonarola aber weiterhin als widerspenstig erwies und fortfuhr zu predigen, hatte Alexander genug von dem Katz- und Maussspiel mit dem renitenten Gottesmann: Savonarola wurde kurzerhand exkommuniziert.

Eine Frage blieb bis jetzt unbeantwortet: Weshalb interessierte sich ein nahezu allmächtiger Papst so vehement für den dominikanischen Prior in Florenz? War es nur die Furcht vor Savonarolas fundamentalistischer Auslegung des Katholizismus, die Alexander so sehr bedrängte und die ihn zu diesem radikalen Schritt führte? Waren es tatsächlich religiöse Gründe und die Angst vor einem streng orthodoxen Katholizismus in Florenz? Mitnichten. Religion war für Alexander vor allem Mittel zum Zweck. Ihm ging es um viel Wichtigeres:

Savonarola bekannte sich politisch zu Frankreich – und nicht zu Rom. Der spanische Papst war verärgert, dass Savonarola ihn in Predigten direkt attackierte und so schwerwiegender Dinge wie der Simonie und Ketzerei beschuldigte – noch stärker aber darüber, dass Savonarola König Karl VIII. von Frankreich unterstützte. Hintergrund des Konfliktes zwischen Papst und König war eine kriegerische und machtpolitische Auseinandersetzung um das Königreich Neapel. Rund 40 Jahre lang hatte das durch den Frieden von Lodi bewährte Gleichgewicht zwischen den italienischen Großmächten Rom, Neapel, Mailand, Venedig und Florenz Bestand gehabt und eine Einmischung ausländischer Mächte in italienische Angelegenheiten verhindert. Doch diese Machtbalance wurde in dem Moment zerstört, als Karl VIII. in Italien einfiel, um Erbansprüche auf Neapel geltend zu machen. Der Eroberungskrieg Karls war 1494 bereits in vollem Gange. Alexander VI. unterstützte die von Venedig geführte Liga gegen Frankreich, die den Expansionsgelüsten des französischen Königs Einhalt gebieten wollte. Der so genannten Heiligen Liga gehörten neben Venedig und Rom auch Ferdinand von Spanien und Heinrich VIII. von England an. Ein von den Medici regiertes Florenz hätte sich nun zweifellos zur Heiligen Liga bekannt – nicht aber der franzosenfreundliche Prior. In der Phantasie Savonarolas lebte das Idealbild eines weisen, großen und gerechten Retters. Er sah in Karl die Geißel Gottes, die das verkommene Italien moralisch erneuern sollte. So wurde Savonarola nicht nur der natürliche Gegner Alexanders, sondern auch der mächtigen Medici. Obwohl diese 1494 vertrieben worden waren, befanden sich noch immer stillschweigend zahlreiche Anhänger der einstigen Herrscherfamilie in Florenz und beobachteten zähneknirschend die Umtriebe des Predigers. Savonarolas politische und religiöse Maßnahmen riefen so unvermeidlich Gegner auf den Plan und verschärften die Spannungen in der Florentiner Gesellschaft. Seine glühendsten Anhänger kamen aus dem Stand der Handwerker und Kaufleute, seine Gegner jedoch waren die einflussreichen Freunde der Medici und jene Aristokraten, die sich gegen den politischen Machtgewinn des kleinen Volkes zur Wehr setzten. Die *Compagnacci*, junge Adlige, die der Spaßkultur huldigten, zeigten sich besonders entschlossen, Savonarola das Leben schwer zu machen. Sie warteten nur auf ihre Chance, und sie bekamen unverhofft Unterstützung aus Kirchenkreisen: Durch den Erfolg des Dominikaners in die Defensive gedrängt, wandten sich die in Florenz ansässigen Franziskaner gegen Savonarola und intrigierten gegen ihn. Seine Lage in der Arnostadt wurde immer prekärer.

Um Aufsehen zu vermeiden, begann Savonarola in der Zwischenzeit, in einer kleineren Kirche zu predigen. Doch dieser scheinbare Kompromiss genügte Alexander nicht. Unter der Androhung eines Interdikts gegen die Stadt forderte der Papst im Frühjahr 1498, Savonarola gefangen zu setzen. Der Mönch jedoch fuhr zunächst fort, zu predigen und verkündete kühn, dieser päpstliche Akt sei unrechtmäßig und damit ungültig. Geschickt hatte Alexander nun einen Keil in die Florentiner Bevölkerung getrieben, denn viele Bürger schreckte Savonarolas offener Verstoß gegen die päpstliche Verfügung ab, fürchteten sie doch, selbst exkommuniziert zu werden. Aber der Dominikanerprediger ließ seinerseits nicht locker. Mit offenem Visier ließ er über seinen päpstlichen Gegenspieler Vernichtendes verlautbaren:

»Ich bezeuge hiermit im Namen Gottes, dass dieser Alexander kein Papst ist und es auch nicht sein kann.

Denn abgesehen von der Todsünde der Simonie, durch die er den päpstlichen Stuhl erworben hat und in der er täglich die Segnungen der Kirche an den Meistbietenden verkauft, und ebenso abgesehen von seinen anderen offensichtlichen Übeln, erkläre ich, dass er kein Christ ist und nicht an Gott glaubt, was der Gipfel des Unglaubens ist.«[30]

Savonarola warf seinem Gegenspieler also nichts Geringeres als Häresie vor. Um Alexander in einem allgemeinen Konzil abzusetzen, hatte sich Savonarola mittlerweile mit mehreren europäischen Herrschern in Verbindung gesetzt – was Alexander um so mehr veranlasste, sich des Mönchs rasch zu entledigen. Als besonders verhängnisvoll erwies sich, dass Karl VIII., auf dessen tatkräftige Unterstützung Savonarola am meisten gebaut hatte, am 5. April 1498 durch einen Unfall in Amboise ums Leben gekommen war. Dieses Schutzschilds beraubt, schossen sich nun alle Gegner auf den Bußprediger ein: Der Franziskanerorden forderte ihn auf, sich einer Feuerprobe zu stellen. Zaudernd willigte Savonarola ein. Würde er verbrennen, wäre er widerlegt, würde nur sein franziskanischer Gegner umkommen, wäre er ein wahrer Prophet – so die absurde Logik der Richter. Trotz umfassender Vorbereitungen hatte die Stadtregierung jedoch niemals die Absicht gehabt, die Feuerprobe tatsächlich zuzulassen. Die Absage aber tat Savonarolas Ansehen beim Volke großen Schaden. Am 9. April schließlich erhielt er von der Stadtregierung eine ernste Vorladung. Da ihm Folter und Tod gewiss waren, ließen ihn seine dominikanischen Mitbrüder zunächst nicht aus den Klostermauern von San Marco. Stadttruppen griffen nun das Kloster an. Die Mönche verteidigten sich tapfer einen ganzen Tag lang, bis sich Savonarola zermürbt und traurig stellte, um weiteres Blutvergießen zu verhindern. Man brachte ihn in den Palazzo della Signoria und sperrte ihn in eine Zelle. Auf Anordnung des Papstes wurde er täglich gefoltert, um ihm ein Geständnis abzupressen, das seine Hinrichtung rechtfertigen sollte.

Ein schwieriges Unterfangen, denn nichts konnte ihm ein Geständnis des Verrats oder der Ketzerei abringen. Etwa sechzehn Tage lang dauerte das Verhör. Ohne Erfolg. Man ließ ihn mit dem Seilzug foltern, dem so genannten Wippgalgen, einer in der damaligen Zeit besonders beliebten Foltermethode: Savonarola wurden zunächst die Arme auf dem Rücken zusammengebunden. Dann zog man ihn mittels eines Strickes, der an den Handgelenken befestigt war, über einen Flaschenzug nach oben. Nachdem man Gewichte an seinen Füßen befestigt hatte, ließ man ihn plötzlich herabfallen, um ihn mit einem Ruck wieder hochzuziehen. Doch auch diese äußerst schmerzhafte Tortur bewirkte nichts. Entmutigt schrieb man dem ungeduldigen Papst, dass es trotz langer Verhöre und der Zuhilfenahme der Folter bisher nicht gelungen sei, aus Savonarola ein Geständnis herauszupressen. Nun griff das Gericht, das ausschließlich aus Gegnern Savonarolas bestand, zum Betrug. Der Notar Ser Ceccone äußerte einem der Richter gegenüber: »Wenn keine Schuld besteht, muss eben eine erfunden werden.« Und so fand man eine. Ser Ceccone wurde angewiesen, die unter Folter erpressten Antworten des Opfers mitzuschreiben und gegebenenfalls zu manipulieren. So kam man endlich ans Ziel. Man presste ihm das Geständnis ab, dass seine Prophezeiungen nicht göttlichen Ursprungs seien. Und damit war der Tatbestand der Häresie erfüllt.

Was aber war der Grund, weshalb die Savonarola einst wohlgesonnene Stadtregierung unter dem Druck Alexanders nachgab? »Erst kommt das Fressen, dann die Moral«, sagte Bertolt Brecht in einem berühmten Bonmot. Und jene Worte charakterisieren die florentinische Innenpolitik jener Monate treffend. Nachdem man dem Papst anfangs noch Widerstand geleistet hatte, besann man sich eines Besseren: »Wir ruinieren den Handel, wenn das päpstliche Interdikt umgesetzt wird«, sagte ein mächtiger Stadtpolitiker in einer Ratssitzung. Und dieser Appell an den Geldbeutel bewirkte letztlich, dass man Savonarola fallen ließ. Der Ketzerei und schismatischer Bestrebungen überführt, wurde Savonarola am 23. Mai 1498 mit zwei weiteren Ordensbrüdern öffentlich degradiert, gehängt und auf dem Scheiterhaufen verbrannt. Die Asche warf man in den Arno, damit von den Ketzern nichts mehr übrig blieb.[31]

Alexander VI. starb erst im August 1503, vermutlich nicht an Gift, wie viele Zeitgenossen mutmaßten und wünschten, sondern an der in den römischen Sümpfen grassierenden Malaria. Sein Nachfolger Julius II., *Il terribile* (der Schreckliche) genannt, jagte sogleich alle Kreaturen Alexanders mit einem Handstreich aus dem Vatikan. Buchstäblich mit Feuer und Schwert vertrieb er Alexanders Sohn Cesare aus dessen Fürstentum. Die Gewaltmenschen Italiens hatten nun ihren Meister gefunden.

Wer aber war Girolamo Savonarola? Ein Reformator, der bei einem Erfolg seiner Bestrebungen Luthers Protestantismus hätte verhindern können, oder ein Ketzer, der die Strafgewalt des heiligen Stuhles leugnete? Ein Prophet, der die Stimme Gottes verlautbarte oder ein Schismatiker, der eine eigene Kirche gründen wollte? Diese Fragen spalten noch heute die katholische Kirche, und wohl wenige Gestalten der Kirchengeschichte sind so umstritten wie der Florentiner Bußprediger. Trotz aller Anstrengungen des Dominikanerordens wurde Savonarola bis heute nur teilweise rehabilitiert und ein Seligsprechungsverfahren immer wieder aufgeschoben. Ob er ein Prophet im alttestamentlichen Sinn war, wie er sich selbst verstand, vermögen wir nicht zu beurteilen. Eines war Savonarola aber sicher: ein Fanatiker und Fundamentalist. Die einzig gültige Wahrheit war für ihn das katholische Dogma. In der Überzeugung, dessen Wahrheit zu vertreten, ging er ruhigen Gewissens auf den Scheiterhaufen. Rodrigo Borgia hingegen kümmerte die katholische Orthodoxie nur wenig. Sein Ziel war vielmehr die Machtkonsolidierung seiner Familie und des Kirchenstaates. Und er zögerte nicht, diesem Ziel alles unterzuordnen und die Wahrheit zu manipulieren, ja Lug und Trug anzuwenden, um Savonarola zu eliminieren. Er sah zu, wie man Savonarola einem Inquisitionsprozess aussetzte, wohl wissend, dass der Dominikaner den Tatbestand der Häresie nicht erfüllte.

Savonarola war ein Kirchenkritiker und kritisierte den Papst, aber nie die Institution des Papsttums selbst. Mit einer juristischen Wahrheit, der angeblichen Falschaussage Savonarolas, meinte Alexander am Ende die moralische Hoheit über die öffentliche Meinung zu gewinnen.

Savonarola hatte wohl schlicht Pech. Die Umstände und die Zeit wurden diesem asketischen Kirchenkritiker zum Verhängnis. Zum Nachteil sollte ihm die Tatsache gereichen, dass er strenggläubiger und orthodoxer als der Papst selbst war. Denn wäre der fanatische Bußprediger bei seinen innerkatholischen Reformbemühungen mit einem anderen Papst als Alexander VI. konfrontiert worden, stünde er heute vielleicht im Rufe eines Kirchenreformators wenn nicht gar eines Heiligen. Wurde nicht vor einigen Jahren ein anderer Fundamentalist, der spanische Gründer des *Opus Dei*, Josemaria Escriva de Balaguer, heilig gesprochen? Ein Kirchenmann, der zu Lebzeiten den faschistischen Diktator Franco unterstützte? Aber Escriva de Balaguers Ideen – man sah in ihm einen Streiter gegen die sozialistisch-kirchenkritische Partei Spaniens – fanden offensichtlich den Gefallen des Papstes. Der Fall Savonarola zeigt eindrücklich, wie sehr Glück oder Verderben einzelner Vorhaben an die persönliche Wahrheitsauffassung des einzelnen Individuums – in diesem Falle an die Person des Kirchenoberhauptes – gebunden sind. Dies gilt im Übrigen heute noch genauso wie im 15. Jahrhundert. Derselbe Johannes Paul II., der Escriva de Balaguer heilig sprach, exkommunizierte den französischen Bischof Marcel Lefebvre, der wie Savonarola an der Tradition der Kirche mit eiserner Hand festhalten wollte, und bereit war, für seine Überzeugung den Gehorsam zu verweigern.[32] Auch hier ging es letztlich um innerkirchliche Machtpolitik und die Angst vor schismatischen Bewegungen innerhalb der katholischen Kirche. Die Mittel, diese zu verhindern, sind aber glücklicherweise humaner geworden als zu Savonarolas Zeiten.

Der Hexenanwalt und der Hexenhammer.
Agrippa von Nettesheim und Nikolaus Savini

Agrippa von Nettesheim (1486–1535)

Wenigen der Hexerei angeklagten Frauen gelang es im 16. Jahrhundert, dem Flammentod zu entgehen. Und noch einer geringeren Anzahl gelang es, einen mutigen Anwalt zu finden, der sich vor Gericht mit Vehemenz für sie einsetzte. Einer jener Hexenanwälte war Agrippa von Nettesheim. Wie Paracelsus war er einst Schüler des berühmten »Zauberer-Abts« Johannes Trithemius. Agrippa befasste sich zeitlebens mit Geheimwissenschaften und geriet im Laufe seines Wanderlebens häufig mit der Kirche in Konflikt: In seinem Buch über »okkulte Philosophie« trug er verbotenerweise die geheimen Lehren der Antike und des Mittelalters zusammen. Zum Verdruss vieler Kleriker prangerte er öffentlich Intoleranz und Tyrannei der Inquisitoren an. Agrippa von Nettesheim setzte sich 1519 in einem legendären Prozess für eine der Hexerei angeklagte Bäuerin ein.

Nikolaus Savini

Dass Hexen auf den Scheiterhaufen gehören, stand für Nikolaus Savini fest. Wenig wissen wir über diesen Dominikaner-Inquisitor, der nur als Gegner Agrippas von Nettesheim in die Geschichte eingegangen ist. Er wirkte im zweiten Jahrzehnt des 16. Jahrhunderts in Metz, wo er versuchte, Prozesse gegen Hexen gemäß der Empfehlung des *Hexenhammers* in Gang zu bringen. Dass er dabei wenig Rücksicht auf Recht und Gesetz nahm und überaus menschenverachtend vorging, beweist das vorliegende Kapitel eindrücklich.

Ein unheimlicher Geselle war dieser Heinrich Cornelius Agrippa von Nettesheim für seine Zeitgenossen. Allerlei haarsträubende Geschichten erzählte man sich über den Mann, dessen aufsehenerregendes Leben Anlass zu Spekulationen geben musste. Selbst für das Zeitalter der Renaissance, in dem es an vielseitig begabten Individualisten wahrlich keinen Mangel gab, war die Bandbreite seiner Tätigkeiten erstaunlich: Agrippa, wie er sich aus Liebe zu seiner Heimatstadt Köln (*Colonia Agrippinensis*) nannte, war Magier, Jurist, Archivar und Berufsredner. Als ob dies nicht genug wäre, übte er noch die Profession des Arztes, Bergrates, Astrologen, Historikers und Universitätslehrers aus. Dass er nebenbei auch dekorierter Kriegsheld war, lohnt fast nicht der Erwähnung. Ein Alleskönner, der es nirgendwo lange aushielt und der ein unstetes Leben führte, in dessen Verlauf er weite Teile Europas bereiste. Eher unauffällig in seiner äußeren Erscheinung, war er von kleiner bis mittlerer Statur. Wache Augen leuchteten über seiner spitzen Nase, und ein schütterer Bart zierte zeitlebens sein schmales Kinn. Schnell sprach er, überfließend, ohne Punkt und Komma. Und wer ihm zuhörte, wusste bald nicht mehr, wo ihm der Kopf stand. Vom Temperament her sanguinisch veranlagt – einer Kerze gleich, die von beiden Seiten brennt und sich nach und nach verzehrt – machte er sich überall rasch Feinde. Dennoch bezeugt seine umfangreiche Korrespondenz mit berühmten Zeitgenossen seinen Willen zur Auseinandersetzung mit den verschiedensten geistigen Strömungen seiner Zeit.

Schon in jungen Jahren stand er im Ruf, als Schwarzmagier und Hexenmeister auf der Suche nach dem Stein der Weisen zu sein. Da Agrippa später ständig von einem schwarzen Pudel begleitet wurde, nahm man an, dass dieser Hund in Wirklichkeit ein Dämon in Hundegestalt sei. War nicht die ehrfurchtsvolle Anrede *Monsieur* – also »mein Herr« – mit der Agrippa den Hund titulierte, Beweis genug für seine Dämonenhörigkeit? Als Agrippa im Sterben lag, soll er dem Hund sein mit Zaubersprüchen versehenes Halsband abgenommen und gesagt haben: »Weg, verfluchtes Geschöpf, durch das ich mein Heil verloren habe!« Der Pudel stürzte sich daraufhin in den nahen Fluss Isère und ertrank.

Noch 25 Jahre nach Agrippas Tod beschäftigte diese Legende den französischen Gelehrten Jean Bodin, der im Anhang zu seiner *Demonomanie* – einem Leitfaden zum Führen von Hexenprozessen – detailliert darauf eingeht und der Erzählung Glauben schenkt. Agrippas Schüler Johannes Weyer jedoch bemühte sich später, das Ansehen des Lehrers zu rehabilitieren und die Pudelgeschichte als das zu entlarven, was sie in Wirklichkeit war. In pragmatischen und beruhigenden Worten schreibt er: »Was aber den schwarzen Hund anlangt [...] ist er nicht, wie die Sage geht, ein Teufel, sondern ein rechter, wahrhaftiger, natürlicher Hund gewesen.«[33]

Im Jahre 1507 gründete Agrippa in Paris eine Geheimgesellschaft für das Studium und die Ausübung alchemistisch-magischer Geheimwissenschaften und geriet deshalb mit der Geistlichkeit in Konflikt. Schon häufig waren seine ketzerischen Ansichten auf Unverständnis gestoßen. 1509 brachte er schließlich franziskanische Mönche gegen sich auf, als er in Burgund öffentliche Vorlesungen über magische und mystische Themen hielt. Nichts als Verachtung hatte er für die Bespitzelungen der Inquisitoren übrig, und er scheute sich nicht, diese Verachtung in späteren Jahren auch schriftlich zum Ausdruck zu bringen. Hören wir, was er im 96. Kapitel seines Traktates *Über die Fragwürdigkeit, ja Nichtigkeit der Wissenschaften* schreibt:

»Zum Kreis der Juristen gehören auch die Inquisitoren vom Orden der häretischen Predigermönche. Obwohl ihre gesamte gerichtliche Tätigkeit auf der theologischen Tradition und auf den heiligen Schriften beruhen müsste, üben sie diese doch nur auf der Grundlage der Kanones und päpstlichen Dekrete (als ob der Papst unmöglich irren könnte!) auf grausamste Art aus und lassen dabei die Bibel, als bestünde sie nur aus toten Buchstaben oder wäre nur ein Schatten der Wahrheit, beiseite, ja betrachten sie nur als einen ärgerlichen Schutzschild, hinter dem sich die Ketzer verstecken können.«[34]

Hätten die Inquisitoren im Jahre 1509 gewusst, dass er bereits an den Vorarbeiten zu seinem Buch *De occulta philosophia* (Von der geheimen Philosophie) schrieb, wäre er mit Sicherheit vor das Tribunal gebracht worden. Denn der Versuch, eine Synthese aus Christentum und Magie auf dem Boden neuplatonischer Mystik herzustellen, wie es der theoretische Entwurf des Buches vorsah, galt als Häresie höchsten Grades. Magie, wie es Agrippa in der *Geheimen Philosophie* ausführt, bedeutete für ihn einerseits ein Mittel zum Verständnis Gottes. Andererseits war sie aber auch eine Kraft, um Macht auf den Kosmos auszuüben. Hieß das aber nicht, dem Menschen göttliche Allmacht zu verleihen und ihn mit Gott gleichzusetzen?

Agrippa hütete sich, diese Gedanken nach Vollendung des Werkes in gedruckter Form zu veröffentlichen. Erst viele Jahre später wurden sie einer breiten Öffentlichkeit zugänglich gemacht. Er tat gut daran, denn schon bald sollte er in Erfahrung bringen, wohin die inquisitorischen Verfolgungen seiner Zeit führen konnten. Was ihm im Jahre 1519 schließlich widerfuhr, schildert er mit eigenen Worten:

»Als ich früher juristischer Berater der Stadt Metz war, hatte ich eine harte Auseinandersetzung mit einem Inquisitor, der ein ganz übler Geselle war und ein armes Bauernweib mit windigen und völlig ungerechtfertigten Beschuldigungen auf seine Folterbank gezerrt hatte, nicht so sehr in der Absicht, sie zu verhören, sondern vielmehr, sie abzuschlachten. Als ich ihre Verteidigung übernommen hatte [...], sagte er mir ins Gesicht: ›Es genügt doch völlig, dass ihre Mutter als Hexe verbrannt worden ist.‹«[35]

Wie die Mutter, so die Tochter – argumentierte der Inquisitor denkbar einfach und in zynischer Logik. Und doch entsprach diese Argumentation, die jedem aufgeklärten Menschen heutzutage absurd erscheinen muss, gängiger Rechtspraxis im frühen 16. Jahrhundert. Der Inquisitor konnte sich mit seiner Aussage auf ein Standardwerk berufen, das großen Anteil an der Verbrennung Tausender von Menschen hatte. Er bezog sich auf den berüchtigten *Hexenhammer*,[36] jenen Strafkodex, der traditionell zur Verfolgung der Hexen herangezogen wurde.

Der Glaube an die Macht der Hexerei und Zauberei war bereits im Mittelalter weit verbreitet und wurde schon früh von der christlichen Kirche bekämpft. Fast jedes Dorf hatte früher eine Zauberfrau gehabt, die die Wirkungen der Pflanzen kannte, ihre medizinischen Kenntnisse feilbot und Hebammendienste verrichtete. Manch eine von ihnen mag sich auch auf dubiose Zauberpraktiken eingelassen haben. Und gerade im ländlichen Milieu entwickelten sich so vielfältige Vorstellungen von Schadenszauber, etwa Wetterzauber, Verursachung von Viehkrankheiten, Schädigung der Feldfrüchte bis hin zum heute noch allseits schmerzhaft empfundenen »Hexenschuss«. Man schrieb diese Taten häufig jenen älteren Dorfbewohnerinnen zu, die entweder selbst erklärten, sie könnten verwünschen und in schwierigen Lagen helfen, oder denen ihre unmittelbare Umgebung diese Macht zusprach, und die demgemäß gefürchtet und gehasst waren.

Zu einer systematischen Hexenverfolgung kam es aber erst im 15. Jahrhundert. Ein eigentümlicher Umstand ist hierbei, dass die Hexenverfolgung eher ein mitteleuropäisches als ein südeuropäisches Phänomen war. Sie fand im Zeitraum zwischen 1415 und 1793 – dem Jahr, in dem die letzten Hexen Europas verbrannt wurden – hauptsächlich im Heiligen Römischen Reich Deutscher Nation, in Polen, Norditalien und Ostfrankreich statt, weniger in Spanien und im Kirchenstaat. Der Grund, weshalb die Hexenverfolgung im Gegensatz zur Ketzerverfolgung erst relativ spät systematisch betrieben wurde, lag im inquisitorischen Bestreben nach Ausweitung der eigenen Kompetenz. Noch im 14. Jahrhundert nämlich durften Hexen nur verfolgt werden, wenn ihr Verhalten »nach Häresie roch«. Zauberei, die der Orthodoxie des katholischen Glaubens nicht zuwiderhandelte, wurde von den Inquisitoren in diesem Stadium der Inquisitionsgeschichte noch weitgehend ignoriert. Doch dies sollte sich bald ändern.

Ab der Mitte des 15. Jahrhunderts nahm das Ausmaß der Verfolgungen nie dagewesene Formen an. Und nur in wenigen Fällen konnten weltliche Instanzen wie das Reichskammergericht in Deutschland, das Pariser Parlament oder Gutachter juristischer Fakultäten die Angeklagten vor dem sicheren Tod retten. Vor allem dem Einfluss ihres berühmten Sohnes hatte Katharina Kepler – die Mutter von Johannes Kepler – es zu verdanken, dass sie zu Beginn des 17. Jahrhunderts nach einem langen Prozess im württembergischen Leonberg nicht als Hexe verbrannt wurde. Von einer streitsüchtigen Nachbarin angeschwärzt, hatte sich Katharina Kepler unter anderem dadurch verdächtig gemacht, dass sie den örtlichen Totengräber um den Schädel des verstorbenen Vaters gebeten hatte. Katharina war auf die verhängnisvolle Idee gekommen, diesen dem Sohn zu einem silberbeschlagenen Trinkbecher umarbeiten zu lassen. Sie habe nämlich gehört, so Katharina in den überlieferten Prozessakten, dass es bei Gelehrten Brauch sei, aus den Schädeln der Vorfahren zu trinken, um an die Vergänglichkeit des Irdischen gemahnt zu werden!

Zugrunde lag den Verfolgungen – besonders von sozial unangepassten Frauen – ein äußerst vielschichtiger Hexenbegriff, der sowohl auf gelehrten Theorien der christlich-mittelalterlichen Dämonologie (im Besonderen der Lehre vom Dämonenpakt des Augustinus und Thomas von Aquin), sowie auf Elementen des Zauberglaubens, auf Frauenfeindlichkeit, Antisemitismus und Straftatbeständen der Ketzerinquisition basierte.

Eine rational nachvollziehbare Erklärung für den im 15. Jahrhundert entstehenden Hexenwahn gibt es nicht. Aberglaube, verdrängte Sexualität, sadistische Veranlagung und pathologischer Frauenhass sind Aspekte des Phänomens. Nach Henry Charles Lea war der Hexenwahn »im Wesentlichen eine Krankheit der Einbildung und wurde durch die Hexenverfolgung hervorgerufen und unterhalten.«[37]

Es war aber vor allem ein bestimmtes Hexentraktat, das

dem bestehenden Aberglauben ein ideologisches Gerüst gab und Verfolgungen legitimierte: der *Hexenhammer.*

Man wird dem Historiker Joseph Hansen kaum widersprechen können, wenn er schreibt, dass der *Hexenhammer* »zu den verderblichsten Erzeugnissen der gesamten Weltliteratur« zählt.[38] Das Buch stellt das erste zusammenfassende Werk über das Hexenwesen dar und gibt mit genauen Angaben zu Verhör- und Prozessführung Aufschluss über die Hintergründe, den Inhalt und die Bekämpfung des Hexenwesens. Es diente in Prozessen als Strafkodex und war mit dafür verantwortlich, dass die Hexenverfolgung systematisch ausgebaut wurde.

Um dem *Hexenhammer* die nötige Legitimation zu verschaffen, reisten die beiden deutschen Autoren Heinrich Institoris und Jakob Sprenger nach Rom zu Papst Innozenz VIII., um eine Bulle gegen das Hexenwesen zu erwirken. Innozenz kam ihrem Wunsch mit der Enzyklika *Summis desiderantes affectibus* (1484) nach. Die Sorge, dass das Buch keine Zustimmung finden könnte, veranlasste die beiden dominikanischen Inquisitoren, an der theologischen Fakultät der Universität zu Köln um ein zustimmendes Gutachten nachzusuchen. Da dieses jedoch nicht in ihrem Sinne ausfiel, fälschten sie ein entsprechendes Schriftstück und ließen es im *Hexenhammer* neben der päpstlichen Bulle abdrucken – mit Ausnahme der für die Kölner Region zum Verkauf bestimmten Exemplare.

Mit einer Fälschung also begann die unrühmliche Karriere des Buches. Der *Hexenhammer,* 1487 im lateinischen Urtext erschienen, war ein Bestseller der Frühen Neuzeit. Zwischen 1487 und 1520 wurde er dreizehnmal und zwischen 1574 und 1669 insgesamt sechzehnmal aufgelegt, darunter zwei italienische und elf französische Auflagen. Selbst in protestantischen Städten wurde er nachgedruckt und zur Hexenverfolgung herangezogen.

Das Erscheinen des *Hexenhammers* zog sowohl in formaljuristischer als auch in psychologischer Hinsicht weitreichende Konsequenzen nach sich: Nachdem die Hexenprozesse im Mittelalter keine einheitliche Rechtsgrundlage gehabt hatten, wurde ihnen nun im Gegensatz zu anderen Ketzerinquisitionsverfahren ein besonderer Status in Form eines Sondergerichtsverfahrens beigemessen. Tatbestandsmerkmale waren die Teufelsbuhlschaft, der Teufelspakt, Hexenflug und Hexensabbat als Zusammenkunft der Hexensekte. Als verfahrensrechtliche Neuerungen wurden die Denunziation anstelle der Anklage und im Beweisverfahren die Anwendung der Hexenprobe als Mittel zur Erkennung von Hexerei eingeführt. Dem Angeklagten wurde kein Verteidiger mehr gewährt, die Anwendung der Folter wurde erleichtert und die Beweisführung nach Verdachtsmomenten vereinfacht. Hexerei fiel fortan unter die Ketzerdelikte und wurde mit dem Tode bestraft. Ein für die weitere Entwicklung der Hexenverfolgung entscheidender Schritt war auch die neuartige Definition des hexerischen Verbrechens als *crimen mixti fori* – als gemischtes Verbrechen. Neben der Inquisition konnte dadurch auch die weltliche Gerichtsbarkeit strafrechtliche Verfolgungen aufnehmen, was zur Genüge getan wurde und zu einer steigenden Anzahl an Prozessen führte. Zudem leiteten die Autoren durch genaue Bestimmungen der Hexereidelikte den im Volk lange bestehenden Aberglauben in feste Bahnen und riefen dadurch einen regelrechten Hexenwahn hervor, dem Tausende von Menschen zum Opfer fielen.

Es seien vor allem die von Natur aus wollüstigen Frauen, die zum Geschlechtsverkehr mit dem Teufel neigten, lautet eine zentrale Aussage des *Hexenhammers*. So konzentrieren sich Institoris und Sprenger im ersten Teil des Buches auf den Beweis, dass die Hexentat nicht ohne den Teufelspakt vonstatten gehen könne. Der Sexualverkehr mit Buhlteufeln, die Umwandlung in Tiergestalt, die Eindämmung der männlichen Zeugungskraft und Fehlgeburten durch hexerische Hebammen seien spezifische Untaten dieser Wesen, die allesamt mit dem Tode bestraft werden müssten.

Und genau in diesem Kontext müssen auch die Äußerungen des Inquisitors Nikolaus Savini verstanden wer-

den, jenes Dominikaners, mit dem sich Agrippa von Nettesheim im Jahre 1519 ein dramatisches Duell um das Leben einer Bäuerin lieferte. Savini sah in der Frau nichts
anderes als eine Hexe. Er war an den Thesen des *Hexenhammers* geschult worden, und es war dieses Traktat, das
er für seine Beweisführung heranzog. Agrippa schreibt
über den weiteren Prozessverlauf:

»Er [Savini] führte einige Geheimnisse des *Hexenhammers* und dessen theologische Grundauffassungen zum
Beweis seiner Behauptungen ins Feld, nämlich dass Hexen ihre Kinder gleich nach der Geburt dem Teufel wei-
hen und dass diese Kinder ohnehin zumeist dem Umgang
mit einem Inkubus entstammen, wodurch das Böse wie
eine Erbkrankheit eingewurzelt ist.«[39]

Inkubus – dies war der Unheil verheißende Terminus
Savinis, der der Hexe den sicheren Feuertod bringen
sollte. Wie ein Kainsmal haftete er an ihr und bezeugte
ihre Schuld.

Unter Inkubus verstand Savini den männlichen Buhlteufel, der mit der Mutter der Angeklagten einst sexuellen
Verkehr gehabt hatte. Frucht dieser Beziehung war in seinen Augen nun die Angeklagte selbst, die als Teufelskind
vor Gericht stand. Von der Möglichkeit solcher Verbindungen waren die Inquisitoren fest überzeugt, was die
Hexenprozesse zur Genüge beweisen.

Wollüstige Geister, die ihre Leidenschaften an Frauen
befriedigen, sind aus sehr vielen Kulturen bekannt. Schon
rund 2000 Jahre vor Christi Geburt hatten die Akkader
ihren »Gelal« und die Assyrer ihren »Lil«. Bei zahlreichen
Autoren der griechischen und römischen Antike tauchen
buhlerische *incubi* als Faune, Silvane und Satyrn auf. Über
Isidor von Sevilla kam die Vorstellung dann in die christ-
lich-mittelalterliche Dämonologie. Die pikanten Details
und die Frage, ob der *incubus* die Hexe tatsächlich schwän-
gere oder ihr erst nach der Niederkunft einen Wechselbalg
– das heißt ein vertauschtes Kind – unterschiebe, beschäftigten Generationen von Dämonologen. Thomas von
Aquin etwa vertrat in der *Summa theologica* die Meinung,

dass die Dämonen einen Luftleib annehmen würden und durch Übertragung von natürlichem männlichem Samen zeugen könnten. In den dämonologischen Traktaten des 15. und 16. Jahrhunderts wurde diese Ansicht dann zur Lehrmeinung. Die Autoren des *Hexenhammers* beriefen sich ebenfalls auf Thomas von Aquin, was sie aber nicht hinderte, das Thema in seiner gesamten theologischen und historischen Bandbreite auszuführen. Die Genauigkeit, um nicht zu sagen die Besessenheit, mit der die beiden Inquisitoren auf die Einzelheiten des sexuellen Aktes eingehen, ließe einen Psychologen heutzutage zweifellos Obsessionen und Frustrationen feststellen:

»Ist sie nicht unfruchtbar, so macht er [der Inkubus] sich an die Hexe, um ihr Ergötzung zu schaffen; ist sie der Schwängerung fähig, und kann er bequem von einem Manne vergossenen Samen haben, dann zögert er nicht, mit ihm zu ihr zu gehen, um die Leibesfrucht zu infizieren. Wenn aber jemand fragen sollte, ob er den durch nächtliche Pollution ergossenen Samen ebenso sammeln könne, wie den durch fleischlichen Umgang erhaltenen, so kann ein einleuchtender Grund gegeben werden, dass es nicht möglich ist, mag auch anderen das Gegenteil scheinen. [Zeugungskraft] wird im Samen durch den Beischlaf mehr ausgebreitet und bewahrt, während der Samen durch die nächtliche Pollution geschwächt wird, da er nur aus den überflüssigen Säften und nicht mit solcher Zeugungskraft abgelassen wird. Daher glaubt man, dass sich der Dämon desselben weniger zur Zeugung von Nachkommenschaft bedient.«[40]

Dies war die Quelle, die Savini als Autorität für seine Inkubus-Theorie anführte und zur Untermauerung seiner Anklage heranzog; dies war das Niveau, auf dem er argumentierte. Rekapitulieren wir aber den Prozessverlauf Schritt für Schritt. Was genau war in jenem Herbst des Jahres 1519 geschehen?

Bereits im Februar 1518 war der 32-jährige Agrippa gemeinsam mit Frau und Kind nach Metz gekommen, um dort eine Stellung als Advokat und Redner anzunehmen.

Die freie Reichsstadt befand sich auf dem Höhepunkt ihrer Macht. Sie war Zentrum in Kunst, Kultur und Handel. Arbeit gab es für der jungen Familienvater in Hülle und Fülle, und Agrippa hoffte, dort sein turbulentes Leben in ruhigere Fahrwasser leiten zu können. Eine Zeit lang lief auch alles wie geplant: Offizielle Festreden, etwa zu diplomatischen Anlässen, innerstädtische Rechtsstreitigkeiten – nichts, was den Kummer gewohnten Nettesheimer um den Schlaf bringen konnte. Mit einem guten Einkommen versehen, geachtet und befreundet mit den Honoratioren der Stadt, verlebte er ruhige Tage, bis sich sein gesamtes Leben plötzlich auf einen Schlag dramatisch verändern sollte.

Wahrheitssuche, Gerechtigkeitsstreben und heiliger Zorn waren es, die ihn dazu veranlassten, einer unschuldig angeklagten und bereits grausam gefolterten Bäuerin beizustehen. Josette Corbin war in dem nahe gelegenen Dorf Woippy von einigen betrunkenen Bauern überfallen und gefangen gesetzt worden, nachdem diese beschlossen hatten, ihre Grenzstreitigkeiten mit der benachbarten Bäuerin gewaltsam zu lösen. Gewalt war aber nicht das Einzige, was in diesem nächtlichen Zwischenfall zur Geltung kam: Bösartigkeit gesellte sich dazu, denn die Männer trachteten danach, die Frau auf möglichst legale Weise loszuwerden. Und gerissen wie sie waren, wussten sie auch ganz genau, wie sie vorgehen mussten. Um die resolute Josette für immer loszuwerden, waren die Bauern auf die Idee gekommen, sie als Hexe anzuschwärzen und ihr Schadenszauber vorzuwerfen: Josette sei dafür verantwortlich, dass ihre Saat nicht aufgegangen, dass Früchte vernichtet und Weinreben zerstört worden seien – gaben sie den Richtern bauernschlau zu Protokoll. Ihre böswilligen Unterstellungen sollten auf offene Ohren stoßen und zunächst Erfolg haben. Die unglückliche Josette wurde dem Gerichtsoffizial des bischöflichen Hofes in Metz übergeben und eingekerkert. Den Bauern hingegen wurde von der kirchlichen Obrigkeit eine Frist gesetzt, in der sie sich entscheiden mussten, ob sie im Prozess offen als

Ankläger oder als Denunzianten auftreten wollten. Nach Ablauf der Frist kamen schließlich acht Bauern herbei, die sich zum Akkusationsprozess bekannten. Vier von ihnen wurden gleich als verbrecherische Taugenichtse zurückgewiesen. Als man aber die anderen einbehalten wollte, um sie bis zum Prozessbeginn dazubehalten, geschah Unfassbares: Mit Wissen des Inquisitors Nikolaus Savini, der als Assessor dem Prozess zugeordnet worden war, lieferte der Richter Jean Leonard die Angeklagte wieder an die Bauern aus. Um Josettes Geständnis zu erzwingen, machten ihre Ankläger kurzen Prozess. Während die Bauern sich bei Wein und gutem Essen die Zeit vertrieben, ließen sie Josette der Tortur aussetzen. Richter Leonard fuhr schließlich von Metz aus in das Dorf und setzte eine Anklageschrift auf, die auf den lügenhaften Äußerungen der Bauern basierte. Obwohl es sich offiziell um einen Akkusationsprozess handelte, hatte Leonard nichts dagegen, dass Savini ganz in Richtung eines Inquisitionsverfahrens steuerte. Den Schwerpunkt der Anklage setzte der Inquisitor eindeutig auf Häresie.[41] Entgegen gängiger Rechtspraxis nahm das Verfahren nun als Akkusationsprozess und auf dem Weg der Inquisition seinen Lauf.[42]

Josettes Ehemann wurde unter Androhung von Strafe jeglicher Zugang zum Gerichtsort untersagt und Josette auf Befehl Savinis »regulär« gefoltert. Richter Leonard entfernte sich von dem schrecklichen Schauspiel, da er »kein Blut sehen konnte«, wie Agrippa in einem Brief über den Vorfall schreibt. Im Kerker entzog man der armen Bäuerin noch Speise und Trank. Als man im Domkapitel in Metz aber Wind von der ungerechten Behandlung bekam, ordnete man Josettes Rückführung in die Stadt an. Kehrte nun Recht und Ordnung zurück? Weit gefehlt. Auch dieser Akt war rechtswidrig, da die Bäuerin zuvor kein Geständnis über Ketzerei abgelegt hatte.

Dies war der Zeitpunkt, als sich die weltliche Gerichtsbarkeit in Metz einschaltete. Man witterte einen Rechtsbruch seitens der Geistlichkeit. Schon im Jahre 1456 hatte der ehemalige Bischof von Lothringen mit der freien

Reichsstadt eine Übereinkunft in Fragen der Rechtshoheit geschlossen, die vertraglich garantierte, dass ein städtischer Jurist jeweils neben einem Kirchenjuristen an den Verhandlungen teilnehmen sollte. Besorgt darüber, dass kein städtischer Richter beim ersten Verhör anwesend war, übertrug man diese Aufgabe nun Agrippa von Nettesheim. Stolz, die weltlichen Würdenträger hinter sich wissend, ging Agrippa die Verteidigung der Bäuerin mit Elan an. Sicher dachte er auch seiner Karriere durch einen möglichen Sieg einen enormen Schub verleihen zu können. Und so rannte er tollkühn gegen das klerikale Bollwerk an. Bedenkt man aber, wie schnell ein Hexenanwalt selbst Gefahr laufen konnte, sich der Begünstigung der Hexerei strafbar zu machen, erstaunt Agrippas Mut noch heute. Schon viele Hexenanwälte waren vor ihm Opfer der Inquisitoren geworden.

Zunächst geriet Agrippa in die Mühlen der Streitigkeiten zwischen weltlicher und geistlicher Gerichtsbarkeit: Als er Josette im Kerker der Domherren sprechen wollte, wies man ihn mit der arroganten Begründung ab, er sei Laie und kein Kleriker. Boshaftigkeiten und Sticheleien zwischen beiden Parteien waren an der Tagesordnung. Sie gehörten zum zynischen Machtspiel. Und besonders die Dominikaner, die ihren Ordensbruder in Schwierigkeiten sahen, machten dem Nettesheimer das Leben schwer.

Vor Wut schäumend, rächte sich Agrippa am ersten Verhandlungstag verbal: »Skandalös sind die Vorgänge um Josette Corbins Verhaftung, skandalös die Anzahl der juristischen Verfahrensfehler«, rief er Richter Leonard entgegen. Die auf Häresie, Hexerei und *superstitio* (Aberglaube) lautende Anklageschrift habe er erst am Tage vor Prozessbeginn erhalten. Savini gebe der Frau keine Chance. Josette sei sofort freizulassen, da sie nicht gestanden habe.

Abgebrüht und emotionslos blieb Leonard unbeirrt. Nun witterte Savini seine Chance. Da Josette noch immer nicht gestanden hatte, versuchte er sie auf der Anklagebank in Widersprüche zu verwickeln, um sie so aus der

Reserve zu locken. Josette aber blieb standhaft, womit sie die Wut Savinis nur noch weiter steigerte: Gerade durch ihre Lügen beweise die Angeklagte ja, dass sie eine Hexe sei – rief er in den Verhandlungssaal.

Doch als er begann, ihr zu drohen, schritt Agrippa ein und konfrontierte ihn mit dem Vorwurf der Nötigung. Josette hatte erst einmal ihre Ruhe.

Nun kamen Josettes Ankläger an die Reihe. Und Savini glaubte, mit dem Vorwurf des Schadenszaubers ein gewichtiges Argument einbringen und die Verteidigung in die Defensive drängen zu können. Auf seinen Vorwurf des witterungsbedingten Unheils (*plaga universalis*), das vor kurzem angeblich durch Josettes Wirken mehrere Gebiete betroffen hatte, konterte Agrippa kühl und mit rational nachvollziehbaren Argumenten: Oft würden die Weinstöcke eben durch Frost und die Früchte durch Hagel geschädigt. Das Vieh sterbe bisweilen an verdorbenem Futter. Jedes Kind wisse dies. Töricht sei es, ein natürliches Ereignis gleich auf das Einwirken von Zauberei zurückzuführen.

Selbstverständlich widersprach Savini – mit dem Erfolg, dass der gänzlich überforderte Richter das Verfahren vertagte. Konnte man zu diesem Zeitpunkt aber schon ahnen, welcher »Wahrheit« Richter Leonard Glauben schenken würde? Warten wir es ab. Alle Beteiligten mussten Agrippas Angriff gegen die Ordnung des inquisitorischen Diskurses erst einmal verdauen. Schadenszauber als Hirngespinst und Aberglaube? Welch ungeheuerlicher Vorwurf in Zeiten exzessivster Hexenverfolgung. Unmissverständlich manifestiert sich darin aber Agrippas rationales Naturverständnis. Und seine Argumentation lässt keinen Zweifel an seiner Haltung zu derartigem Schadenszauber.

Noch erzürnt vom Vortag versuchte Savini es am nächsten Verhandlungstag mit theologischen Beweisen: »Steht in Exodus 22, 18 nicht, dass man Zauberer töten solle?«, rief er Agrippa triumphierend entgegen. Doch dieser wartete genau auf diese Steilvorlage. Ihn, einen gelehrten Philologen, mit textexegetischen Argumenten herauszufordern konnte nur ein Tölpel wagen! Professoral, von oben herab und mit auftrumpfendem Lächeln im Gesicht hielt er dem verdutzten Inquisitor einen Vortrag über korrekte Übersetzungen aus dem Hebräischen. Schlicht falsch sei die soeben angeführte Übersetzung, maßlose Ignoranz spreche aus dem Inquisitor. Die korrekte Übersetzung laute nämlich: »Die Giftmischer sollst du nicht leben lassen« – nicht »die Zauberer«. Sei dies nicht ein gehöriger Unterschied? Savini, angeschlagen und in seiner Ehre gekränkt, holte nun zum Rundumschlag aus: Wahr sei alles, was man der Hexe zur Last lege. Viele Dämonologen stimmten darin mit ihm überein. Die Erfahrung spreche für ihn. »Überall werden Hexen verbrannt, und das bedeutet, dass sie auch existieren!« – »Auf Einbildung beruht die Macht der Hexen, auf nichts anderem. Hexen sind geistig verwirrte Menschen«, rief Agrippa zurück. Aber an Argumenten mangelte es auch dem Inquisitor nicht: »Am Körper der Hexe hat man ein Hexenmal gefunden. Dies entspricht genau der Lehre des *Hexenhammers*.« – »Ein Hexenmal?«, rief Agrippa, »Das ist ein Muttermal, wie wir es alle auf unserer Haut tragen!« Jetzt glaubte Savini, seinen Gegner endgültig in der Mangel zu haben: »Die Hexe wird das bekommen, was ihr zusteht«, sagte er mit tiefer, rauchiger Stimme. »Du selbst, Agrippa, bist ein Ketzer, denn die Leugnung von Hexerei ist bereits Ketzerei!«

Die Fronten standen sich weiterhin unversöhnlich gegenüber. Agrippa kämpfte mit seiner Argumentation gegen die Windmühlen scholastisch-dämonologischer Hexentraktate an. Denn auf nichts anderes berief sich Savini. Die Wahrheit des Inquisitors war die der Autoritäten und des schriftlich Überlieferten. Agrippa hingegen verließ sich auf seinen Verstand. Immer wieder gelang es ihm durch seine rhetorische Gewandtheit, den Inquisitor zur Weißglut zu bringen. Gezielt und gebetsmühlenartig brachte er die Forderung ein, Josette endlich freizulassen. Steter Tropfen höhlt den Stein, wird er gedacht haben.

Doch Richter Leonard hatte für diesen Tag erst einmal genug von den Streithähnen und ordnete die Vertagung des Prozesses an. Einen Etappensieg hatte Agrippa bereits errungen. Die Verurteilung Josettes war bislang ausgeblieben; doch er musste auf der Hut sein. Gewonnen war noch lange nichts.

In den folgenden Tagen richtete Agrippa sein Augenmerk auf den Vorgesetzten Savinis. Mit Briefen und Eingaben an den Stellvertreter des Bischofs versuchte er, Verfahrensfehler offen zu legen und die Glaubwürdigkeit seiner Gegner zu untergraben: Die Belastungszeugen seien nicht vereidigt worden, es fehle ein Geständnis der Angeklagten, überhaupt sei die Amtsautorität missbraucht worden. »Weshalb richtet ein Inquisitor in einem Fall, in dem es gar nicht um Glaubensabfall geht?«, fragte er den verblüfften Kleriker in schriftlicher Form. Dieser akzeptierte zwar seine Einwände, ließ die Sache aber vorläufig auf sich beruhen.

Auch Savini war in der Verhandlungspause nicht untätig geblieben. Und so versuchte er bei Wiederaufnahme des Prozesses, die hexerische Veranlagung Josettes mit ihrem familiären und dörflichen Umfeld zu erklären: »Woippy war seit jeher ein Hexendorf. Viele Hexen hat man dort schon verbrannt. Vor achtzehn Jahren landete die Mutter der Angeklagten selbst auf dem Scheiterhaufen!« Nun, dieser Treffer saß. Hexerei war in den Augen der Dämonologen vererbbar, und Agrippa wusste, dass Richter Leonard sich von diesem Argument würde beeindrucken lassen. Agrippa musste erst einmal schlucken, um sich eine wirksame Gegenwehr auszudenken. Seine Chancen, das Leben Josettes zu retten, tendierten in diesem Moment gegen Null. Da kam ihm plötzlich die rettende Idee: Wie wäre es, den Inquisitor mit seinen eigenen Waffen zu schlagen und ihn mit theologischen Argumenten zu konfrontieren? Hören wir Agrippa selbst:

»Ist das deine Theologie, schändlicher Mönch? Schleppst du mit solchen Phantastereien unschuldige Frauen zur Folterbank und erklärst du mit solchen Winkelzügen

Menschen zu Ketzern? Mit dieser Ansicht bist du selber ein schlimmerer Ketzer als Faustus und Donatus. Wenn es so ist, wie du behauptest, dann sprichst du ja der Taufe ihre Gnadenwirkung ab. Hat denn der Priester umsonst gesagt, dass der unreine Geist ausfahren und dem Heiligen Geist weichen soll, wenn dann doch das Kind des Teufels Eigen sein wird, weil seine böse Mutter dem Teufel gehuldigt hat? Willst du etwa außerdem noch die Ansicht von denen stützen, die da behaupten, ein Inkubus könne Nachkommenschaft zeugen? Auch von diesen ist doch keiner so töricht zu glauben, ein Inkubus könne mit seinem erstickten Samen menschliche Kinder zeugen. Wahrlich, aus meinem Glauben heraus sage ich dir, in Folge unserer Menschennatur sind wir alle geboren als ein Haufen von Sünde und ewigem Fluch, als Kinder des Verderbens und des Teufels, als Kinder von Gottes Zorn und Erben der Hölle. Aber durch die Gnade der Taufe ist der Satan aus uns getrieben worden, und wir sind neue Geschöpfe in Jesus Christus, von dem uns nichts als unsere eigene Sünde trennen kann. Folglich vermag die Sünde eines anderen diesem Kinde keinesfalls zu schaden. Siehst du nun, wie falsch dein Argument ist, das du doch für völlig hinreichend hieltest, wie unbegründet und wie häretisch es in seinem Inhalt ist?«[43]

Savini wurde fuchsteufelswild und drohte, er werde Agrippa als Förderer der Ketzerei vor Gericht bringen. Doch wie sollte er als Kleriker gegen das Sakrament der Taufe argumentieren? Mit der Gnadenwirkung der Taufe war Agrippa ein brillantes Argument eingefallen, das den Inquisitor Schachmatt setzte. Savinis Zorn war schließlich nur noch Ausdruck intellektueller Hilflosigkeit. Doch die erneute Verschiebung der Verhandlung rettete den Wut entbrannten Inquisitor vorläufig. Nun geschah für alle unvorhergesehen ein Wunder, das den Alptraum der armen Josette endgültig beendete: Bei dem mittlerweile todkrank gewordenen Richter Leonard vollzog sich eine Wandlung vom Saulus zum Paulus. Die ewige Hölle im Jenseits vor Augen, wurde er auf dem Sterbebett von Gewissensbissen geplagt. In Anwesenheit von Zeugen und dem zuständigen Notar erklärte er Josette überraschend für unschuldig. Er ließ Savini und die Domherren wissen, es hätte zwar einen Anfangsverdacht gegen die Frau gegeben, durch die Folter sei die Angeklagte aber bereits genug gestraft worden. Sie sei nun in jeder Hinsicht freizusprechen. Er selbst legte ein Schuldbekenntnis ab und gab zu, bisweilen Urteile auf Bestellung geliefert zu haben. Vernichtend für Savini war sein Eingeständnis, dass beide zusammen Josettes Ehemann vor Prozessbeginn so unter Druck gesetzt hatten, dass dieser erst gar nicht vor Gericht erschienen war. Der Inquisitor hatte keine Chance mehr. Des Rechtsbruchs überführt und moralisch diskreditiert, schrieb Agrippa dazu in drastischen Worten: »Der blutgierige Mönch aber war moralisch vernichtet und für immer als grausam bloßgestellt. Diejenigen aber, die das Weiblein verleumdet und vor das Gericht gebracht hatten, wurden von dem zuständigen Metzer Gerichtshof empfindlich bestraft.«[44]

Höchst zufrieden vernahm Agrippa den hart erkämpften Freispruch. Und als das alte Mütterchen ihm mit Tränen in den Augen um den Hals fiel, wusste er, dass sein wahrhaft heldenhafter Einsatz sich gelohnt hatte. Dass seine Gegner aber vor Wut schäumten und alle Hebel in Bewegung setzten, um ihn aus dem Amt zu vertreiben, sollte Agrippa schon bald zu spüren bekommen. Den Stadtvätern schien sein triumphaler Erfolg über die Geistlichkeit auf einmal nicht mehr geheuer, fürchteten sie doch den Groll der Kirche und eine Infragestellung des innerstädtischen Gleichgewichts. Prompt entzog man Agrippa wichtige Teilbereiche seines juristischen Tätigkeitsfeldes.

Enttäuscht und mit dem Gefühl, im Stich gelassen worden zu sein, sollte sich der Nettesheimer bald wieder auf Wanderschaft begeben – verfolgt vom Hass der Dominikaner, aber mit der Gewissheit, einen großartigen Sieg errungen zu haben. 1535 verstarb Agrippa von Nettesheim in Grenoble, kurz nachdem man ihn in Lyon wieder einmal verhaftet und eingekerkert hatte. Der Ruhm der

Nachwelt aber blieb ihm nicht zuletzt auf Grund seiner erwiesenen Humanität in ausgesprochen inhumanen Zeiten treu.

Über die Vorgänge in Metz erfahren wir nur aus dem Urteil Agrippas. Es ist in vier Briefen und dem Traktat *Über die Fragwürdigkeit, ja Nichtigkeit der Wissenschaften* geschildert. Amtliches Material wurde nicht überliefert. Auch wenn Agrippas Schilderungen sicher mit einer Portion Eitelkeit und einer gewissen Übertreibung erzählt werden, besteht doch kaum Zweifel daran, dass sich tatsächlich alles so abgespielt hat und sein Sieg ein singuläres Ereignis war. Nur wenigen der Hexerei angeklagten Frauen gelang es im 16. Jahrhundert, dem Scheiterhaufen zu entgehen. Und noch einer geringeren Anzahl gelang es, einen äußerst mutigen Anwalt zu gewinnen, der ihr Anliegen vor Gericht mit Vehemenz vertrat. Einer dieser Helden war Agrippa von Nettesheim, dem die Nachwelt in böswilliger Absicht Dämonenhörigkeit vorwarf. Dabei war sein Sieg beileibe nicht dem Einfluss höherer Mächte zuzuschreiben, sondern vielmehr seiner Raffinesse, seiner enormen rhetorischen Begabung und seiner humanistischen Gelehrsamkeit.

Wie überzeugte der Nettesheimer die Richter vom Wahrheitsgehalt seiner Äußerungen? Weshalb glaubte man seinen Argumenten und nicht denen Savinis – und dies in Zeiten, in denen die Wahrheit des *Hexenhammers* unangreifbar schien? Agrippas Vorgehensweise war überaus geschickt. Er bediente sich gleich mehrerer Wahrheiten aus den verschiedensten Disziplinen, um den finalen Sieg zu erringen – Wahrheiten, die der Jurisprudenz, Theologie, Philologie, Rhetorik und dem Naturrecht entsprangen: Zum einen waren es die formalen Rechtsverstöße, die zum Freispruch der Angeklagten führten. Diese waren so eklatant, dass sie nicht ignoriert werden konnten. Aber sicher hatte Agrippa auch Glück in dem Punkt, dass Richter Leonard diese eingestand. Ohne Leonards Reue wäre der Prozess wohl wie so viele andere Hexenprozesse verlaufen. Mit Hilfe seiner theologischen und philologischen Sachkenntnis konnte Agrippa die Inkompetenz Savinis bloßstellen und ihn dem Spott der Zuhörerschaft aussetzen. Gerade mit dem Spott, der überspitzten Formulierung und dem Pathos wandte er rhetorische Hilfsmittel der Gerichtsrede an, die zur Denunziation des Inquisitors herangezogen wurden. Und sein gesunder Menschenverstand erlaubte es ihm, den angeblichen Schadenszauber Josettes als das zu entlarven, was er tatsächlich war: ein Hirngespinst.

Dennoch dürfen wir in Agrippa keinen modern-aufgeklärten Menschen im Sinne eines rein rationalen Naturverständnisses sehen. An einer Wahrheit rüttelte nämlich weder er noch Savini: Zauberei gab es in ihren Augen wirklich. Keinesfalls leugnete er die Möglichkeit der Zauberei. Doch magische Vorgänge hatten für Agrippa grundsätzlich naturwissenschaftliche Ursachen. Der zeitgenössische Hexenglaube war für ihn Aberglaube – *superstitio* –, denn er war ein Glaube an »ungelehrte« Zauberei. Eine gewisse Arroganz war es, die ihn die simple, vom Volk betriebene Zauberei im Gegensatz zur wissenschaftlich betriebenen Magie ablehnen ließ. Aber der armen Josette konnte dies gleichgültig sein. Für sie war er der Retter in der Not.

Agrippa führte durch seinen Ruf als Magier ein Leben am Rande der höheren Gesellschaft. Eine Ausnahmeerscheinung war er aber auch im Hinblick auf seine Haltung zum Hexen- und Zauberwesen seiner Zeit. Neu war Agrippas Trennung von Theologie und Naturwissenschaft, womit er sich als Vorläufer Galileis erwies. Seine Kritik hinsichtlich der Hexenanklage richtete sich gegen deren Verbindung mit Häresie. Im Gegensatz zum allgemeinen Denken seiner Zeit wies seine Haltung dadurch schon aufgeklärte und fortschrittliche Züge auf. War er aber ein geistiger Revolutionär, wie er bisweilen dargestellt wird? Viele Biographen sehen in Agrippa einen Menschen des Übergangs, und sie haben wohl Recht mit dieser Charakterisierung: »Er steht zwischen zwei Glaubensgewissheiten, ohne sich in irgendeiner zu Hause zu fühlen. Agrippas Werk ist ein unmittelbarer Ausdruck dieser Krise, des Nicht-mehr und des Noch-nicht. Er ist ungewiss in dem, was er zu suchen hat, er ist entschlossen in dem, wovon er sich scheidet.«[45]

Der Menschenfreund und der Sklaventreiber. Bartolomé de Las Casas und Juan de Sepúlveda

Bartolomé de Las Casas (1474–1566)

Als einer der wenigen Indianermissionare trat Bartolomé de Las Casas für die Rechte der Indios ein. 1510 zum Priester geweiht, arbeitete der spanische Dominikaner ab 1515 als Missionar in Mittelamerika. Die unmenschliche Behandlung der Indiosklaven empörte ihn so sehr, dass er sich mit den spanischen Kolonisten anlegte. 1542 setzte Las Casas die »neuen Gesetze« durch, die unter anderem ein Verbot der Sklaverei und die steuerliche Gleichstellung von Indios und Spaniern gewährleisteten. Doch die spanischen Konquistadoren schlugen zurück. Eine wilde Polemik entstand um einen Bericht des Dominikaners, in dem Las Casas die Raubgier der Invasoren illustrierte. 1550 kam es in Valladolid zu einem legendären Streitgespräch zwischen Las Casas und dem Kleriker Juan de Sepúlveda, in dem die Rechtmäßigkeit der spanischen Eroberung endgültig geklärt werden sollte.

Juan de Sepúlveda (1490–1573)

»Mit vollem Recht dürfen die Spanier ihre Herrschaft über die Barbaren der Neuen Welt ausüben!« Dieser Satz steht symptomatisch für Juan de Sepúlvedas Parteinahme. Als Vertreter der Kolonisten legitimierte er die Ausbeutung der Indianer und tat dies mit theologischen Argumenten – sowohl im berühmten Streitgespräch mit Las Casas, als auch in seinem Traktat über den gerechten Krieg gegen die Indianer. Der Weltpriester, der in Córdoba, Alcalá de Henares und Bologna studiert hatte, wandte sich vehement gegen Veränderungen der althergebrachten Ordnung in Religion und Politik. Erasmus von Rotterdam, Luther und anderen Kirchenkritikern begegnete er mit Schmähschriften. Den Status Quo der Kirche galt es für Sepúlveda zu zementieren. Zum Günstling des spanischen Hofes avanciert, wurde er Hofchronist und Erzieher des Thronfolgers Philipp.

Mit ungeheurer Grausamkeit wüteten die spanischen Konquistadoren unter den Indianern: »Die Indios gingen ihnen entgegen, um die Spanier mit Geschenken zu begrüßen, da fuhr plötzlich der Teufel in die Christen, und in meiner Gegenwart erstachen sie ohne Motiv und Grund 3000 Seelen mit dem Messer.« Röchelnd im Todeskampf schwor ein sterbender Indianer Rache: »O schlechte Menschen! Was haben wir euch getan? Warum tötet ihr uns? Spanier, geht nur nach Mexiko, wo unser Herr Montezuma uns rächen wird!«

Diese an Dramatik kaum zu überbietenden Sätze schrieb Bartolomé de las Casas in einer Klageschrift, nachdem er als Augenzeuge viele Massaker an den Indios miterlebt hatte. Bestürzt über die Unmenschlichkeit seiner eigenen Landsleute richtete der spanische Mönch flammende Proteste an die Krone. Drastische Worte fand er für die »teuflischen Werke der Christen«, ihre Folter- und Mordmethoden. Wie »tollwütige Wölfe in einer friedlichen Schafherde« hätten die spanischen Soldaten gehaust; stets fügten sie den Indios »alle möglichen Grausamkeiten« zu.

Mutige Worte waren dies; aufrüttelnde Worte eines einsamen Mahners, die in Europa vielfach gedruckt wurden und so auch den Feinden Spaniens willkommene Munition lieferten. Den Protestanten nämlich dienten sie als Beleg für die im Namen des Katholizismus begangenen Grausamkeiten. Besonders in den spanischen Niederlanden wurden Las Casas' Beschreibungen vielfach verwendet, wo man sie in Berichte über Gräueltaten der Spanier einbaute. So galt der mutige Mönch in Spanien bald als Nestbeschmutzer. Bartolomé de las Casas lebte zusehends gefährlich. Kritik an Spanien war riskant, denn die Krone hatte sich einen mächtigen Verbündeten geschaffen und war eine Allianz mit einer berüchtigten Institution, der Spanischen Inquisition, eingegangen. Und den spanischen Glaubensrichtern lag überaus viel am positiven Erscheinungsbild des Landes – gerade in Anbetracht der protestantischen Gefahr, die um die Mitte des 16. Jahrhunderts immer bedrohlicher wurde.

Es war eine Frau, die ein Weltreich schuf und die Entdeckung Amerikas durch Kolumbus finanziell ermöglichte: Isabella von Kastilien. Zusammen mit ihrem Gatten Ferdinand von Aragón als »Katholische Könige« bekannt, war sie zugleich eine der radikalsten Förderinnen jener berüchtigten Inquisition, die als Spanische Inquisition bald in den Ruf besonderer Erbarmungslosigkeit geriet. Selbst dem Papst in Rom sollte die Spanische Inquisition trotzen.

Als Isabella 1469 Ferdinand heiratete, war die junge Frau in den darauffolgenden Jahren zunächst damit beschäftigt, ihre Konkurrentin Juana als Thronerbin auszuschalten. Durchsetzungsfähigkeit und Skrupellosigkeit waren es, die die künftige Regentin schon in zartem Alter auszeichneten. Das Leben schulte sie darin in aller Härte, denn jene Zeit war geprägt von gewaltsamen und religiös motivierten Ausschreitungen. Nachdem das Land von der Geißel der Pest befreit war, kanalisierten sich die sozialen und religiösen Spannungen in gewaltsamen Auseinandersetzungen zwischen Altchristen und konvertierten Juden. Bereits 1449 war in Toledo das Statut von der Blutsreinheit eingeführt worden, das den konvertierten Juden trotz ihres christlichen Bekenntnisses allein auf Grund ihrer jüdischen Abstammung Vertrauenswürdigkeit absprach und ihnen höhere Ämter verwehren sollte. Im Zuge dieses Statuts war es insbesondere in Südspanien, wo in den ehemals muslimischen Städten viele Juden und Konvertierte lebten, immer wieder zu gewaltsamen Auseinandersetzungen zwischen diesen und den Altchristen gekommen. So etwa 1473 in Córdoba:

Eine Bruderschaft von Altchristen, deren Mitglieder keinen Tropfen jüdischen Bluts in sich tragen durften, zog mit einer Statue der heiligen Jungfrau durch die Straßen der Stadt, die von konvertierten Juden bewohnt waren. Vermutlich versehentlich begoss ein Mädchen von einem Balkon aus die Statue mit einer Flüssigkeit und eröffnete damit eine Kette von blutigen Ereignissen: Die Männer der Prozession behaupteten, sie habe die Statue absichtlich mit Urin beschmutzt, und begannen, die Häuser der Konvertiten anzugreifen und zu plündern. Diese wiederum reagierten ebenfalls mit Gewalt. Der Aufruhr griff auf die Landbevölkerung über und zwang den Bürgermeister vorübergehend, in der Burg Zuflucht zu suchen, als er die Konvertiten beschützen wollte. Fast zwei Jahre dauerten die Unruhen, die viele Konvertiten zwangen, nach Flandern oder Italien zu emigrieren.

Mit diesen Zuständen und dem seit 1475 aufflammenden Bürgerkrieg um die Thronfolge konfrontiert, sah Isabella in der Einführung der Inquisition ein Mittel, die Legitimität ihres Machtanspruchs zu sichern. Die Inquisition war für sie buchstäblich die Rettung in der Not. Um die Stärkung der Rechtgläubigkeit aber, wie sie nach außen hin vorgab, ging es ihr dabei wohl zunächst weniger. 1478 erließ Papst Sixtus IV. eine Bulle, die die Ernennung von drei Inquisitoren in Sevilla gestattete und die Einsetzung weiterer ermöglichte. Bereits 1482 ernannte der Papst sieben weitere Dominikanerinquisitoren, die sich hauptsächlich mit den Konvertiten beschäftigten. Dies taten sie allerdings mit so großem Eifer, dass Sixtus IV. sich gezwungen sah, einzuschreiten. Das eigentliche Anliegen der Inquisition nämlich, die Verfolgung von Häresien, bleibe auf der Strecke, monierte er. Der wahre Antrieb der Inquisitoren sei die Gier nach Reichtum, protestierte der Papst in einer für die Inquisitionsgeschichte wahrlich einzigartigen Bulle: Sixtus ließ verlautbaren, »[…] dass in Aragonien, Valencia, Katalonien und auf Mallorca die Inquisition sich seit einiger Zeit nicht im Eifer für den Glauben und die Errettung von Seelen betätigt hat, sondern aus Gier nach Reichtum, und dass viele wahre und getreue Christen auf Aussagen ihrer Feinde, Rivalen, Sklaven oder anderer Personen der unteren Stände ohne legitime Beweise in weltliche Gefängnisse geworfen, gefoltert und als rückfällige Ketzer verurteilt werden […].«[46]

Folgen hatte diese Intervention allerdings keine. Im Gegenteil. Ferdinand tat es seiner Gattin nach und führte die königliche Inquisition unter Tomás de Torquemada auch in Aragón ein, wo es seit dem 13. Jahrhundert bereits eine Inquisition gegeben hatte, die nun aber zunehmend an Einfluss verlor. Der Missbrauch der Spanischen Inquisition zur Verfolgung von Konvertiten wurde in der Folge immer wieder von höchster Stelle beklagt, doch ergriff der Papst auch keine wirkungsvollen Gegenmaßnahmen. Statt dessen wurde Torquemada 1483 zum Generalinquisitor ernannt und damit eine administrative Einheit zwischen den Kronländern Kastilien und Aragón hergestellt. Wütende Proteste nicht nur der Konvertiten, sondern auch der katholischen Bürger von Aragón waren die Folge. Doch Ferdinand setzte seinen Willen mit Gewalt durch, bis der Widerstand verstummte. Die Neugründung der Spanischen Inquisition war 1478 vollzogen – sehr zum Missfallen der Bevölkerung. Die Entrüstung war groß und man verlieh ihr bisweilen auf grausame Weise Ausdruck:

1485 hatte der Inquisitor Pedro Arbués de Epila den Bogen einmal zu oft überspannt. Das Volk von Saragossa nahm blutige Rache an seinem Peiniger: In der Kathedrale der Stadt fiel der verhasste Geistliche einem Mord zum Opfer. Acht Männer schlichen sich heran, während er vor dem Hochaltar betete, und stachen ihn nieder. Die Tatsache, dass Arbués, der die Gefahr geahnt hatte, ein Kettenhemd unter dem Habit trug, konnte ihn nicht retten: einen Tag später erlag er seinen Verletzungen. Und er sollte nicht der Einzige bleiben, der Wind gesät und Sturm geerntet hatte: Inquisitoren lebten zusehends gefährlich in Spanien.

Doch die Katholischen Könige wollten noch mehr: Zwischen 1480 und 1492 mobilisierten sie alle Ressourcen ihrer Kronländer, um das letzte maurische Königreich Granada zu vernichten. Konvertierte Juden und Muslime gerieten besonders in den letzten Jahren vor dem Fall Granadas ins Visier der Inquisitoren: Die Geschichte des konvertierten Juden Benito García zeigt, dass 1490 schon die Anschuldigung einiger Trunkenbolde zu einem Verfahren mit Folter und Verbrennung wegen Hostiendiebstahls und Ritualmordes führte: Der Konvertierte wurde in einem Wirtshaus beschuldigt, eine geweihte Hostie in seinem Gepäck mitzuführen. Die Inquisition wurde eingeschaltet, und mit Hilfe der Folter wurde aus dem Hostiendiebstahl sehr schnell auch ein Ritualmord: Benito erklärte unter grausamen Qualen, zusammen mit einem gewissen Yuce, einen christlichen Knaben für ein jüdisches Blutopfer entführt zu haben. Dieses »Heilige Kind von La Guardia« wird noch heute in der Gegend um Toledo verehrt – ein Umstand, der der katholischen Kirche Spaniens wenig zur Ehre gereicht.

Am 31. März 1492 erließen die Katholischen Könige ein Edikt, das die Ausweisung aller Juden vorsah, die sich der Taufe verweigerten. Sie hatten innerhalb von vier Monaten das Land zu verlassen. Auch auf die muslimische Minderheit nahm der Konversionsdruck besonders ab 1500 zu, bis die Muslime Ende des 16. Jahrhunderts ebenfalls ausgewiesen wurden. Mit Isabellas Tod 1504 stand die Spanische Inquisition vor einer ersten Belastungsprobe, da ihr Nachfolger Philipp I. als liberaler galt. Doch die Hoffnungen in ihn wurden durch seinen frühen Tod 1506 zunichte gemacht.

Gerne wird die frühe Spanische Inquisition als Beispiel für besonderen religiösen Fanatismus angeführt. In gewisser Hinsicht trifft das zu, doch zeigten gerade die Katholischen Könige einen ausgeprägten Sinn für Machtpolitik. Gerade in den Auseinandersetzungen mit dem Vatikan, die seit Einführung der Spanischen Inquisition nicht weniger wurden, wird dies deutlich: Rom war nach den Reformkonzilen des 15. Jahrhunderts geschwächt. Tiefgläubigkeit und Ergebenheit dem Vatikan gegenüber waren es beileibe nicht, die Isabella und Ferdinand so erfolgreich machten: Kirchliche Pfründe durften seit einer erzwungenen Vereinbarung von 1482 nur mit Zustimmung der Krone vergeben werden, waren also keine rein kirchliche Angelegenheit mehr. An Häretikern hatte die frühe Spanische Inquisition kaum Interesse, während sie mit umso größerem Eifer den reichen Konvertierten und deren Gütern nachstellte. Wie es um die Romtreue Spaniens bestellt war, zeigt nicht zuletzt die Tatsache, dass die Katholischen Könige es durchsetzten, dass päpstliche Bullen nur mit ihrer Genehmigung veröffentlicht werden durften. Standen sie im Widerspruch zum staatlichen Interesse, durften sie sogar abgelehnt werden. Papst Sixtus IV. war nicht der Einzige, der an der zunehmenden Unterordnung kirchlicher Aufgaben unter den Staat Anstoß nahm: Selbst der Bischof von Sevilla beklagte sich über die Inquisition. Ausschließlich von Dominikanern geleitet, war deren Gericht der bischöflichen Rechtsbefugnis entzogen. So forderte der Papst, die Inquisitoren sollten wenigstens besser mit den Bischöfen zusammenarbeiten – doch ohne allzu großen Erfolg. Statt dessen wurde ein Jahr später Torquemada Generalinquisitor und damit wieder ein Dominikaner direkter Vertreter des Papstes. Torquemada legte die Richtlinien für die Verfahrenspraxis in einem Handbuch nieder, das mit der Einbeziehung weltlicher Instanzen klar der römischen Praxis Hohn sprach. Die Einsetzung Torquemadas bedeutete die Allianz von Krone und Klerus, die die Spanische Inquisition in den nächsten Jahrhunderten mehr als einmal selbst den Vorgaben Roms trotzen ließ. Torquemada war erst achtzehn Jahre alt, als er Generalinquisitor wurde, doch legte er einen Eifer für seine Sache an den Tag, der erschreckend wirkt: An die hunderttausend Menschen sollen während seiner langen Dienstzeit abgeurteilt worden sein. Obwohl er erwiesenermaßen selbst ein Nachkomme von Konvertierten war, führte er als erster eine Bestimmung zur Blutsreinheit in einem Dominikanerkloster ein. Viele Kirchen und Klöster ließ er mit dem Geld errichten, das von reuigen Ketzern kassiert worden war.

Zugleich hatte die frühe Spanische Inquisition in dem Beichtvater und Ratgeber der Königin, Kardinal Cisneros, auch einen Förderer der Kultur, der die berühmte Universität Alcalá de Henares gründete. Allerdings förderte Cisneros nur die christliche Kultur: Als im Jahr 1492 Granada fiel, befahl er die Vernichtung der berühmten Bibliothek jener Stadt und zerstörte damit eine der bedeutendsten Bildungsstätten Spaniens.[47]

Geradezu symbolisch für den Zynismus der Spanischen Inquisition steht der euphemistische Begriff *Autodafé*: Die feierliche Urteilsverkündung und anschließende Hinrichtung eines Ketzers wurde *Autodafé* – »Glaubensakt« – genannt, weil das Verfahren die Strenggläubigkeit des Volkes fördern und den Glauben festigen sollte. Kirche und Staat inszenierten die Hinrichtungen als pompöse Schauspiele des Todes, die wahren Volksfesten glichen. Kurz nach Ankündigung einer solchen Zeremonie begannen die Vorbereitungen: Die Bühne wurde geschmückt, Kerzen für die Vorabendprozession wurden herbeigebracht und Mönche zu den Todgeweihten geschickt, um ihnen in ihrer letzten Nacht beizustehen. Alles lief nach einem genauen Plan ab. Selbst Bildnisse zum Verbrennen für die in Abwesenheit zum Tode verurteilten wurden bereitgestellt. Die Gebeine bereits verstorbener Ketzer wurden ausgegraben, um sie dem Feuer zu übergeben. Nichts blieb unbedacht.

In der Entdeckung der Neuen Welt durch Christoph Kolumbus sah die Allianz aus Kirche und Staat eine enorme Chance, ihren Einflussbereich auszubauen und den »rechten Glauben« unter den Einheimischen zu verbreiten. Die Ausbeutung und Missionierung der amerikanischen Ureinwohner begann früh. Im Jahre 1508 beschloss der Generalmeister der Dominikaner Thomas de Vio Cajetan, 15 Brüder nach Amerika zu schicken, um das Wort Gottes zu verbreiten. Eine Volkszählung auf Haiti ließ die ausgewählten Dominikaner aber rasch Schockierendes in Erfahrung bringen: Nur noch rund 60.000 Indios lebten auf der Insel, ein Bruchteil der ursprünglichen Einwohnerzahl vor Ankunft der Europäer. Ein regelrechter Todeskampf wütete innerhalb der Urbevölkerung. Durch das neuartige Wirtschaftssystem der *Encomienda* – der einem europäischen Statthalter zugewiesenen Siedlung höriger Indianer – wurden die Indios nicht nur ihrer natürlichen Lebensgrundlage beraubt, sondern auch versklavt. Gewannen sie vormals ihre Nahrung durch Fischfang, Jagd und Ackerbau, waren sie nun geknechtete Leibeigene, die unter katastrophalen Bedingungen lebten. Unterernährt wie sie waren, taten aus Europa eingeführte Infektionen ein Übriges, um das Massensterben zu beschleunigen. Tausende von Indios wurden Opfer dieses »bakteriologischen Krieges«. Viele Dominikaner solidarisierten sich aus humanitären Gründen mit den Einheimischen und geißelten in ihren Predigten das Profitstreben der Kolonisten: Nichts als Sünde sei es, was die Siedler unter dem Deckmantel vorgeschobener Kreuzfahrerideale vollführten. Ganz und gar nicht entsprächen ihre Handlungen dem christlichen Gebot der Nächstenliebe, verlautbarte der Generalvikar der Dominikaner Pedro de Córdoba von der Kanzel herab. Dass er sich damit nicht nur Freunde unter den spanischen Kolonialherren schuf, scheint offensichtlich. Nur mit Mühe gelang es den Dominikanern schließlich, die drohende Ausweisung zu verhindern, die Diego Kolumbus – der Sohn des Entdeckers – von König Ferdinand verlangt hatte. Dennoch blieb die Verteidigung indianischer Menschenrechte in den kommenden Jahrzehnten eine äußerst heikle Angelegenheit.[48]

Im Jahre 1514 begingen die Konquistadoren einen Fehler, den sie bald bereuen sollten: Zur Absegnung der Eroberung Kubas, in deren Verlauf rund 500 000 Ureinwohner getötet oder unterworfen worden waren, wählten sie den als unverdächtig geltenden Militärkaplan Bartolomé de Las Casas als kirchlichen Beistand aus. Da dieser einst selbst Eroberer und *Encomendero* gewesen war, meinten sie in dem unscheinbaren Mann einen Bundesgenossen an der Seite zu haben. Doch in Las Casas meldete sich bereits sein Gewissen zu Wort. Dem Weltgeistlichen waren schon zu diesem Zeitpunkt Zweifel an seiner Lebensform gekommen. Noch kurz zuvor hatte er durch die Goldminen seiner *Encomienda* großen Gewinn erzielt, doch nun plagten ihn zusehends Gewissensbisse. Ein für sein weiteres Leben einschneidendes Erlebnis wurde das völlig sinn-

Bartolomé
de Las Casas
(1474–1566)

lose Gemetzel an über 2000 Indios: Las Casas, der die friedliche Eroberung des Ortes Caonao vorbereitete und zu diesem Zweck bereits 2500 Indios versammelt hatte, wurde völlig überrascht, als spanische Soldaten plötzlich ihre Schwerter zogen: »Alsbald fingen sie an, mit ihren Schwertern um sich zu stechen und die Bäuche jener Schafe und Lämmer aufzuschlitzen, der Männer wie der Frauen, der Kinder wie der Greise. [...] Die Wunden der Toten und vieler anderer zu sehen, die noch nicht gestorben waren, erfüllte einen mit Grauen und Schauder«,[49] schreibt er in seiner *Geschichte der Westindischen Länder*.

Erschüttert gab Las Casas seine *Encomienda* auf und schloss sich den Dominikanern um Pedro de Córdoba in ihrem Kampf gegen die Unterdrückung der Indios an. 1523 schließlich trat er dem Predigerorden bei. Überzeugt zeigte sich Las Casas von nun an, dass nur die Verkündigung des christlichen Glaubens die spanische Anwesenheit rechtfertige. Gewalt schloss er zu diesem Zweck aus. In den kommenden Jahrzehnten stellte der mutige Kleriker sich einem erbitterten Kampf gegen die indianerfeindliche Haltung spanischer Beamter und Kaufleute. Ein Kampf David gegen Goliath – stand der kleine, kahlköpfige Mönch doch einer Phalanx aus zähneknirschenden Kaufleuten und Soldaten gegenüber. Ein stetes Auf und Ab, Erfolg auf Misserfolg kennzeichneten seinen Weg – je nach der persönlichen Einstellung der Herrschenden zur Indianerfrage. Unter Karl V. war es Las Casas im Jahre 1542 tatsächlich gelungen neue Gesetze einzuführen, die unter anderem ein Verbot der Sklaverei und die steuerliche Gleichstellung von Indianern und Spaniern vorsahen. Doch seine Feinde behielten ihn im Auge; das System schlug erbarmungslos zurück, und Intrigen gegen den mutigen Prediger wurden gesponnen. Sehr gelegen kam es den Kolonisten, dass Karl V. durch die europäischen Kriegswirren mit anderen Problemen beschäftigt war. Durch seine Abwesenheit schlug die Stimmung am spanischen Hof um. Sein 16-jähriger Sohn Philipp wurde von Unterstützern des *Encomienda*-Systems beraten, die die Zügel in der Indianerfrage zusehends in die Hand nahmen. Francisco de los Cobos und Kardinal Alfonso García de Loaysa schmiedeten einen perfiden Plan: Man wollte Las Casas mit dem Bischofssitz von Cuzco in Peru einfach wegbeloben, um seine ständigen Querelen am spanischen Königshof zu unterbinden. Durch den enormen Druck nahm Las Casas schließlich 1543 den Bischofssitz von Chiapas in Mexiko an, was ihn aber nicht daran hinderte, weiter gegen die Kolonisten vor Ort zu kämpfen. Offen herausgefordert, nahm sein Eifer sogar noch zu. In einem Hirtenbrief kündigte er an, den Kolonisten die Absolution zu verweigern, falls diese die neuen Gesetze nicht umsetzen sollten. Der Aufschrei war groß, doch Las Casas ließ nicht nach. Im Gegenteil: Ein Beichthandbuch wurde abgefasst, in dem die Priester seiner Diözese in zwölf Regeln aufgefordert wurden, die Erteilung der Absolution an Bedingungen zu knüpfen: Die Indianer seien unverzüglich freizulassen, ihre Güter müssten zurückgegeben und Schäden erstattet werden, so die unmissverständliche Botschaft des Bischofs. Sollten die Kolonisten diese Forderung nicht erfüllen, würden sie von ihren Sünden nicht befreit.

Las Casas leugnete also ganz offen die spanischen Herrschaftsansprüche in der Neuen Welt. Ein für den Staatsapparat untragbarer Vorgang, der schwerwiegende Konsequenzen nach sich zog. Der mächtige Indienrat intervenierte. Zwei Jahre später wurden alle Kopien des bischöflichen Beichthandbuches eingezogen und vernichtet.

Las Casas sah nun ein, dass er seinen Kampf für die Indianer nur in Spanien selbst austragen konnte. Er musste vor dem König im direkten Gespräch seine Haltung rechtfertigen. Und so setzte er von Chiapas aus im Jahre 1547 nach Spanien über. Nach drei Jahren des abermaligen Tauziehens, in dem das Seil einmal auf die Seite der Indios, ein andermal auf die ihrer Gegner gezogen wurde, wurde am 7. Juli 1550 schließlich eine Versammlung in Valladolid einberufen, an der Juan Ginés de Sepúlveda – spanischer Hofchronist und Erzieher des Thronfolgers Philipp – die Rolle des Verteidigers der Kolonisten übernahm. In einer legendären Disputation, in der die Kontrahenten ihre Standpunkte nacheinander vor der Kommission vortragen mussten, sollte die Rechtmäßigkeit der spanischen Eroberung endgültig geklärt werden.

Eines stand jedoch nie zur Debatte: Niemand, weder Las Casas noch Sepúlveda, stellten die Verbreitung der christlichen Religion und der europäischen Zivilisation in der Neuen Welt in Frage. Es ging nur um das Wie – friedlich und mit Zustimmung der Indios, was Las Casas befürwortete, oder gegen ihren Willen.

Sepúlveda war ein politischer Hardliner, der noch ganz der konservativen scholastischen Tradition verhaftet war. Im Auftrag der Kurie hatte er in Rom zwischen 1523 und

1529 das Werk des Aristoteles ins Lateinische übersetzt. Als er von seinem Theologiestudium in Bologna nach Spanien zurückgekehrt war, schrieb der Weltpriester in den 30er Jahren zahlreiche Traktate, die sich strikt gegen Veränderungen der mittelalterlichen Ordnung in Religion und Politik richteten. Wüste Beschimpfungen Luthers, nationalistische Lobreden auf Karl V. und ein Scheidungstraktat, das den Absichten Heinrichs VIII. galt, folgten, und ließen ihn die Karriereleiter emporsteigen. Mit dem Lob der Konservativen am Hofe ausgestattet, war er 1550 schließlich ein gefeierter Mann. Der Richtige in den Augen der Kolonisten, um einem aufmüpfig-liberalen Bischof die Leviten zu lesen.

Durch seine *Disputation*, die Las Casas 1552 in Sevilla veröffentlichte, erfahren wir den genauen Verlauf der Geschehnisse: Mitte August bis Mitte September fand die erste Sitzungsperiode statt, und vom 11. April bis zum 4. Mai des nächsten Jahres die zweite. Ganze drei Stunden verbrachte Sepúlveda am Eröffnungstag damit, die Rechtmäßigkeit der gewaltsamen Unterwerfung Amerikas zu begründen. Gestützt auf sein Traktat *Democrates secundus*, das sich inhaltlich ganz der aristotelisch-scholastischen Tradition bedient, begann er mit folgenden Ausführungen: »Mit vollem Recht dürfen die Spanier ihre Herrschaft über diese Barbaren der Neuen Welt und der angrenzenden Inseln ausüben.« Mit spitzfindigen Argumenten versuchte Sepúlveda darzulegen, dass es seit jeher inferiore Völker gegeben habe. Schon Aristoteles habe nämlich in der *Politik* gesagt, dass gewissen Menschen die Möglichkeit zur Selbstbestimmung fehle und sie demnach zur Sklaverei bestimmt seien. Eine antike Autorität wurde also wieder einmal angeführt, um den Wahrheitsgehalt des Gesagten zu beglaubigen. Geschult an scholastischen Debatten, zog Sepúlveda alle Register seines rhetorischen und manipulativen Könnens.

Seiner Ausführung über den lateinischen Begriff *servus natura*, der die Sklaverei mit dem Naturrecht begründet, folgte eine Hetzrede gegen die Indianer und eine Lobrede auf das großartige spanische Volk, das zur Herrschaft geschaffen sei.

»Sind Götzendienst, Menschenopfer und Kannibalismus nicht Zeichen genug für die Wertlosigkeit der indianischen Völker? Verzehren die Indianer in ihrer Kriegswut nicht sogar das Fleisch ihrer getöteten Gegner? Indios sind den Spaniern unterlegen, so wie die Kinder den Erwachsenen, die Frauen den Männern, ja, man kann sogar sagen, wie die Affen den Menschen. Betrachtet doch nur die spanischen Soldaten«, rief er aus. »Ihre Überlegenheit an Tapferkeit zeigt sich schon darin, dass es ihnen mit nur wenigen Männern gelang, die gesamte Neue Welt zu unterwerfen.«

Geschickt rechtfertigte Sepúlveda hier den spanischen Imperialismus mit christlichem Wertetransfer, denn Tapferkeit (*fortitudo*) stellt ja nichts anderes als eine christliche Kardinaltugend dar. Doch auch in Menschlichkeit (*humanitas*), Gerechtigkeit (*iustitia*) und Gottesfurcht (*religio*) überträfen die Spanier die Indios bei Weitem.

Zurück zu den spanischen Soldaten: Eine geradezu absurde Verteidigung hispanischer Krieger findet sich in Sepúlvedas Schrift *Democrates secundus*, wo es über die berühmte Plünderung Roms durch spanische und deutsche Söldner im Jahre 1527 heißt, keinen mit der Pest darnieder liegenden spanischen Soldaten habe es gegeben, der nicht kurz vor seinem Tod aus christlichem Glauben in seinem Testament die Rückgabe der gestohlenen Güter angeordnet habe. Ganz im Gegensatz zu den deutschen Söldnern, die dies niemals taten.[50]

»Die indianische Anbeterei der Dämonen muss den göttlichen Zorn hervorrufen«, fuhr Sepúlveda fort. Mit am Schlimmsten aber sei die Hartnäckigkeit der Indios: »Da die Indianer ihrer Natur nach Sklaven, Barbaren, rohe und grausame Gestalten sind, lehnen sie die Herrschaft der Klugen, Mächtigen und Vortrefflichen ab.« Dieser schlechten Charaktereigenschaft sei mit der spanischen Eroberung nun wirksam begegnet worden. »Krieg gegen die Indianer ist nicht nur erlaubt, er ist den Eingeborenen geradezu zuträglich und nützlich.«

In Las Casas aber, dem die Gräuel der spanischen Gemetzel noch gut in Erinnerung waren, kochte es. Er sprang
auf und schleuderte dem ahnungslosen Schreibtischtäter
die grausamen Wahrheiten des Krieges ins Gesicht: »Krieg
ist uns geschickt aus der Hölle; er ist die miserabelste und
abscheulich stinkendste Sache unter dem Himmel und
widerspricht ganz und gar dem Leben und der Lehre
Christi!«[51] Zwar gebe es den gerechten Krieg, wie Sepúlveda ausgeführt habe, doch sei der Unterwerfungskrieg
der Konquistadoren mit seinen zahlreichen Rechtsverlet-
zungen mit diesem nicht vergleichbar.

Nach seinem Zornausbruch versuchte Las Casas nun in
ruhigeren Worten das Vorurteil zu entkräften, dass die Indianer sich nicht selbst regieren könnten. In einem Fron-
talangriff gegen die Ignoranz spanischer Gelehrter kam er
als Kenner der Materie in einem langen Exkurs auf Sitten,
Gebräuche und öffentliche Ordnung der Indios zu sprechen. Um seinem Gegner in der Kenntnis des aristotelischen Werkes nicht nachzustehen, berief er sich auf das
siebte Buch der *Politik,* wo von den Ständen in einem
funktionierenden Staatswesen gesprochen wird. Las Casas erbrachte nun den Beweis, dass diese auch im indianischen Gemeinwesen existierten: »[…] erstens die Bauern,
die den Acker kultivieren und ihn ausreichend Früchte
produzieren lassen […] die Krieger, damit sie die Gemeinde vor äußeren Feinden verteidigen […] und am
wichtigsten die Priester, damit sie dienen und den göttlichen Kult ausüben.«[52] Ja, Religion gebe es auch dort. Es sei
zwar die falsche, doch der Nährboden für den rechten
Glauben sei gelegt. Wie in Spanien seien alle Stände auch
in den Gemeinden der Neuen Welt anzutreffen. In seiner
Apologie, einer Schrift, die Las Casas nach der Disputation
von Valladolid schrieb, führte er diesen Nachweis auf insgesamt 203 Kapiteln aus.

Las Casas betonte abschließend die Notwendigkeit,
über eine Steuer die Evangelisierung der Neuen Welt zu
finanzieren. So könne man die Kosten der Eroberung von
den Indianern auf die Spanier überleiten und die Eingebo-

renen entlasten. Spanier aller Art, Missionare, Kaufleute und Bauern hätten eine Steuer zu entrichten, lautete Las Casas' finaler finanzpraktischer Vorschlag.

Das Ergebnis der Disputation war ein Patt. Die Kommissionsmitglieder kamen zu keinem abschließenden Urteil, so dass beide, Sepúlveda und Las Casas, den Sieg für sich in Anspruch nahmen. Auf verbissene Weise ging die Diskussion danach in schriftlicher Form weiter; beide Kontrahenten schrieben lange Traktate, in denen sie ihre Positionen verteidigten und ihren Gegner argumentativ zu übertrumpfen suchten. Ein Erfolg, den Las Casas für sich verbuchen konnte, war die Suspension der militärischen Expeditionen für vier Jahre. Doch schon 1556 erteilte Karl V. dem Vizekönig von Peru die Erlaubnis zu weiteren Eroberungszügen. Wie üblich ging es auch hier um das Geld. Die Gold- und Silbertransporte aus der Neuen Welt sollten die kriegerischen Auseinandersetzungen mit den Türken und Franzosen mitfinanzieren, so dass die indianische Menschenrechtsfrage in den Hintergrund trat. Doch das Gold bewirkte das Gegenteil: Groteskerweise führten die überseeischen Reichtümer zur schlimmsten Inflation, die Spanien je erlebt hatte. Am Ende von Karls Regierungszeit stand das Land praktisch vor dem Staatsbankrott.

Las Casas verbrachte die letzten Jahre seines Lebens in Spanien, wo er sich mit enormem publizistischen Eifer für die Indianer stark machte. Müde von seinem aufzehrenden und heldenhaften Kampf starb der Dominikaner schließlich 1566 im Kloster *Nuestra Señora de Atocha* vor den Mauern Madrids. Sein Kontrahent überlebte ihn um sieben Jahre. Geradezu prophetischen Status erlangte Las Casas durch die lateinamerikanische Befreiungstheologie in der zweiten Hälfte des 20. Jahrhunderts. Theologen wie Gustavo Gutiérrez und Leonardo Boff beriefen sich in ihren Schriften immer wieder auf den christlichen Humanismus des Dominikaners, der ihnen zum Vorbild wurde.[53]

Die Inquisition trat während der Disputation zwischen

Sepúlveda und Las Casas nicht in Erscheinung. Sie verhielt sich bewusst neutral. Zwar saßen Mitglieder der Behörde in der Kommission, doch blieben die beiden Kleriker vor Eingriffen der Inquisition verschont. Überhaupt reichte ihr Arm erst spät in die Neue Welt. 1570 wurde sie zuerst in Lima eingeführt. Doch das inquisitorische Interesse an Las Casas' Thesen war rege und verstummte nie. Vor allem seine Schriften bereiteten den Inquisitoren Kopfzerbrechen, spielten sie den Gegnern Spaniens doch in die Hände. Je lauter kritische Stimmen im Ausland wurden, desto dringlicher sah man sich veranlasst, die Kritik aus den eigenen Reihen zu unterbinden – zumal Las Casas' Schrift *Brevísima relación* zu einem echten Bestseller unter Spaniens Feinden wurde. Man zog sie ganz konkret zu Zwecken antispanischer Propaganda heran. So häufig, dass sich die Spanische Inquisition 1660 veranlasst sah, das Werk zu verbieten. Hören wir die Begründung des Tribunals von Zaragoza:

»Dieses Buch berichtet von schrecklichen und barbarischen Vorgängen, wie sie die Geschichte anderer Nationen nicht kennt, von Taten, die, wie der Verfasser schreibt, durch spanische Soldaten, durch Siedler in Westindien und durch Priester des Katholischen Königs begangen wurden. Es ist ratsam, diese Berichte, da sie der spanischen Nation schaden, zu beschlagnahmen, denn selbst wenn sie wahr wären, hätte es doch genügt, bei Seiner Katholischen Majestät dieserhalb vorstellig zu werden, anstatt sie in der Welt auszuposaunen und damit den Feinden Spaniens und den Ketzern Angriffsmöglichkeiten zu geben.«[54]

Selbst wenn sie wahr wären, schreibt der Inquisitor über spanische Schandtaten im Konditional. Diese zensurtaktisch meisterhafte Formulierung, die den Wahrheitsgehalt des Berichteten in Frage stellt, war in Wirklichkeit nichts anderes als ein Vorwand. Man sah es schlicht als unwichtig an, ob Las Casas' Bericht auf Wahrheit beruhe oder nicht. Jetzt galt es, das Land gegen abfällige Kritik zu schützen – Wahrheit hin oder her. In Krisenzeiten, in denen das spanische Weltreich am Boden lag und der Protestantismus an Gewicht gewann, setzte sich ein neues Wahrheitsverständnis durch: Wahrheit war keine theologische oder juristische Kategorie mehr – wie Las Casas sie sah – sondern eine politische, die der Besitzstandswahrung des Staates nutzbar gemacht werden musste. Wahrheit wurde das, was den spanischen Interessen diente. Ein utilitaristisches, dem Nutzen dienliches, Wahrheitsverständnis setzte sich in Spanien durch.

Das Genie und der Apparat.
Galileo Galilei und
Urban VIII.

Galileo Galilei (1564–1642)

»Wie verhält sich die Wahrheit der Wissenschaft zum Wahrheitsanspruch der Bibel?«, lautete die entscheidende Frage im Fall Galilei. Noch heute gilt der in Pisa geborene Philosoph, Mathematiker und Physiker als Opfer der Kirche und Märtyrer der Wissenschaft. Schon mit 25 Jahren wurde er Professor für Mathematik in Pisa, später Hofmathematiker der Medici in Florenz. Galilei leitete die Gesetze des freien Falles und die Pendelgesetze ab. Nach niederländischem Vorbild konstruierte er ein Fernrohr, mit dem er die ersten vier Monde des Jupiter und die Saturnringe entdeckte. Seine Forschungen ließen ihn jedoch zusehends am kirchlichen Weltbild zweifeln. Galilei opponierte gegen das Weltbild der Bibel, wonach die Erde den Mittelpunkt des Planetensystems bildet, und wandte sich gegen jede Grenzüberschreitung durch die Theologie. Dies ließ ihn mit der Inquisition in Konflikt geraten.

Urban VIII. (1568–1644)

Vom Förderer Galileis wurde Urban VIII. zu dessen unerbittlichem Gegner. Er wurde unter dem Namen Maffeo Barberini als Sohn eines reichen Kaufmanns in Florenz geboren. Er studierte bei den Jesuiten, stieg rasch die klerikale Karriereleiter empor und wurde 1606 von Papst Paul V. zum Kardinal ernannt. 1623 zum Papst gekrönt, verwandte er große Summen für bauliche Maßnahmen in Rom. Nach 120 Jahren Bauzeit weihte er 1626 die Peterskirche ein. Er bestätigte mehrere geistliche Orden, gründete das Collegium Urbanum und erließ eine Regelung für Selig- und Heiligsprechungsverfahren. Im Dreißigjährigen Krieg unterstütze er das mit Schweden verbündete Frankreich gegen Habsburg. Sein Pontifikat ging vor allem durch die Verurteilung Galileis in die Geschichte ein. Als Urban VIII. im Jahr 1644 starb, soll die seiner Extravaganzen überdrüssige Bevölkerung Roms in Jubel ausgebrochen sein.

»Und sie bewegt sich doch!« soll Galileo Galilei nach seiner erzwungenen Abschwörung vor dem Inquisitionstribunal trotzig gemurmelt haben. Er meinte die Erde und nicht die Sonne.

Dieser wohl bekannteste Satz des Astronomen, Physikers und Mathematikers steht – auch wenn er ihm in den Mund gelegt wurde – geradezu symbolisch für die Auseinandersetzung zwischen der mit wissenschaftlicher Erkenntnis einhergehenden Neuzeit und der als rückständig betrachteten römischen Inquisition. Galilei war es, der gegen die fortschrittsresistente Kirche anrannte; er war es, der zu einem Märtyrer der modernen Wissenschaft wurde. So jedenfalls lautet die einhellige Meinung der Nachwelt, wie sie von zahlreichen Kommentatoren vertreten wurde. Albert Einstein etwa schrieb 1952 in seinem Vorwort zu Galileis *Dialog über die beiden hauptsächlichen Weltsysteme*: »Da offenbart sich ein Mann, der den leidenschaftlichen Willen, die Intelligenz und den Mut hat, sich als Vertreter des vernünftigen Denkens denjenigen entgegenzustellen, die auf die Unwissenheit des Volkes und die Indolenz der Lehrenden in Priester- und Professorengewand sich stützend, ihre Machtpositionen einnahmen und verteidigten.« Bertolt Brecht wollte in seinem berühmten Drama *Leben des Galilei* das Problem des Intellektuellen innerhalb einer totalitären Gemeinschaft schildern, die Gedankenfreiheit unterdrückt – ganz seinem eigenen Schicksal im Nationalsozialismus entsprechend.[55] Erwies sich die katholische Kirche im historischen Falle Galilei tatsächlich als so repressiv, wie sie häufig geschildert wird?

Galilei verhalf dem kopernikanischen Weltbild zweifellos zum Durchbruch. Wir verdanken diesem Genie unter anderem die Erkenntnis, dass die Erde sich in Kreisbahnen um die Sonne bewegt – eine Ansicht, die uns heutzutage selbstverständlich erscheint. Bis heute hält sich aber auch das Gerücht, dass Galilei mit seiner These auf den erbitterten Widerstand der römischen Kirche stieß, die in ihrer Ablehnung der modernen Naturwissenschaft versuchte, neue wissenschaftliche Erkenntnisse zu unterdrücken und die Menschen im Stande der Unwissenheit zu belassen – eine allzu einfache Schwarz-Weiß-Malerei, die, wie neueste Forschungen beweisen,[56] der Komplexität des Falles Galilei in keiner Weise gerecht wird. Es ging vielmehr um subtile Fragen, Wahrheits- und Machtansprüche und um zwischenmenschliche Beziehungen, bei denen Recht und Unrecht nicht so einfach verteilt werden können.

Geboren wurde Galileo Galilei 1564 in Pisa als Sohn des Musiktheoretikers Vincenzo Galilei. Und wenn wir lesen, dass der Vater im einleitenden Kapitel zu seiner *Musiktheorie* in scharfem Ton gegen Autoritätsglauben polemisiert und die exakte Beweisführung für jede erhobene Behauptung verlangt, meinen wir aus den Worten des Vaters bereits den Sohn herauszuhören. Galileo wird es später sein, der dem Denken die genaue Beobachtung vorausgehen lässt und die empirisch-naturwissenschaftliche Forschungsmethode weiterentwickelt. Schon mit 25 Jahren erhielt er den Lehrstuhl für Mathematik an der Universität Pisa. Musste er sich anfangs noch mit einem bescheidenen Gehalt begnügen und so zweifelhafte Dinge wie Form und Größe der *Hölle* in Dantes Dichtung *Die Göttliche Komödie* berechnen, stieg sein wissenschaftliches Renommee schon bald kometenhaft. Nach Übernahme einer Mathematikprofessur an der Universität Padua 1592 wurde er bald Privatlehrer des Erbprinzen der Toskana. Unter dem Patronat Cosimos de' Medici entwickelte der junge Mann schließlich großen Ehrgeiz und Forscherdrang, bis er 1610 »erster Mathematiker und Philosoph des Großherzogs von Toskana« wurde. Schon vorher hatte er beim Anblick der Schwingungen des Leuchters im Dom zu Pisa die Pendelgesetze entdeckt. Vom Schiefen Turm aus ließ er Steine hinabfallen und entdeckte dabei das Prinzip der Beschleunigung infolge von Schwerkraft. Bei seinen astronomischen Untersuchungen fand er schließlich drei Jupiter-Monde. Galilei war nun auf Grund seiner spektakulären Erfolge eine Berühmtheit seiner Zeit.

Galileo Galilei
(1564–1642)

Die Wissenschaftsauffassung und der Geist der universitären Lehre wurden damals noch ganz von christlicher Theologie und aristotelischer Begriffskunst geprägt. Mit Naturwissenschaft im heutigen Sinne hatten die scholastischen Untersuchungsmethoden nichts gemeinsam. Die Astronomie verfügte über bessere Tabellen als Instrumente. Die meisten astronomischen Hilfsmittel wie der Jakobsstab, Zylinder, Quadrant und das Astrolab datierten noch aus dem Hochmittelalter. Wie ihre mittelalterlichen Vorfahren hatten Galileis Kollegen aus den aristotelischen Schriften ein unanfechtbares Orakel gemacht. Blind beteten sie selbst die Irrtümer des großen Philosophen nach. Abstraktem philosophischem Spekulieren, wie man es in akademischen Zirkeln allerorten antraf, setzte Galilei nun die praktische Arbeit des Ingenieurs und Handwerkers entgegen. Sein gesamtes Werk stand unter dem Zeichen des Experiments. Galileis Schüler sollten später in Florenz eine »Akademie des Experiments« gründen, deren Motto lautete: »Experimentieren und immer wieder Experimentieren«. Galilei entwickelte durch seine neuartige Methode schließlich eine hydrostatische Waage; er entwarf einen Apparat, mit dem er die Temperatur einer Flüssigkeit messen konnte und schrieb eine theoretische Arbeit zur Schwerpunktbestimmung fester Körper. Und jene neuartige Herangehensweise an wissenschaftliche Fragestellungen war es auch, die ihn rasch auf Probleme stießen ließ – Probleme autoritären Charakters: Galileis mechanische Verbesserung des Fernrohrs und die daraus resultierenden Erkenntnisse über die Himmelskörper ließen ihn nach und nach am kirchlichen Weltbild zweifeln.

»Die Sonne dreht sich um die Erde!«, lautete ein nicht anzuzweifelnder Lehrsatz. Dieser Satz entsprach nicht nur dem ungefähren Wortlaut der Bibel, er war auch durch die Autorität des antiken Gelehrten Claudius Ptolemäus in die Grundmauern des damaligen Wissens zementiert worden. Doch Galilei hegte auf Grund seiner astronomischen Beobachtungen Zweifel, die er laut und selbstbewusst in seinen Vorlesungen formulierte. Der erste Zusammenstoß mit der Inquisition erfolgte 1615. Ein Florentiner Dominikaner namens Tommaso Caccini denunzierte den Wissenschaftler, nachdem er durch Galileis forsche Schüler provoziert worden war. Folgende Sätze gab der pflichtbewusste Kleriker den Inquisitoren zu Protokoll:

»Als ich am vierten Sonntag des Advents des vergangenen Jahres in der Kirche Santa Maria Novella in Florenz las, wo ich in diesem Jahr zur Lesung der Heiligen Schrift von meinen Vorgesetzten auserkoren wurde, setzte ich die von mir begonnene Geschichte des Josua fort; und genau am selben Sonntag musste ich ebendiese Stelle des zehnten Kapitels jenes Buches lesen, wo der heilige Schreiber von dem großen Wunder berichtet, wonach Gott auf die Gebete Josuas hin die Sonne zum Stehen brachte. Das heißt: Sonne steh still zu Gibeon und so weiter. Ich nahm daher diese Stelle [...] zum Anlass, mit jener Bescheidenheit, die dem von mir bekleideten Amt zusteht, eine gewissen Auffassung zu tadeln, die einst von Nikolaus Kopernikus und nun in diesen Zeiten – was in Florenz allseits bekannt ist – von dem Herrn Mathematiker Galileo Galilei, wie sie sagen, vertreten und gelehrt wird. [...] Diese meine wohltätige Mahnung, obwohl sie vielen gelehrten und frommen Edelmännern sehr gefiel, missfiel gewissen Schülern des vorgenannten Galilei überaus, so dass einige von ihnen den Pater Prediger des Domes aufsuchen gingen, damit er auf diesem Gebiet gegen die von mir vertretene Glaubenslehre predige. Als ich soviel Aufhebens gehört hatte, stattete ich um der Wahrheit willen dem Hochwürdigen Pater Inquisitor von Florenz Bericht darüber ab, was ich geflissentlich über die genannte Stelle Josuas gesagt hatte, und teilte ihm mit, dass es gut wäre, einige unverschämte Geister, Schüler des obengenannten Galilei, zu zügeln.«[57]

Nicht die Schüler wurden in der Folge »gezügelt«, sondern der Meister selbst: 1616 wurde Galilei auf Grund dieser Denunziation von Kardinalinquisitor Robert Bellarmin ermahnt und verwarnt. Es war derselbe Mann, der bereits am Prozess gegen Giordano Bruno beteiligt gewesen war – einem Prozess, der mit dem Feuertod des Angeklagten seinen traurigen Abschluss fand.

Galilei musste als Folge der Verwarnung seine in mathematischen Vorlesungen vertretene und dem biblischen Buch Genesis widersprechende »falsche Meinung« aufgeben, wonach die Erde sich um die Sonne dreht. Neu und revolutionär war diese These bei Weitem nicht. Der polnische Gelehrte Nikolaus Kopernikus hatte bereits zu Beginn des 16. Jahrhunderts jenes so genannte heliozentrische Weltbild entwickelt, nach dem die Sonne im Mittelpunkt steht und die Erde sie umrundet. Erfolg war ihm dabei allerdings nicht beschieden. Trocken und ablehnend war die Reaktion vieler Theologen auf seine neuartige These, sowohl auf katholischer wie auf protestantischer

Seite. Luther etwa sagte über Kopernikus' Hypothese in barschem Ton: »Der Narr will die ganze Kunst der Astronomie umkehren. Aber wie die Heilige Schrift anzeigt, so hieß Josua die Sonne still stehen und nicht das Erdreich.«[58]

Blieben Kopernikus aus technischen Gründen noch zureichende Mittel der Himmelsbeobachtung versagt, gelang es Galilei auf Grund seiner Erfindung des Teleskops im Jahre 1609, neue Argumente zugunsten des kopernikanischen Weltbildes zu finden. Ehrgeizig begann er, gestützt auf seine Beobachtungen der Planeten und der Sonnenflecken, das heliozentrische Weltbild öffentlich zu erklären. Es war wohl auch die Art und Weise, *wie* er es erklärte, die ihn auf Ablehnung stießen ließ. Bescheidenheit zählte schon damals nicht gerade zu seinen größten Tugenden. Und so stieß er mit seiner offenen Polemik auf den Widerstand der Kirche, die am traditionellen, geozentrischen Weltbild, wie es seit Claudius Ptolemäus Gültigkeit hatte, festhielt. Im Dekret der Kongregation für den Index verbotener Bücher vom 5. März 1616 wurde die kopernikanische Lehre als falsch bezeichnet und verurteilt. Es war fortan untersagt, den Heliozentrismus als Tatsache zu vertreten.

Galilei, glücklich über seine milde Behandlung – er war einer Verurteilung entgangen – und im Glauben, sein Name sei rehabilitiert, hielt sich an diese Vorgabe. Dann sah er aber mit der Papstwahl seines wissenschaftlich interessierten Gönners Maffeo Barberini (Urban VIII.) am 6. August 1623 eine neue Chance, einen Schritt in die ehemalige Richtung zu gehen. Er schrieb den *Dialog über die beiden hauptsächlichen Weltsysteme*, in dem er zwar dem Anschein nach sowohl für als auch gegen beide Weltbilder argumentierte, in Wahrheit aber bei Erwägungen über die scheinbar unschuldige Problematik von Ebbe und Flut für den Heliozentrismus eintrat. Bei der Bitte um die Druckerlaubnis des Dialogs beging Galilei dann einen folgenschweren Fehler: Er versuchte die römische Inquisition und die Kongregation für den Index verbotener Bücher zu umgehen. 1630 wandte er sich über den Meister des Heiligen Palastes Niccolò Riccardi indirekt an den Papst und erhielt von Riccardi die Druckerlaubnis. Kommunikationsschwierigkeiten zwischen Urban VIII., Riccardi und der für Galilei zuständigen florentinischen Inquisition trugen nun aber wesentlich zum ungünstigen Verlauf des Falles Galilei bei. Das Buch erschien schon 1632 in Florenz – und nicht wie geplant in Rom. Zwar hatte der Meister des Heiligen Palastes vor der Drucklegung den Papst konsultiert, um zu erfahren, was Galilei ins Vorwort schreiben solle; die Drucklegung erfolgte aber gegen den Willen des Papstes zu einem Zeitpunkt, als dieser den Dialog noch nicht gelesen und zensiert hatte. Erschwerend trat hinzu, dass Galilei Bemerkungen zur Allmacht Gottes, die dem Wunsch des Papstes gemäß eingefügt wurden, aus dem Munde des Simplicio – des Einfaltspinsels – vortragen lässt. Zornig und tief gekränkt bezichtigte Urban VIII. Galilei des Vertrauensbruchs und übergab den Fall an die Römische Inquisition. Galilei wurde schließlich verurteilt, nachdem Urban ihn des dringenden Häresieverdachts für schuldig befunden hatte. Am 22. Juni 1633 wurde Galilei in der Kirche Santa Maria sopra Minerva der Abschwörungstext vorgelegt, den er kniend, eine Hand auf die Bibel gelegt, eine brennende Kerze in der anderen haltend, laut vortragen und dann unterschreiben musste. Gegen Ende desselben Jahres wurde er zu einem unbefristeten Hausarrest auf seine Villa in Arcetri verbannt. So weit die Fakten.

Es waren vornehmlich drei Gründe, die zum ungünstigen Ausgang des Falles Galilei beitrugen. Zunächst ging es um Wahrheit. Wie verhält sich die Wahrheit der Wissenschaft zum Wahrheitsanspruch der Bibel?, lautete die entscheidende Frage. Galilei stellte mit seinem Kampf für die Wahrheit des kopernikanischen Systems die Theologie vor eine schwere Entscheidung. Diese verteidigte nämlich im Rahmen der aristotelischen Überlieferung zugleich die theologische Lehre von der absoluten Irrtumslosigkeit der Schrift.[59] Galileis Gegnern lag daran, jene Lehre, dass die Sonne sich bewege, als die traditionelle und deshalb unumstößliche darzustellen. Josua 10, wo vom Stillstand der Sonne gesprochen wird, diente ihnen als biblische Belegstelle. Allerdings steht fest, dass die Theologie damals Galilei keineswegs geschlossen feindlich gegenüberstand. Im Gegenteil. Am 26. Februar 1616 traf Galilei mit Kardinalinquisitor Robert Bellarmin zusammen, der Galilei freundlich gesonnen war. Bellarmin hatte Astronomie studiert und zeigte sich sehr interessiert an der Fragestellung. Sollte nachgewiesen werden, dass die kopernikanische Hypothese der Wahrheit entspreche, würde er, wie er selbst einräumte, seine Auslegung der Bibel ändern müssen. So lange dies aber nicht der Fall sei, müsse der Heliozentrismus als bloße Theorie behandelt und nicht als Tatsache gelehrt werden. An Galileis Schüler Foscarini schrieb Bellarmin: »Es scheint mir, dass Sie und Galilei gut daran täten, nicht absolut, sondern *ex suppositione* zu sprechen, wie es, meiner Überzeugung nach, Kopernikus selbst getan hat. […] Wenn ein wirklicher Beweis dafür vorhanden wäre, dass die Sonne im Mittelpunkt der Welt stehe und dass nicht die Sonne um die Erde, sondern die Erde um die Sonne sich drehe, dann müsste man bei der Erklärung jener Bibelstellen, welche das Gegenteil zu besagen scheinen, große Vorsicht walten lassen. Aber ich werde nicht eher glauben, dass ein solcher Beweis geliefert sei, bis er mir erbracht worden ist.«[60]

Diese Position, von der einflussreichsten Persönlichkeit des Jesuitenordens und einem der mächtigsten Kirchenmänner des 17. Jahrhunderts ausgesprochen, war im Vergleich zu den repressiven Vorgehensweisen vieler seiner Inquisitorenvorgänger sehr moderat. Verteidiger der kirchlichen Seite gehen sogar so weit zu behaupten, dass Bellarmin Galilei vor einer großen Blamage bewahrt hat, als er ihm nicht gestattete, seinen Beweis über die Bewegung der Erde zu veröffentlichen. Denn dieser war schlicht falsch. Galilei konnte die Bewegung der Erde noch nicht beweisen; er vermutete fälschlich, in den Gezeiten einen solchen Beweis gefunden zu haben. Wir wissen heute aber, dass die Gezeiten nicht von der Erdbewegung, sondern von der Anziehungskraft des Mondes verursacht werden.[61]

Im Jahre 1624 wurde Maffeo Barberini Papst Urban VIII. Barberini kannte Galilei seit langem und hatte großes Interesse an wissenschaftlichen Gesprächen. Sechs Audienzen gewährte der Papst Galilei innerhalb von zwei Monaten, und seine Haltung dem Wissenschaftler gegenüber erwies sich als äußerst respektvoll, auch wenn das Kirchenoberhaupt sich nicht vollständig vom Heliozentrismus überzeugen ließ. Mit zahlreichen Gastgeschenken ausgestattet – einem Gemälde sowie goldenen und silbernen Gedenkmünzen – reiste Galilei nach seinem Antrittsbesuch wieder nach Florenz zurück.

Urban stand also dem Heliozentrismus anfangs nicht ablehnend gegenüber. Hätte er schon 1616 auf dem Stuhl Petri gesessen, so behauptete Urban 1624, gäbe es kein Dekret gegen die kopernikanische Lehre, denn er halte sie nicht für häretisch, sondern nur für leichtfertig. So konnte Galilei dem Papst eine Streitschrift (*Il Saggiatore*) widmen, die sich der Papst mit großem Vergnügen bei Tisch vorlesen ließ. Darin polemisierte Galilei gegen den Jesuitenpater Grassi, der öffentlich seine neuartige Methode kritisiert hatte. Vielleicht war es auch das offensichtliche Wohlwollen des Papstes, das Galilei ermutigte, nun sein Hauptwerk in Angriff zu nehmen, den *Dialog über die beiden hauptsächlichen Weltsysteme*. Er beabsichtigte, das Werk *Dialog über die Ursachen der Gezeiten* zu nennen. Um ein möglichst breites Publikum anzusprechen, schrieb Galilei das Werk entgegen den Gepflogenheiten nicht in der damaligen Wissenschaftssprache Latein, sondern auf Italienisch. Dialogpartner waren der interessierte Laie Sagredo als neutraler Zuhörer, Salviati als Vertreter des kopernikanischen Weltbildes, und sein aristotelischer Gegner Simplicio, der seine Stimme auf tölpelhafte Weise gegen den Heliozentrismus erhebt.

Wenn wir also zunächst den Wahrheitskonflikt zwischen Galilei und der römischen Kirche betrachten, fällt auf, dass aus heutiger Sicht und rein wissenschaftlicher Perspektive beide Seiten falsch lagen. Das geozentrische Weltbild der Bibel erwies sich als falsch. Galilei war zwar in Bezug auf das kopernikanische Weltbild auf der richtigen Spur, und er sollte sich bei dieser Auseinandersetzung im Nachhinein als Sieger erweisen. Seine Beweisgründe allerdings, die er mit großem Selbstbewusstsein verkündete, waren ebenfalls falsch. Wichtig zu betonen ist, dass Galilei den Heliozentrismus von Kirchenseite aus als unbewiesene Hypothese durchaus vertreten durfte. Als Polemiker verstand er es aber, das gesprochene und geschriebene Wort mit höchster Meisterschaft so in den Dienst seiner Ideen zu stellen, dass jedermann klar war, er vertrete den Heliozentrismus als bewiesene Tatsache.

Der zweite Grund, der zum misslichen Ausgang des Falles Galilei beitrug, war die offensichtliche Beleidigung Urbans. Weshalb legte Galilei seinem Simplicio die Worte Urbans in den Mund? Als »der Einfältige« ist Simplicio eine Symbolfigur. Er ist der Wortführer für die Einwendungen gegen die Lehre des Kopernikus. An einer Stelle trägt Simplicio wörtlich eine Entgegnung Urbans vor.[62] Galilei durfte sich nicht wundern, dass der Papst gekränkt reagierte. Weshalb Galilei Hohn über seinen einstigen Gönner ausschüttete, obwohl dieser ihm wohl gesonnen war, bleibt ein Rätsel. Jedenfalls spricht dies nicht für Galileis menschliche und diplomatische Qualitäten. Urbans Entscheidung im Jahre 1633, Galilei der Inquisition auszuliefern, muss wohl auch auf gekränkten Stolz zurückgeführt werden.

Ein dritter Grund für den unglücklichen Ausgang der Ereignisse liegt in den Machtspielen der Römischen Inquisition. Hören wir heutzutage den Begriff »Inquisition«, so denken wir sogleich an einen hierarchisch geordneten Apparat in Pyramidenform, an dessen Spitze der Papst steht. Zucht, Ordnung, Effizienz und eine straff organisierte Zensur- und Kontrollbehörde zeichnen diesen Apparat in unserer kollektiven Fantasie aus. Das genaue Gegenteil aber traf auf die Römische Inquisition des 16. und 17. Jahr-

Papst
Urban VIII.
(1568–1644)

hunderts zu. Im Heiligen Offizium, wie die römische Inquisition auch genannt wurde, herrschten nur allzu oft
Bürgerkrieg und Chaos: Päpste verurteilten Kardinäle, Inquisitoren zensierten Päpste und Zensierte setzten ihren
Zensor auf den Index der verbotenen Bücher. Was wie ein
Witz klingt, war traurige Realität. Aus den Forschungen
des Historikers Peter Godman, der die geheimen Archive
des Vatikans durchforstete, erfahren wir, wie inkompetent
in Rom teilweise gearbeitet wurde und zu welch grotesken
Auswüchsen es bisweilen kam. So schickte die römische
Zensurbehörde im 16. Jahrhundert einen Spion zur Frankfurter Buchmesse, um die ketzerischen Schriften der Deutschen zu erkunden. Hören wir, was dieser James Bond der
Frühen Neuzeit zu berichten hat: »Ich habe ein Problem«,
schrieb er an seine Auftraggeber in Rom, »Die Bücher hier

sind ketzerisch, aber entweder sind sie auf Deutsch geschrieben, so dass ich sie nicht lesen kann, oder sie stehen auf dem Index, so dass ich sie nicht lesen darf.«

So machte man in Rom mit den deutschsprachigen Schriften einfach kurzen Prozess und verbot alles – ohne vorher eine Zeile gelesen zu haben. In späteren Jahren wurde dieser furchtlose/Streiter für die katholische Wahrheit, der nicht gerade zu den Geistesgrößen seiner Zeit zählte, zum Bischof ernannt.[63]

Zur fachlichen Inkompetenz kamen häufig Eifersüchteleien und Kompetenzrangeleien. Gerade unter diesen hatte Galilei besonders zu leiden. Und seine Tragik besteht wohl auch darin, dass er versuchte, diesen unangenehmen Nebenerscheinungen zu entgehen: Der Naturwissenschaftler wollte die römische Inquisition und die Indexkongregation ignorieren. Der Fall Galilei hätte wohl nie jene exemplarische Bedeutung erlangt, wenn Urban VIII. Galilei geraten hätte, die römische Inquisition um eine Druckerlaubnis für seinen Dialog zu ersuchen. Da der Papst dies nicht tat, »weil er das Oberste Tribunal umgehen wollte, dessen Berater 1616 den als Hypothese betrachteten Heliozentrismus als töricht und ketzerisch verurteilten, hatte er sich das Dilemma, vor dem er 1632 stand, selbst zuzuschreiben.«[64]

Es ging letztlich um Urbans Autorität. Nie hatte er sich mit der Absicht getragen, den *Dialog* zur Veröffentlichung freizugeben, ohne ihn selbst zensiert zu haben. Galilei aber hatte bereits die Druckerlaubnis einer anderen Behörde in der Tasche und schritt mit Zustimmung des florentinischen Inquisitors zur Tat. Zu schnell. Der *Dialog* wurde ohne Zustimmung Urbans in Florenz publiziert. Maffeo Barberini aber schäumte vor Wut, und am Ende fühlte er sich schließlich von allen verraten. Da Galilei ihn auch noch beleidigt hatte, traf ihn der volle Bannstrahl des Papstes. Die Römische Inquisition wiederum triumphierte. Ein Autor, der von dieser Behörde 1616 bereits ermahnt worden war, wäre gut beraten gewesen, sich beim zweiten Versuch erneut an sie zu wenden. Galilei aber tat nichts dergleichen und erhielt nun einen Denkzettel verpasst. Er wurde zu lebenslangem Hausarrest verurteilt.

Entgegen gängiger Vorurteile wurde Galileo Galilei also nicht in erster Linie wegen seiner astronomischen Erkenntnisse und der Verbreitung des heliozentrischen Weltbildes verurteilt, sondern weil er bei der falschen Stelle um Druckerlaubnis für sein Werk bat und damit den Papst düpierte. Er hatte den Neid der konkurrierenden Behörden und den Autoritätsanspruch des Papstes unterschätzt.

Zweifellos stellt die Tatsache, dass ein Mensch auf Grund einer anderslautenden Meinung verurteilt und unter Hausarrest gestellt wurde, eine Ungeheuerlichkeit dar. Versucht man aber den Fall Galilei vor dem Hintergrund seiner Zeit zu betrachten, muss man konstatieren, dass Galilei auf verhältnismäßig tolerante und wohlwollende Richter traf. Einen Papst, der seinem Vorgänger die Verurteilung des Heliozentrismus vorwarf und schrieb, dass es unter seinem Papat nicht dazu gekommen wäre; einen Großinquisitor, der bei einem gültigen Beweis bereit gewesen wäre, die Satzwahrheit der Bibel zumindest in Frage zu stellen – das hatte es noch nie gegeben. Leider wusste Galilei diesen Vorteil nicht zu nutzen. Er hätte sich zweifellos mit der Kirche arrangieren können, wenn er den Heliozentrismus als Hypothese und nicht als These vertreten hätte. Es waren semantische Nuancen, die letztlich über sein Schicksal entschieden. Dazu kam, dass der Naturwissenschaftler sich äußerst ungeschickt anstellte, indem er den Papst beleidigte.

Es ging im Fall Galilei wohl weniger um den tatsächlichen Inhalt des Dialogs – und somit um die Unvereinbarkeit von wissenschaftlicher und theologischer Wahrheit – als vielmehr um Machtansprüche der einzelnen Behörden und um den gekränkten Stolz des Papstes.

Der Reformator und der Bremser. Benedikt XIV. und Clemens XIV.

Benedikt XIV. (1675–1758)

Rom kann irren! – so das revolutionäre Eingeständnis eines Papstes, der als Reformator in die Inquisitionsgeschichte eingehen sollte. Als Abkömmling einer Adelsfamilie wurde Prospero Lambertini in Bologna geboren. 1728 wurde er zum Kardinal ernannt, 1740 zum Papst gewählt. Als Papst Benedikt XIV. strebte er einen Ausgleich mit den europäischen Mächten an. Er führte Verwaltungsreformen im Kirchenstaat durch und betätigte sich als Förderer von Kunst und Wissenschaft. In der Vergangenheit war Lambertini lange Zeit als Zensor tätig gewesen, was seinen Zweifel an der traditionellen Zensurpraxis dauerhaft nährte. Als Papst erließ er schließlich eine Reform des Zensurapparates, die den Angeklagten mehr Rechte zugestand, die allerdings auch auf heftigen Widerstand innerhalb der Behörde stieß. Lorenzo Ganganelli, einer seiner Hauptgegner innerhalb der Zensurbehörde, sollte sein Nachfolger auf dem Papststuhl werden.

Clemens XIV. (1705–1774)

Geboren 1705 in der Nähe von Rimini, trat Lorenzo Ganganelli 1723 in das Franziskanerkloster der heiligen Apostel in Rom ein. Als Papst Clemens XIV. wurde er später vor allem durch die Aufhebung des Jesuitenordens berühmt. In jungen Jahren wirkte Ganganelli als Gutachter der Inquisition – und dies in einer Zeit, in der die römische Kirche sich vielen Widerständen ausgesetzt sah. Die kirchenkritischen Philosophen der Aufklärung feierten Triumphe. Gegen den Vatikan gerichtete Kampfschriften kursierten allerorten, und die Zensoren sahen sich zusehends in die Enge getrieben – galten sie doch als Bremsklötze des Fortschritts. Erschwerend trat hinzu, dass mit Benedikt XIV. ein Papst regierte, der den Aufklärern mit Toleranz begegnete. Als Lorenzo Ganganelli 1768 zum Papst gewählt wurde, nahm er die Reformen Benedikts XIV. kritisch unter die Lupe.

Von der Frühgeschichte der Inquisition bis in die Gegenwart hinein war jegliche Bemühung um eine Reform der Inquisition ein äußerst schwieriges Unterfangen. Und nur sehr wenigen Päpsten gelang es im Zuge der Inquisitionsgeschichte wirklich – wenn sie es denn auch wollten – kraft ihrer Autorität Veränderungen einzuleiten. Die Kirchenoberhäupter sahen sich häufig mit Widerständen seitens der verschiedensten kurialen Körperschaften konfrontiert: einzelne Kongregationen, einflussreiche Kardinäle oder Bischöfe – man war selten bereit, von angestammten Rechten und Machtbefugnissen Abstand zu nehmen. Selbst wenn den Neugestaltern kurzzeitig Erfolg beschieden war, wussten die reaktionären Kräfte im Vatikan doch aus Erfahrung, dass beim nächsten Papst schon wieder alles anders sein konnte. »Konzilien vergehen, Päpste vergehen, die römische Kurie aber bleibt bestehen!«, lautet ein berühmter Satz, der immer wieder gerne von vatikanischen Bremsern geäußert wird. Ruhe zu bewahren hieß deshalb seit jeher die oberste Klerikerpflicht. Und das am häufigsten angewandte Mittel, um den unbeliebten Neuerungen zu begegnen, war ein altbekanntes: Man saß die Reform des Kirchenoberhauptes einfach aus und hoffte auf seinen Nachfolger. Genau dies geschah auch mit den Neugestaltungen Benedikts XIV.

Benedikt XIV. war einer jener Päpste, die in die Inquisitions- und Zensurgeschichte als Reformatoren eingehen sollten. Noch rund 200 Jahre nach seinem Tod, auf dem zweiten Vatikanischen Konzil, ging Paul VI. in dem Dekret *Integrae servandae* ausdrücklich auf die neuen Verfahrensweisen ein, die Benedikt XIV. im 18. Jahrhundert im Auge gehabt hatte, um die Bücherzensur zu reformieren. Jetzt, nach einer langen Zwischenzeit, wolle man zu dem zurückkehren, was Benedikt einst beschlossen hatte, ließ Paul VI. verkünden. Verschwiegen hatte Papst Paul freilich, dass Benedikts Reformen schon zu Lebzeiten in den Mauern des Vatikans torpediert wurden und schließlich kurz nach dem Ableben des Papstes in Vergessenheit gerieten: Kein Geringerer als ein Nachfolger Benedikts, Clemens XIV. (Lorenzo Ganganelli), der zu jener Zeit einer der führenden Zensurbeamten war, zeichnete sich mit dafür verantwortlich.

Geboren am 31. März 1675 in Bologna unter dem bürgerlichen Namen Prospero Lambertini, sollte Benedikt XIV. auf seinem Weg zum Heiligen Stuhl das Handwerk des Zensors von der Pike auf lernen. Seit 1702 wirkte er als Gutachter in der Indexkongregation, jener 1571 begründeten Körperschaft, die mit der Erstellung des Index der verbotenen Bücher beauftragt war. Tag für Tag las er anrüchige Schriften, die dem Glauben gefährlich werden konnten – und dies in einer Zeit, in der die festen Glaubensfundamente der katholischen Kirche bereits von rationalistischen Philosophen der Aufklärung erschüttert worden waren. Das Misstrauen gegenüber Rom war enorm. Ein Priester klagte lauthals: »Kaum erscheinen wir, da wird uns schon eine Diskussion aufgezwungen. Da sollen wir zum Beispiel beweisen, was das Gebet einem Menschen nützt, der nicht an Gott glaubt, oder das Fasten einem Mann, der sein ganzes Leben lang die Unsterblichkeit der Seele abgestritten hat. Das ist wirklich viel verlangt, und die Lacher sind nicht auf unserer Seite.«[65]

Kirchliche Lehrmeinungen wurden allerorten hinterfragt. Sachlichkeit und nüchterne Wissenschaftlichkeit wurden zu immer beherrschenderen Grundsätzen. Man unterschied zwischen Wissenschaft und Glaube, und Letzteren beließ man zusehends in den Händen der Theologen: »Glauben kann man in der Kirche, hier aber geht es um Wissen!«, verkündeten stolze Wissenschaftler auftrumpfend. John Locke tat alles Übersinnliche als läppisch ab; der Physiker Pierre Laplace reduzierte Gott später gar zu einer unnötigen Vermutung. Physik und Astronomie offenbarten den Menschen, dass die Erde nur ein winziger Planet unter Millionen von Sternen war. Wie konnte der Mythos der Schöpfungsgeschichte diese ernüchternde Tatsache überstehen? Wie weit her war es nun mit der Einzigartigkeit des Menschen in diesem unendlichen Kosmos?

Papst
Benedikt XIV.
(1675–1758)

Die Vernunft war von den Gegnern des reinen Glaubens zur einzigen Instanz erkoren worden, die über Wahrheit, Methoden, und Irrtum jeder Erkenntnis entschied. Einzeldisziplinen und Einzelwissenschaften entstanden, die sich auf eng begrenzte Gegenstandsbereiche konzentrierten. Öffentlichkeitswirksam wurden die neuen Wissenschaften in Akademien und Zeitschriften einem breiten Publikum zugänglich gemacht – und dies nicht mehr in der althergebrachten Wissenschaftssprache Latein, sondern in der für jedermann verständlichen Volkssprache. Das Wissen war auf dem Vormarsch – unaufhaltsam. Hingegen fuhr die Kirche fort, jede Abweichung mit großer Härte zu verfolgen, um die Menschen vor neuartigen Ideen zu bewahren, die dem überlieferten Glauben widersprachen. Man hatte ja mit dem Index der verbotenen Bücher noch immer ein wirksames Kontrollinstrument, um unliebsame Literatur zu zensieren.

Die übliche Reaktion der Zensoren auf die Herausforderung der wissenschaftsgläubigen und bibelkritischen Naturphilosophen war einfach: Man machte kurzen Prozess und setzte die betreffenden Werke – etwa eines Spinoza – auf den Index der verbotenen Bücher. Doch der Widerstand wuchs. Vor allem die französischen Philosophen um Denis Diderot kämpften heftig gegen kirchliche Zensurmaßnahmen, die das Denken in ihren Augen zur Unfruchtbarkeit verurteilt hatten. »Das Zeitalter der Religion und der Philosophie ist dem Jahrhundert der Wissenschaft gewichen.« Jener stolze Satz, der den Geist der Aufklärung bestens illustriert und den Paradigmenwechsel zum Motto macht, steht in der Einleitung der monumentalen *Enzyklopädie der Wissenschaften, Künste und Gewerbe*, als deren Mitherausgeber Diderot fungierte. Der Franzose war einst als Knabe in das Jesuitenkolleg von Langres eingetreten und hatte sogar die Tonsur genommen. Später wurde er dann zu einem unerbittlichen Atheisten und führte Krieg gegen den christlichen Tugendbegriff. Sinnlos sei dieser, eiferte er in seinen Schriften erregt. Als Tugend ließ er einzig und allein die Humanität gelten. Zur höheren Ehre der Humanität müsse alles getan werden; ihr gelte es alles unterzuordnen. Rache an seinen einstigen Lehrern nahm er unter anderem in dem Artikel *Jesuiten*, den er für die *Enzyklopädie* schrieb. Der Jesuitenorden sei für politische Unruhen, die verderbte Moral, ja sogar des Fürstenmords verantwortlich, lauteten seine zentralen Vorwürfe.

Viele kritische und intelligente Köpfe lieferten sich fortan ein Katz- und Mausspiel mit den Zensoren, indem sie die eigenen Werke in nichtkatholischen Orten drucken ließen. Von Den Haag oder Genf aus wurden sie dann auf direktem Weg in katholische Regionen reimportiert, was den Groll der Zensoren noch zusätzlich steigerte. Letztlich stand man sich mit unversöhnlicher Verachtung gegenüber.

Prospero Lambertini hingegen war anders. Erkenntnisdrang war einer seiner auffälligsten Charakterzüge. Intelligenz und Neugierde strahlten aus seinen lebhaften Augen. Mit einer starken Gesundheit ausgestattet – noch mit 84 Jahren las er ohne Sehhilfe – zeichnete er sich durch Schalk und Humor aus. Lambertini war ein Intellektueller. Er liebte er das geistige Spiel und setzte sich mit Spinoza und anderen Denkern auseinander. Nicht mit der Keule des Verbots wollte er ihnen begegnen; Lambertini beabsichtigte, die aufrührerischen Philosophen mit ihren eigenen Waffen zu schlagen. Dialektisches Denken und somit der Wille, die Wahrheit durch Diskussion zu ergründen, waren ihm im Gegensatz zu vielen seiner Kollegen eigen. Eine besondere Stellung in Diensten des Vatikans hatte ihn dafür bereits in jungen Jahren prädestiniert: Er musste den *advocatus diaboli,* den »Anwalt des Teufels« in der für Heiligsprechung zuständigen Kongregation spielen und die befürwortenden Argumente einer Heiligsprechung hinterfragen. Eine Tätigkeit, die ihn lehrte, differenziert zu denken. Prospero Lambertini zeigte dabei eine äußerst kritische Einstellung gegenüber jeder Form von Leichtgläubigkeit: Nicht jede Heilung eines Kranken, die ein Heiliger vorgenommen hatte, müsse gleich auf ein Wunder zurückzuführen sein, so der spätere Papst in einer wahrhaft aufklärerischen Intention. Als er einmal über den Fall eines ertrunken geglaubten Menschen urteilen musste, der angeblich durch ein Marienbild wieder zum Leben erweckt worden war, fragte er einfach, ob man den Totgeglaubten im Vorfeld nicht an den Füßen aufgehängt habe, damit das Wasser aus seinen Lungen laufen konnte.[66] Pragmatischer hätte auch die Erklärung eines Naturwissenschaftlers nicht ausfallen können.

Jenen aufklärerischen Impetus bewies er auch als Oberhaupt der katholischen Kirche, als er in einem privaten Brief vom 15. September 1748 an den italienischen Historiker Ludovico Antonio Muratori schrieb, dessen Bücher von der spanischen Inquisition verdammt worden waren:

»Die Werke großer Männer dürfen nicht auf den Index gesetzt werden, selbst wenn sie anstößige Dinge enthalten, die es verdienten, verboten zu werden, wären sie von anderen geschrieben worden.«[67]

Benedikt konnte im Falle Muratoris bedauerlicherweise nichts unternehmen, da das Heilige Offizium Spaniens in eigener Regie handelte und seine Verurteilungen nicht zu begründen brauchte. Doch das Einzige, was er für die spanischen Beamten übrig hatte, war bissige Ironie: Lakonisch schrieb er an Muratori: »Was die Ketzer betrifft, so bin ich in Rom jeder Menge begegnet!«[68] Sicher war auch dieser Fall mit dafür verantwortlich, dass Benedikt Jahre später eine Reform des Zensurapparates durchsetzte.

In der Inquisition, in der Lambertini zuerst als Gutachter und dann von 1728 bis 1740 als Kardinal tätig gewesen war, musste er viele der Vernunft widersprechende Verfahren miterleben. Seine wahren Ansichten, die er darüber äußerte, finden sich in zahlreichen privaten Briefen wieder, die Aufschluss über Sein und Schein im Heiligen Offizium geben. So heißt es in einem Brief an Kardinal Tencin vom 6. September 1749 über die reformbedürftige Art, Zensur auszuüben:

»Es geht Uns um nichts anderes und wird Uns auch in Zukunft um nichts anderes gehen als um Wahrheit und Gerechtigkeit […] und Wir hoffen dennoch zuversichtlich, weder vor Gott noch in den Augen derer, die Gerechtigkeit lieben, Schuld auf Uns zu laden, wenn Wir Uns weigern oder (besser gesagt) vermeiden, ein Werk nur auf Empfehlung anderer hin zu verdammen, ohne es zuerst geprüft und die Argumente in Betracht gezogen zu haben, die der Autor zu seiner Verteidigung vorbringt.«[69]

Fairness und die Möglichkeit zur Selbstverteidigung des Angeklagten – dies waren die revolutionären Forderungen, die Benedikt in dem Schreiben erhob und die vor ihm noch kein Papst seit Gründung der Römischen Inquisition in dieser Deutlichkeit ausgesprochen hatte. Folgerichtig veranlasste er schließlich eine Reform der Indexkongregation, die in der apostolischen Konstitution *Sollicita et provida* vom 9. Juli 1753 ihren konkreten Niederschlag fand.

Sollicita et provida bedeutete in erster Linie eine Abkehr von der Politik der Unterdrückung, die bislang im Heiligen Offizium vorgeherrscht hatte. Neben der Verwirklichung der im Brief an Tencin bereits 1749 erhobenen Forderungen nach der Verpflichtung zur fairen Prüfung und dem Recht auf Selbstverteidigung enthielt *Sollicita et provida* ein wahrhaft revolutionäres Eingeständnis: Benedikt XIV. erkannte an, dass Rom irren konnte! Gutachter und Zensoren hätten in der Vergangenheit auch die Unwahrheit vertreten, lautete seine implizite Botschaft.

Die Konstitution sah vor, dass von nun an strengere Kontrollmechanismen innerhalb der Indexkongregation vorherrschen sollten. Willkür der Gutachter, etwa in der Form, dass ein Gutachter den anderen einschüchterte, oder der Umstand, dass die Gutachter sich mehr um ihre kuriale Karriere kümmerten als um ihre eigentliche Aufgabe, sollte nicht mehr vorkommen. Auch die Kardinalinquisitoren durften von nun an während ihrer Mittwochsversammlungen in der römischen Kirche Santa Maria sopra Minerva keine privaten Absprachen mehr treffen. Denunzianten hatten es von nun an schwerer: Ein so genannter Relator musste prüfen, welche Motive der Empfehlung zugrunde lagen, ein Buch zu verbieten. Toleranz war es, die aus vielen Paragraphen der Konstitution sprach: Jeder Ansicht sei »ihr eigenes Maß an Wahrscheinlichkeit« zuzubilligen (§ 17). Der Grundsatz »im Zweifel für den Angeklagten«, bisher in vielen Urteilsschlüssen der Inquisition unbekannt, wurde jetzt den beschuldigten Autoren zugestanden.

Beispielhaft verhielt sich Benedikt in dieser Hinsicht etwa einem deutschen Gelehrten gegenüber: Johann Kaspar Barthel, einem Professor für Kirchenrecht in Würzburg, wurde in Rom vorgeworfen, dass seine Kolleghefte abschätzige Urteile über das Papsttum enthielten. Ein Denunziant hatte ihn hinterrücks angeklagt. Verzweifelt sandte der Professor eine Verteidigungsschrift an Benedikt. Dieser handelte gemäß seiner eigenen Prämissen: Da man dem Professor keine Verfehlungen nachweisen konnte, wurde die Anklage schließlich fallen gelassen.[70]

145

Die Autoren wurden von nun an davon in Kenntnis gesetzt, dass man gegen ihre Schriften Maßnahmen ergriff. Die Gutachter sollten Milde walten lassen. Fachleute beschäftigten sich mit den Werken: »Es ziemt sich, dass die jeweiligen Gegenstände nur von denen beurteilt werden, die sich darauf verstehen.« (§ 16) Die Prüfung eines Buches verlief nun in mehreren Stadien: Zuerst musste ein Qualificator eine Liste der in den Büchern enthaltenen Irrtümer erstellen. Diese reichte er dann an die Gutachter weiter, die nach sorgfältiger Prüfung ein schriftliches Gutachten für den Kardinalinquisitor erstellen mussten. Der Assessor hatte schließlich dem Papst einen genauen Bericht über das gesamte Verfahren auszuhändigen. Viele Hürden mussten also genommen werden, ehe ein Buch auf den Index gesetzt wurde. Darin bestand ein wesentlicher Schritt zu einem gerechteren Verfahren.[71] Als problematisch sollte sich aber die Tatsache erweisen, dass Benedikt XIV. die letzte Entscheidungsbefugnis an das päpstliche Amt gebunden hatte. In seiner Anwesenheit wurde vor den versammelten Kongregationen des Heiligen Offiziums diskutiert und schließlich geurteilt; ihm blieb das letzte Wort vorbehalten. Mit dieser Maßnahme wollte Benedikt der Willkür im Zensurapparat vorbeugen. Doch die Machtzentrierung auf den Heiligen Stuhl sollte sich schließlich als Handicap erweisen. Denn einer seiner unmittelbaren Nachfolger torpedierte *Sollicita et provida* insgeheim schon während Benedikts Pontifikat. Und jener spätere Papst war es, der die Konstitution schließlich endgültig in Vergessenheit geraten ließ.

»Er ist Anhänger der Scholastik, verfügt über ein genügendes Wissen und ist sehr intrigant. Manchmal gibt er sich den Anschein, als sei er gegen die Jesuiten; in Wirklichkeit ist er ihnen sehr ergeben […]. Seitdem er Kardinal ist, hat er auch das Vertrauen seiner Ordensbrüder [der Franziskaner] vollkommen verloren.«[72]

Durch diese Worte wurde Lorenzo Ganganelli in einem Geheimschreiben aus dem Jahre 1765 charakterisiert, mit dem man die *Papabili*, die Anwärter auf den Heiligen

Stuhl, einzuschätzen beabsichtigte. Als er aber schließlich 1769 unter dem Namen Clemens XIV. tatsächlich Papst wurde, klangen die kennzeichnenden Worte ganz anders:

»Schon als Frate und Kardinal zeigte er sich menschenfreundlich und gefällig und benutzte seinen Einfluss, um allen Gutes zu tun. Er gibt leicht Empfehlungen, ist dankbar und ein treuer Freund, er liebt das Gute und hasst die Schlechten, Bösen und Störenfriede. Freundlich, liebenswürdig und im Grunde wirklich demütig, ließ er sich im Anfang nicht durch die Erlangung der Tiara blenden. Er liebt kein Geschwätz, und über viele Vorurteile erhaben, hat er Mitleid mit den menschlichen Schwächen.«[73]

Hier ein intriganter Bösewicht, dort ein vorbildlicher und liebenswürdiger Papst! Irgendwo in der Mitte dieser Extrembeschreibungen mag der wirkliche Charakter Ganganellis anzusiedeln sein. Ein sympathischeres Licht wirft zweifellos seine Begegnung mit Wolfgang Amadeus Mozart im Sommer des Jahres 1770 auf ihn. Clemens XIV. war es, der dem 14-jährigen Genie die Insignien eines Ritters des Ordens vom Goldenen Sporn verlieh. Nur sehr wenigen Komponisten war vor Mozart diese Ehre zuteil geworden, und das Kompositionsgenie äußerte sich zeitlebens mit Hochachtung über den italienischen Papst.

Eine seiner Hauptcharaktereigenschaften war die Entschlusskraft. Die Tatsache, dass Clemens XIV. im Jahre 1773 die von den Bourbonen geforderte Aufhebung des Jesuitenordens durchführte, beweist seine Entschlossenheit in kirchenpolitischen Belangen. Vor allem durch diesen Entschluss ist sein Pontifikat in die Geschichte eingegangen. Und jene Entschlusskraft war es auch, mit der er noch als Zensor Benedikts Reformwerk auszumanövrieren beabsichtigte.

Tragischerweise war es Benedikt selbst, der den jungen »Brutus« förderte. Die den Franziskanern zustehende Stelle eines ersten Konsultors bei der Inquisition sollte dem Wunsch der Ordensoberen gemäß Ganganelli bekommen. Zu Ostern des Jahres 1746 war es dann soweit: Benedikt ernannte den damals 41-jährigen Franziskaner,

Papst
Clemens XIV.
(1705–1774)

der für ihn schon im Jahre 1741 eine herzliche Begrü-
ßungsansprache beim Generalkapitel der Franziskaner
gehalten hatte, zum ersten Gutachter des Heiligen Offiziums.[74] Ganganelli war nun Hauptzensor. Sein Augenmerk richtete er dabei vor allem auf die allseits bekannten
aufrührerischen Werke der Aufklärer. Wie anders aber
ging er mit ihnen als das Kirchenoberhaupt selbst um!
Durch die seit geraumer Zeit betriebene wissenschaftliche
Erforschung der lange versiegelten Schriftstücke des vatikanischen Geheimarchivs wissen wir neuerdings, wie
sich beide Kontrahenten in jenen Jahren verhielten.[75] Betrachten wir das Beispiel Voltaire.

Ein in den Augen vieler Katholiken ungeheuerlicher Vorgang war geschehen: Voltaire, der französische Schriftsteller und Philosoph – ein für religiöse Toleranz und Gewissensfreiheit eintretender Vorkämpfer – hatte Benedikt XIV. im Jahre 1742 das Stück *Mahomet* mit einer schmeichlerischen Widmung überreicht. Voltaire war als Spötter berüchtigt, der mit großem Skeptizismus die christlichen Lehren der Dreifaltigkeit, der Fleischwerdung und des Sühneopfers betrachtete. Jede Art von intoleranter Religionsvermittlung war ihm ein Dorn im Auge. Und was er an den Religionen geißelte, war vor allem deren Intoleranz. Mit seinem Stück *Mahomet* gedachte er eine Schmähschrift gegen den absoluten Machtanspruch der Religionen zu schreiben. Dieser »infame Atheist Voltaire«, wie er in einem Schreiben an Benedikt genannt wurde,[76] wurde nun ein geschätzter Briefpartner des Papstes. Aber nicht genug des frevlerischen Geschenks: Benedikt übersandte Voltaire als Gegenleistung einige goldene Medaillen als Dank. Es entwickelte sich gar ein Briefverkehr zwischen beiden, der ihre freundschaftlichen Absichten auf das Herzlichste belegt:

»Es sei mir gestattet, Heiliger Vater, mit der ganzen Christenheit dem Wunsch Ausdruck zu verleihen und den Himmel zu bitten, dass Eure Heiligkeit so spät wie möglich unter jene Heiligen aufgenommen werde, deren Kanonisation Sie mit solcher Mühe und solchem Erfolg ergründet haben.«,[77] schrieb Voltaire. Dies waren die schmeichelnden Worte eines Mannes, dessen *Mahomet* auf Grund seiner Gottlosigkeit vom Pariser Polizeichef bereits verboten worden war. Das Oberhaupt der katholischen Kirche hingegen zeigte sich begeistert. Benedikt schätzte Voltaires Intelligenz und Esprit. Damit sollte er auf Widerstand stoßen. Seine Sympathie dem Philosophen gegenüber konnte auf Dauer nicht mit den Pflichten des Amtes vereinbart werden. Aufsicht und Strenge waren es, die man von ihm verlangte. Der Papst durfte mit einem erklärten Religionskritiker nicht auf gutem Fuß stehen, zumal dieser eine Berühmtheit seiner Zeit war. Es rumorte bereits hinter den Mauern des Vatikans. Benedikt ließ *Mahomet* schließlich auf den Index setzen, nachdem sich Voltaire zu weit aus dem Fenster gelehnt hatte: Mit Genugtuung hatte der Philosoph nämlich vor seinen Zensoren geprahlt, er habe die Gunst des Papstes, ja seine Freundschaft inne. Benedikt geriet deshalb immer mehr in die Defensive, bis ihm eine glänzende Idee kam: Er drehte den Spieß um und berief sich seinen Kritikern gegenüber auf den Heiligen Hieronymus. In dessen Geiste habe er nämlich gehandelt, als er mit dem Philosophen – nicht mit dem Dogmatiker – in Kommunikation getreten war, ließ er in einem Brief an Kardinal Tencin verlautbaren.[78] Nur er habe dem Gebot der Nächstenliebe gemäß gehandelt, nur er war es, der im Gegensatz zu vielen anderen die guten Seiten des Atheisten zu fördern beabsichtigte. So gewann er die moralische Oberhoheit, indem er aus seinen einstigen Anklägern Angeklagte machte. Ein kluger Schachzug, doch Lorenzo Ganganelli wartete in seinem dunklen Zensorenstübchen nur darauf, dem Papst ein Bein zu stellen. So einfach und durch die Umkehr der Beweislast durfte Benedikt nicht davonkommen!

Im Vatikan selbst war die Situation im Falle Voltaires unübersichtlich. Die Kardinäle Querini und Passionei galten als Bewunderer des Philosophen. Viele französische Kleriker verachteten Voltaire hingegen. Benedikts Haltung war offensichtlich. Und so misstrauten die einen Parteigänger den anderen, ohne offen zu agieren. Eingeschüchtert zeigten sich die reaktionären Kräfte auch durch Benedikts Konstitution *Sollicita et provida,* die Willkürurteile zu verhindern beabsichtigte. Es war einfach schwer, einen Günstling des Papstes zu verurteilen. Eine weitere problematische Konstellation trat hinzu, die zusätzlich zu Verwicklungen beitrug. Denn mit dem Buchwesen beschäftigten sich in jener Zeit zwei Kongregationen: die Inquisition und die Zensurbehörde. In beiden fanden sich Befürworter der einen wie der anderen Seite. Da eine Verdammung durch die Inquisition in der Öffentlichkeit aber zweifellos als schwerwiegender empfunden wurde als ein bloßer

Eintrag im Verzeichnis der verbotenen Bücher, galten die Maßnahmen der Inquisition als einflussreicher. Und genau auf diese Karte setzte nun Lorenzo Ganganelli.

Ganganelli, der als Spezialist für das Schrifttum Voltaires in der Inquisition galt, machte sich in seiner Schreibstube an die Arbeit, um ein generelles Verbot des Autors zu erwirken. 1752 begann er das Gesamtwerk Voltaires zu prüfen. Seine Augen glitten unentwegt umher und erfassten misstrauisch alles, was an aufklärerischem Gedankengut zu finden war. Er wollte soviel anstößiges Material sammeln, dass eine Gesamtverurteilung und somit ein Verbot Voltaires gelingen würde.

»Wir haben es mit einer Persönlichkeit zu tun, die in Italien und andernorts Berühmtheit genießt. Mit einem Mann, dem es an machtvoller Protektion nicht mangelt. Einem Mann, den sein durch keine religiöse Überzeugung in Schach gehaltenes Temperament veranlassen könnte, sich hohnlachend über eine Verdammung seiner Werke hinwegzusetzen und diesem Heiligen, Höchsten Senat übel mitzuspielen, sofern er sich zu noch größerer Wut und Heftigkeit aufgestachelt findet. Beweggründe, die uns veranlassen könnten, vom Verbot der Werke Voltaires Abstand zu nehmen.«,[79] schrieb Ganganelli.

Abstand nehmen von einer Verurteilung? Nichts anderes als eine rhetorische Frage, denn Ganganelli hatte genau das Gegenteil im Sinn. Wie aber konnte man sich an den Richtlinien der Konstitution *Sollicita et provida* vorbeiwinden? Wie den Vorsatz der Milde umgehen? Man musste den belesenen Benedikt mit seinen eigenen Waffen schlagen: mit denen der Gelehrsamkeit. Ganganelli beabsichtigte, sich seiner scholastischen Bildung zu bedienen und ein Verbot durch die Autorität der Bibel und zahlreicher antiker Denker zu legitimieren: Selbst in der Apostelgeschichte (19, 9) werde der Nutzen einer Bücherverbrennung positiv hervorgehoben; Konzilien hätten die Vernichtung verbotener Bücher legitimiert, schrieb Ganganelli in seinem Gutachten.

Auf insgesamt elf Seiten listete Ganganelli Voltaires Irrtümer auf – nicht viel, wenn man an das zu diesem Zeitpunkt schon äußerst umfangreiche Gesamtwerk des Philosophen denkt. Doch es sollte genügen. Ganganelli wollte den französischen Denker durch seine eigenen Worte entlarven und ihm so einen Strick drehen. Und wir können in jeder Zeile des Zensurberichts den Geist der restriktiven Gegenreformation erkennen. Religiöse Indifferenz war es vor allem, die Ganganelli an Voltaire störte. Voltaire übe Kritik an der weltlichen Macht des Papsttums sowie an einigen Päpsten. Wie Luther brandmarke er den Luxus Roms. Die Inquisition bezeichne er als blutdürstig und abscheulich. Laut Voltaire genieße sie es, Menschen mit einem geweihten Schwert hinzuschlachten.[80] Zoten, Spott der Kirche gegenüber, zweifelnde Andeutungen über die Unsterblichkeit der Seele sowie eine Befürwortung der menschlichen Willensfreiheit gesellten sich dazu. Ja selbst die Musik seiner Zeit zeichne sich für die Verbreitung Voltaire'scher Gedanken verantwortlich: Immer öfter würde man Vertonungen seiner Texte hören. Und dies gelte es dringlichst zu unterbinden. Der Erzketzer Pelagius habe sich ebenfalls der Musik bedient, schrieb Ganganelli, und der Erfolg dieser Ketzerei sollte die Kirche doch eines Besseren belehren usw. Ein Aufschrei rundet das Gutachten ab:

»Unser Zeitalter ist verkommen; seine Moral ist verderbt. Verbotene Bücher gelangen täglich nach Rom, und die Bücherverkäufer zögern nicht, sie in ihren Katalogen aufzuführen.«

Ganganelli sah offensichtlich die Vergeblichkeit seiner Bemühungen ein, und doch schreibt er am Ende: »Ich fordere keinen Scheiterhaufen für diese Werke, sondern nur eine einfache Verdammung«.[81] Und so kam es schließlich auch. Ganganelli hatte sich durchgesetzt. Am 6. Dezember 1752 wurden Voltaires Werke vom Heiligen Offizium verdammt. Seine Schriften wurden von den Zensoren fortan mit Ingrimm studiert und gnadenlos verfolgt. Was er veröffentlichte, wurde auf den Index gesetzt. Dass dies aber dem Erfolg seiner Werke beileibe keinen Abbruch tat, mag der Philosoph mit Freude vernommen haben.

Ganganellis Vorgehensweise machte im Vatikan Schule. Es galt nun, Voltaire zu verbieten. Nie mehr wurde ein Spezialist mit der Begutachtung seiner Werke betraut, wie es Benedikt einst gefordert hatte. Mit den Direktiven Benedikts war es ohnehin bald vorbei. Die sich durch fachliche Inkompetenz auszeichnenden Urteile erlebten eine Renaissance, und dies noch zu Lebzeiten des Papstes. Ganganelli, einst ein Zögling Benedikts, hatte ganze Arbeit geleistet. Am 3. Mai 1758 starb Prospero Lambertini, und schon sein unmittelbarer Nachfolger ließ den Anweisungen nicht mehr die nötige Aufmerksamkeit zukommen. Viele Paragraphen der Konstitution *Sollicita et provida* wurden in den kommenden Jahrhunderten nicht mehr befolgt und die Willkürurteile sollten eine Wiedergeburt erleben, bis auf dem zweiten Vatikanischen Konzil schließlich die Neugestaltung der Zensur im Sinne Benedikts beschlossen wurde.

Dieses Kapitel schildert kein typisches Beispiel für eine Inquisitor-Opfer-Beziehung, wie sie in den meisten vorhergehenden Kapiteln gezeichnet wurde. Benedikt selbst wurde als Papst niemals Opfer des Heiligen Offiziums, genauso wenig wie Bischof Bartolomé de Las Casas. Doch beide Protagonisten eint etwas Wichtiges: Ihr Beispiel zeigt, wie Ideen und Reformen von der Inquisition bekämpft und nach dem Ableben der Neugestalter zunichte gemacht wurden. Es zeigt, dass schriftlich fixierte »Wahrheiten«, die zu Lebzeiten der Protagonisten von der Inquisition noch toleriert wurden, nach deren Tod rasch in Vergessenheit gerieten. Beide Kleriker wurden somit in gewisser Weise ebenfalls Opfer des Inquisitionsapparates, auch wenn das, was ihnen zustieß, mit den Leiden anderer Inquisitionsopfer in keiner Weise vergleichbar ist.

Auch im Falle Benedikts ging es letztlich um Wahrheit. Es ging um eine entscheidende und gleichsam gefährliche Infragestellung des inquisitorischen Wahrheitsanspruchs. Rom könne irren, falsche Urteile fällen und somit die Unwahrheit vertreten. Dies waren einige der Kernaussagen von *Sollicita et provida*. Plötzlich misstraute man den eigenen Leuten und ihren Urteilen. Es bedurfte gleich mehrerer Gutachter, bis ein Urteil – und somit die größte Annäherung an die Wahrheit – gefunden worden war. Benedikts Forderung, anderslautenden Ansichten ihr eigenes Maß an Wahrscheinlichkeit zuzubilligen, war geradezu revolutionär. Sie stand ganz im Widerspruch zum gegenreformatorischen Geist, wie er bis zum Pontifikat Benedikts vorgeherrscht hatte. Doch mit Lorenzo Ganganelli schlug ein Traditionalist und Vertreter der alten Schule zurück. Über das, worüber Benedikt schmunzeln konnte, schüttete Ganganelli Verachtung aus. Geist und Esprit, Voltaires bestechendste Merkmale, durften bestenfalls für den Glauben, niemals aber gegen ihn eingesetzt werden. Jeder, der das katholische Dogma in schriftlicher Form in Frage stellte, musste zensiert werden. *Tolleranza zero*, null Toleranz, lautete Ganganellis Maxime. Und die Verbote sollten auch in den nächsten 200 Jahren wieder Triumphe feiern.

Urschlamm oder Adam?
Erasmus Darwin und
Albertino Bellenghi

Erasmus Darwin (1731–1802)

Der Arzt, Naturwissenschaftler und Dichter entwarf im 18. Jahrhundert eine Theorie der Evolution der Organismen, die im Widerspruch zur biblischen Schöpfungsgeschichte stand. Darwin studierte in Cambridge und Edinburgh; später ließ er sich als Arzt in Nottingham, Derby und Lichfield nieder. Von dort aus fuhr er regelmäßig nach Birmingham zu den Zusammenkünften der Mondgesellschaft, einem der bedeutendsten Gelehrtenzirkel des 18. Jahrhunderts, deren Präsident er war. Darwin schrieb zahlreiche naturwissenschaftliche Werke und verschiedene Bände wissenschaftlicher Lehrgedichte. Seine bedeutendste Publikation ist die *Zoonomie oder Gesetze des organischen Lebens* (1794–96), in der er die These von der Veränderbarkeit der Arten vertritt. Viele seiner Gedanken beeinflussten später seinen Enkel Charles Darwin, der sie in seinen Werken aufgriff und weiterentwickelte.

Albertino Bellenghi (1757–1839)

Erasmus Darwin wolle in seinem Werk die moralischen Grundsätze des Glaubens umstürzen, schrieb Albertino Bellenghi, der als Zensor mit der Begutachtung der Schriften Darwins betraut worden war. 1757 in Forli geboren, trat Bellenghi schon früh dem Kamaldulenser-Orden bei und schloss seine Studien an der päpstlichen Universität in Rom ab. Bellenghi arbeitete als Lektor für Philosophie und Theologie und wirkte als Pfarrer, ehe er 1814 zum Generalvikar seines Ordens aufstieg. 1816 wurde er zum Konsultor der Indexkongregation ernannt, für welche er die philosophischen Werke begutachtete. 1824 wurde er Präsident des Philosophischen Kollegs der Universität Rom. 1828 folgte die Weihe zum Titularerzbischof von Nikosia. Aus seinem Nachlass sind neben theologischen Schriften auch Arbeiten zu Geologie, Forstwirtschaft und Fossilienkunde erhalten geblieben.

Kutschen hatten es Erasmus Darwin besonders angetan. Regelmäßig erscheinen sie in der Korrespondenz des ebenso kauzigen wie liebenswerten Mannes. Ja, man kann sagen, dass sie geradezu symbolisch für den Großvater Charles Darwins stehen, der so sehr auf Mobilität bedacht war, in physischer wie in geistiger Hinsicht. »Willst du mein Partner in Profit, Investitionen und Ärger werden?«, schrieb er selbstironisch an seinen Freund Matthew Boulton, einen Dampfmaschinenfabrikanten aus Birmingham, um diesen zu überreden, sich an der Entwicklung einer mit Dampf betriebenen Kutsche zu beteiligen. Aber zu »Ärger« kam es dann glücklicherweise doch nicht, zumindest diesmal nicht. Die Zusammenarbeit scheiterte schon im Vorfeld aus finanziellen Gründen. Leider, muss man für die Technikgeschichte und die mechanische Verbesserung der Kutsche sagen. Ein praktischeres, bequemeres und schnelleres Fortbewegungsmittel brauchte Erasmus Darwin damals aber in der Tat. Ohne ging es eben nicht mehr. In jenem letzten Viertel des 18. Jahrhunderts, als die altersbedingten Zipperlein dem liebenswürdigen Mann bereits übel mitgespielt hatten, war die Kutsche für ihn nicht nur unabdingbares Mittel, um zu seinen Patienten in die abgelegensten Winkel der Midlands zu gelangen, sondern auch, um an den Zusammenkünften seiner geliebten »Mondgesellschaft« im 24 Kilometer entfernten Birmingham teilzunehmen. Der Landarzt aus dem Städtchen Lichfield traf sich dort regelmäßig mit wissbegierigen Freunden bei Vollmond, um seinen Erkenntnisdrang in Technologie und Philosophie zu stillen. Träumer, Erfinder und Beinahe-Erfinder wie Richard Edgeworth, der die Dampflokomotive und das Dampfboot in der Theorie erahnte, dem die tatsächliche Realisierung aber verweigert blieb, huldigten ihrer Wissbegierde. Die »Lunatiker«, wie sie gemeinhin genannt wurden, experimentierten, diskutierten und gerieten förmlich ins Schwärmen, wenn wieder eine neu erschienene Schrift des schwedischen Botanikers Carl von Linné nach Birmingham gelangte. Denn man interessierte sich einfach für alles: Technik, Medizin,

Moralphilosophie, Pädagogik, Politik und Botanik. Ganze sieben Jahre seiner Freizeit investierte Erasmus Darwin allein für die Übersetzung bedeutender Schriften des schwedischen Naturforschers. Wie wichtig und geradezu existentiell die Treffen der »Mondgesellschaft« für Erasmus Darwin waren, zeigt ein Schreiben, in dem er sich für seine Abwesenheit entschuldigt und – wie könnte es anders sein – über seine Kutsche flucht: »Es tut mir leid, dass die höllischen Gottheiten, die die Menschheit mit Krankheiten heimsuchen, mich heute daran hindern, alle Ihre großen Männer in Birmingham zu sehen. Herrgott! Was für Einfälle, welcher Geist, wie viel metaphysische, mechanische und pyrotechnische Rhetorik werden da wie Pfeile von einer Philosophentruppe auf die andere abgeschossen werden! Während ich armer Kerl in einer Postchaise eingesperrt bin und mich über die königlichen Landstraßen schütteln und rütteln und stoßen lasse, um mit Magenschmerzen oder Fieber Krieg zu führen.«[82]

Wenn jener fahrbare Untersatz seinen Insassen körperlich derart zusetzt, dann soll er wenigstens auch anderen Zielen nutzbar gemacht werden, dachte sich Erasmus Darwin insgeheim. Und so kam ihm eine glänzende und für die damalige Zeit überaus moderne Idee: Erasmus machte aus seiner Kutsche eine fahrende Litfasssäule in eigener Sache. Wie manche Christen heutzutage, die auf ihr Auto einen Fisch als öffentliches Glaubensbekenntnis kleben, ließ er auf die Türen seiner Kutsche folgendes Credo malen: *E conchis omnia* – Alles stammt aus den Muscheln![83] Fortan fuhr jener Robin Hood der Medizin, der von armen Patienten grundsätzlich kein Geld verlangte, beseelt über die Landstraßen der Midlands, bestaunt von der Landbevölkerung, die aber mit Muscheln und auf Latein abgefassten Lehrsätzen herzlich wenig anfangen konnte.

»Alles stammt aus den Muscheln.« Darwin hätte der Wahrheit der biblischen Schöpfungsgeschichte kaum deutlicher widersprechen können. Nach dieser galt es nämlich als sicher, dass das erste Paar aller Arten einst völlig geformt aus der Hand des Schöpfers kam. Alles war sozusagen schon fertig und musste nicht erst im Laufe einer langen Evolutionsgeschichte entwickelt werden. Von einer Abstammung aus Muscheln war schon gar nicht die Rede. Alle Lebewesen hatten auf gleiche Weise die Gnade des unmittelbaren Schöpfungsaktes erfahren.

Man muss wahrlich keinen Doktorgrad in Kirchengeschichte haben, um die Frage zu beantworten, wie die italienische und die spanische Inquisition in jenen Jahren auf Erasmus Darwin und seine zu Bekenntniszwecken umfunktionierte Kutsche reagiert hätten. Von Inquisitoren und wütenden Zensoren aber hörte der Arzt in seinem ruhigen Landstädtchen nur am Rande. Niemand belästigte ihn. Der Großvater Charles Darwins hatte das Glück, in einem Land zu leben, dessen religiöse Situation eine Ausnahme in Europa bildete.

»In England gibt es keine Religion«, schrieb der französische Denker Montesquieu, als er im Jahre 1731, dem Geburtsjahr Erasmus Darwins, die Insel besuchte. Religion gab es natürlich schon, aber in einer bunten Vielfalt, die in Europa ihresgleichen suchte. Bedingt durch einen verhängnisvollen Fehler – die englische Staatskirche hatte die Stuarts gegen die siegreichen Whigs unterstützt – befand sich die Anglikanische Kirche in der Defensive. Dorfpfarrer wurden beliebte Angriffsziele für Satire und Spott; viele Aristokraten veralberten religiöse Menschen mit Genugtuung. Zum Gespött des Adels geworden, musste die Staatskirche sich wohl oder übel mit den Herrschenden arrangieren. Und diese Schwächeperiode kam anderen religiösen Gruppierungen zugute. Die so genannten Deisten kamen auf und stellten das ganze Christentum in Frage, außer dem Glauben an Gott. Protestantische Abspaltungen schossen wie Pilze aus dem Boden: Baptisten, Quäker, Puritaner, Presbyterianer, Unitarier und Kongregationalisten. Voltaire war erstaunt darüber, dass die religiöse Vielfalt in England nicht zu Aggression und Verteilungskampf führte. So stellt er fest: Wäre dort nur eine Religion gestattet, würde die Regierung wohl in Tyrannei ausarten. Gäbe es bloß zwei, würden sie sich gegenseitig töten. In der Vielfalt der Bekenntnisse aber lebten alle friedlich miteinander.[84] Um die Mitte des 18. Jahrhunderts existierten in England also verschiedenste Glaubenswahrheiten, und gläubige Menschen unterschiedlichster Bekenntnisse lebten in friedlicher Koexistenz, was beileibe nicht immer der Fall gewesen war.

Friede, Gewaltlosigkeit und nicht zuletzt die Frage nach der Wahrheit waren auch die großen Themen eines berühmten englischen Staatstheoretikers, der bereits in der ersten Hälfte des 17. Jahrhunderts jede Form von absolutem Wahrheitsanspruch hinterfragt hatte. Für Thomas Hobbes, den Verfasser des *Leviathan*, gab es ewige Wahrheiten ohnehin nicht. Er selbst war einst Opfer des konfessionellen Bürgerkrieges geworden und im Jahr 1640 für insgesamt zehn Jahre in das französische Exil geflohen. Die blutige Auseinandersetzung zwischen Puritanern und Anglikanern hatte Hobbes zu der sicheren Annahme geführt, dass gerade die Vertretung eines absoluten Wahrheitsanspruchs Grund für Mord und Totschlag sein musste. Im 17. Jahrhundert, welches durchaus noch ein theologisches Zeitalter gewesen ist, war die Wahrheit nämlich vollends zur Parteilichkeit verkommen, zumal in England. Fanatisierte Individuen wie der Puritanerführer Oliver Cromwell standen an der Spitze der Bürgerkriegsparteien und bekämpften sich gegenseitig im Namen der Wahrheit. Hobbes, der ganzen Sache überdrüssig, zog nun seine Konsequenzen und setzte einen radikalen Schlussstrich, indem er vom Wahrheitsprimat endgültig abrückte. Absolute Wahrheit gab es für ihn nicht mehr; die scholastische Denktradition war passé. Statt Wahrheit setzte er das Primat des Friedens – hatte die Wahrheit doch in seinen Augen ihre einigende Kraft verloren. »Da die Wahrheit entweder nur einmal existieren kann oder eben verschiedene Wahrheiten möglich sind, hat sie als Gebot der Einigung im Namen Gottes ihren Dienst versagt.«[85] Eine metaphysische Instanz wie die Wahrheit war für Hobbes also nicht zur Friedensstiftung geeignet. Dazu bedurfte es etwas Handfesterem und Konkreterem: Friede könne nur der allmächtige Staat garantieren, schrieb Hobbes im *Leviathan*, wozu er einen Rechtsverzicht zugunsten des Staates forderte.

Denker wie Hobbes hatten wesentlich dazu beigetragen, dass fundamentalistische Kirchenmänner in England fortan einen schwierigen Stand hatten. Denn den Verfechtern einer metaphysischen und absoluten Wahrheit erwuchs ein mächtiger geistiger Gegner, der in jener Zeit eine Renaissance erlebte: der Materialismus.

Seit ihren Anfängen hatte die Philosophie sich die Grundfrage gestellt, ob die Materie das Bestimmende und Primäre sei oder der Geist. Wovon müssen wir Menschen ausgehen?, fragte man sich. Von der Materie, die vorhanden ist und mit unseren eigenen Augen wahrgenommen werden kann, oder von dem, das keine physikalischen Eigenschaften hat und dem Gebiet des Übernatürlich-Transzendenten angehört? Etwa von Gott oder, im Falle der platonischen Philosophie, von der »Idee«. Für die Materialisten war der Ausgangspunkt zur Erklärung der Wirklichkeit hingegen allein die Physik. Gott war in ihren Augen eine reine Hypothese.

Die einen Philosophen gaben im Laufe der Jahrhunderte dieser, andere jener Richtung den Vorzug. Durch den fulminanten Siegeszug des Christentums aber wurde der Materialismus immer mehr zur Passivität verurteilt und zum natürlichen Gegner der Kirche – zumindest empfand die Kirche ihn als solchen. Als »Materialist« wird heute noch ein Mensch beschimpft, der mit religiösen oder geistigen Werten nichts anfangen kann – auch wenn der Begriff seine philosophischen und historischen Implikationen vollkommen eingebüßt hat und hauptsächlich in der abwertenden Bedeutung von »Krämerseele« Verwendung findet. Der historische Materialismus im 17. und 18. Jahrhundert aber empfand sich vor allem als notwendige Reaktion auf den religiösen Fanatismus; er verstand sich als Speerspitze der Aufklärung. Gerade Hobbes, der die letzten theologischen Gesichtspunkte aus der politischen Theorie entfernt hatte, und später die französischen Materialisten um Lamettrie, die davon ausgingen, dass die Kenntnis der Materie ausreiche, um alles Vorhandene zu erklären, verhalfen dem Materialismus schließlich zu einer bedeutenden geistigen Präsenz im 18. Jahrhundert. Dass gerade der französische Materialismus auch deutlich antiklerikale Züge aufwies, darf nicht unerwähnt bleiben. Lamettrie sah in Religion zunächst einmal absichtliche Täuschung, Priesterbetrug und Volksverdummung. »Der erste Schurke, der dem ersten Narren begegnete, war der erste Priester«,[86] lautete ein berühmtes Motto der französischen Materialisten. Dringliche Aufgabe der Wissenschaft sei es nun, die Menschheit vom Übel der Religion zu befreien. Im 18. Jahrhundert warfen die französischen Materialisten der Kirche also ganz bewusst den Fehdehandschuh hin. Sie waren stolz, sich Atheisten nennen zu dürfen.

Kehren wir in das Zentrum des Katholizismus zurück, wo man sich dieser Anfeindungen voll bewusst war. In Rom saß ein eifriger und auf Karriere bedachter Zensor namens Albertino Bellenghi, der in einem Gutachten über ein Werk Erasmus Darwins den vernichtenden Satz schrieb: »[…] in diesem Werk von Erasmus Darwin [offenbart sich] ein völlig materialistisches System.«[87] War der Mann, der jährlich rund 10 000 Kilometer in seiner Kutsche zurücklegte und von armen Patienten grundsätzlich kein Geld nahm, tatsächlich einer jener »gottlosen Materialisten«, die in Religion nur Aberglaube witterten?

In *Zoonomie oder Gesetze des organischen Lebens,* jenem Werk, das Albertino Bellenghi in die Hände fiel, entwickelte Darwin die These von der Veränderbarkeit der Arten. Ein höchst dubioses Unterfangen in den Augen Roms, denn man ging bekanntermaßen davon aus, dass alles einst völlig geformt aus der Hand Gottes kam. Viele in dem Werk formulierte Gedanken zur Vererbung und Evolution beeinflussten Darwins Enkel Charles später derart, dass er sie in seiner Hauptschrift *Die Entstehung der Arten durch natürliche Zuchtwahl* aufgriff und weiterentwickelte.

So stellte der Großvater Erasmus Darwin in der *Zoonomie* einst die These auf, dass die warmblütigen Tiere vor

Millionen von Jahren aus einer Lebensfaser entstanden seien, die von Anfang an mit Animalität durchtränkt wurde, begleitet von neuen Neigungen und Reizen, sowie der Fähigkeit sich stets zu verbessern und diese Verbesserungen von einer Generation auf die nächste weiterzugeben.[88] Den Ursprung jener Lebensfaser vermutete Erasmus Darwin im Meer, wie wir bereits von seiner Kutsche her wissen – »Alles stammt aus den Muscheln«. Wer nun aber zur Erläuterung dieser These eine in trockener Wissenschaftssprache abgefasste Abhandlung erwartet, hat die Rechnung ohne Darwin gemacht. Originell wie er war, sprengte er den Rahmen der damaligen Wissenschaftswelt und schrieb neben der *Zoonomie* noch mehrere naturwissenschaftliche Lehrgedichte, die sich unter anderem mit diesem Thema beschäftigen. Im *Tempel der Natur*, einem jener Gedichte heißt es zur Evolution:

»Organisches Leben wurde unter den uferlosen Wellen geboren und aufgezogen in den perlengeschmückten Grotten des Ozeans. Zuerst bewegen sich winzige, sogar mit dem Vergrößerungsglas unsichtbare Formen im Schlamm oder durchbohren die Wassermassen. Wie dann eine Generation nach der anderen gedeiht, gewinnen sie neue Kräfte und nehmen längere Glieder an, woraus endlose Gruppen von Pflanzen entstehen und die atmenden Reiche von Flosse und Fuß und Flügel.«[89]

Poesie, nicht trockene Wissenschaftssprache, war also das Kommunikationsmittel, um ein breites Publikum mit naturwissenschaftlichen Themen zu erreichen. In der Tat wurde Erasmus Darwin zu Lebzeiten vor allem als Dichter wahrgenommen, auch wenn er sich 1790 erfolglos um das Amt des *poeta laureatus* bewarb. Darwins Gedichte begeisterten seine englischen Zeitgenossen derart, dass ihn der Dichter Samuel Coleridge als »the first literary character in Europe« pries.

Ganz und gar nicht begeistert zeigte sich allerdings Albertino Bellenghi von Darwins Schrift. Selbst die Tatsache, dass Erasmus Darwin bereits 15 Jahre tot war, als Bellenghi die *Zoonomie* im Jahre 1817 prüfte, sollte dem Autor nicht zum Vorteil gereichen. Verspätung war überhaupt ein Leitmotiv der römischen Zensurpraxis: Viele Schriften wurden erst Jahrzehnte nach ihrer Erscheinung geprüft – sinnloserweise, muss man sagen, da häufig bereits Tausende von Exemplaren verkauft worden waren. Den ehrenwerten Grundsatz, über Tote nicht schlecht zu sprechen, beziehungsweise zu schreiben, ignorierten römische Zensoren geflissentlich. Ein »Schwamm drüber« gab es nicht; Rücksicht nahm man auf keinen der anrüchigen Schreiberlinge, denn Milde konnte sich Rom nicht leisten. Der Vatikan wehrte sich in jenen Jahren mit Händen und Füßen gegen alle Neuerungen, seien sie naturwissenschaftlicher, philosophischer oder gesellschaftlicher Art. Ein guter Freund und Zensorenkollege Bellenghis, Bartolomeo Cappellari, verfasste 1799 ein Traktat, das den martialischen Titel *Triumph des Heiligen Stuhles und der Kirche über die Angriffe der Neuerer* trug. Als jener Bartolomeo Cappellari im Jahre 1831 den Stuhl Petri unter dem Namen Gregor XVI. bestieg, hatte er bereits einen solchen Widerwillen gegen die moderne Technik, dass er die Schienen der Eisenbahnen »Straßen des Teufels« nannte und von Eisenbahnen im Kirchenstaat nichts wissen wollte.[90]

Freilich befand sich die Kirche auch in einer äußerst brenzligen Situation. Man trug noch schwer an den Traumata, die die französische Revolution dem Vatikan zugefügt hatte. Unter den Opfern der französischen Revolution befanden sich viele Priester, die man bloß deshalb umbrachte, weil sie den Eid auf den neuen Staat verweigert hatten. Pius VI., einer der Vorgänger Gregors, verlor durch den Ausbruch der französischen Revolution und durch das Vordringen Napoleons in Italien 1797 große Teile des Kirchenstaates und wurde nach dessen Besetzung 1798 gefangen gesetzt. Seinem Nachfolger Pius VII. sollte es nicht besser ergehen. Auch er wurde 1809 Gefangener der Franzosen; erst 1814 durfte er in den Vatikan zurückkehren.

Wenige Jahre nach diesen demütigenden Vorgängen saß Albertino Bellenghi nun in seiner Stube und sollte sich mit der Schrift eines ihm gänzlich unbekannten Engländers auseinandersetzen. Der 1757 in Forli geborene Kamaldulenser, der 1814 zum Generalvikar seines Ordens berufen wurde, galt in der Indexkongregation als Spezialist für philosophisches Schrifttum. Und dies, obwohl sein Horizont nicht nur in geistiger Hinsicht eher beschränkt war: Nie in seinem Leben war er aus Italien herausgekommen; Ausländer waren ihm besonders suspekt. Und keiner der ausländischen Denker war vor seinem kritischen Auge sicher, sah er doch gerade in ihnen die geistigen Wegbereiter der Krise. Zwar konnte er deren Werke jeweils nur in italienischer Übersetzung lesen, doch hinderte ihn seine fremdsprachliche Inkompetenz nicht an klaren Urteilen. Dass eine Übersetzung vom Original bisweilen erheblich abweichen kann und die Gedanken des Autors verfälscht, war Bellenghi vollkommen egal. Philologie und Textkritik waren nichts für Zensoren, zumindest nicht zu Beginn des 19. Jahrhunderts. Ungeachtet dessen nahm Bellenghi es ohnehin mit jedem Denker auf.

Jeder weiß, wer Kant ist. Mit diesem Aussagesatz beginnt Bellenghis Gutachten über Immanuel Kants *Kritik der reinen Vernunft*. Und ebenso knapp und widerspruchsresistent waren auch die Schlüsse, die Bellenghi aus dem Werk des »Erzatheisten« zog. So schreibt er in seinem Gutachten über die *Kritik der reinen Vernunft*, die er selbstverständlich für den Index der verbotenen Bücher empfahl, Kant sei ein »Idealist«, seine Philosophie »dunkel«, darüber hinaus leiste sie dem Skeptizismus Vorschub. Wie aber kann das Werk eines Idealisten dem Skeptizismus und somit den Hinterfragern Vorschub leisten? Skeptizismus, Idealismus, Atheismus – Bellenghi warf alles in einen Topf, auch wenn diese Worte völlig verschiedene philosophische Welten implizieren und mitunter unvereinbar sind. Kant bezeichne die Befriedigung der menschlichen Triebe als Ziel der Menschheit, führt Bellenghi weiter aus. Kant behaupte, der religiöse Glaube entstamme den rohen Vorstellungen der ungebildeten Volksmasse: »Das verweist uns auf das Niveau der gemeinen *plebs* und chinesischer Priester.« Die Glaubenslehren seien nach Kant schlecht fundiert und fragwürdig. Deshalb handele es sich bei vielen Anhängern Kants um Atheisten, denen man die Lehrbefugnis entzogen habe.[91] Nun, so einfach war das! Und wer sich mit den Mammutsätzen deutscher Philosophen zurechtfand, für den war englische Naturwissenschaft ohnehin nur ein Klacks.

Auch im Falle Darwins behalf sich Bellenghi mit einer sechsbändigen italienischen Übersetzung der *Zoonomie,* die zwischen 1803 und 1805 in Mailand erschienen war. Der Historiker Peter Godman, der Bellenghis Zensur nach über 180 Jahren aus den vatikanischen Archiven ausgegraben und veröffentlicht hat, hat bereits darauf hingewiesen, wie ignorant Bellenghi in naturwissenschaftlichen Belangen war. Die Theorien Darwins interessierten Bellenghi überhaupt nicht. Ihm ging es vielmehr um ethische und metaphysische Fragen. In diesem Feld wollte er Erasmus Darwin überführen. Und hier setzte er den Hebel an:

»Darwin errichtet in diesem Werk jenes neue, vollkommen materialistische System, das den Gebildeten bereits bekannt ist […]. Es werden nur geringfügige Nachforschungen vonnöten sein, um festzustellen, dass dieses Buch ein Verbot verdient hat. So wird es also ausreichen, nur wenige der eklatantesten Punkte zu notieren, die dazu angetan sind, die Spiritualität der Seele zunichte zu machen, und einige andere, die die moralischen Grundsätze der katholischen Religion und des Glaubens umstürzen.«[92]

Bellenghi wirft Darwin vor, er wolle die Spiritualität der Seele zunichte machen und moralische Grundsätze der katholischen Kirche umstürzen. Die Seele sei in Darwins Augen nichts anderes als Materie, wenn auch eine besonders erlesene. Darwin ziele nur auf das animalische Leben ab, und somit auf ein vollkommen materielles. Eine unverhohlene Arroganz spreche aus Darwins Worten – so die implizite Botschaft Bellenghis – wenn dieser schreibe, dass er die Erforschung der Unsterblichkeit der Seele jenen überlasse, die sich mit der Offenbarung befassten.

Stellen wir uns vor, wir müssten uns alleine auf das Gutachten Bellenghis verlassen. Unser Urteil wäre klar: Darwin leugnet die Spiritualität der Seele; er kritisiert die Moral der katholischen Kirche; er ist ein Materialist und darüber hinaus ein anmaßender Mensch, der sich über diejenigen, »die sich mit der Offenbarung befassen«, erhebt.

Aber was sagte Erasmus Darwin tatsächlich? »Ich wünsche hier verstanden zu werden,« schreibt der Landarzt beinahe schon flehend, »ich wünsche nicht über Worte zu streiten und will gern zugeben, dass die Schwerkraft, die spezifische Anziehung, die Elektrizität, Magnetismus und selbst der Lebensgeist aus einer Materie von feinerer Art bestehen können und ich glaube mit dem heiligen Paulus […], dass die letzte Ursache aller Bewegung nur allein immateriell ist, das ist Gott. […] Unter dem Worte Lebensgeist oder sensorielle Kraft verstehe ich bloß das tierische Leben, welches der Mensch mit den Tieren gemein hat und einigermaßen selbst mit den Pflanzen; die Betrachtung über den unsterblichen Teil von uns, welches der Gegenstand der Religion ist, überlasse ich denen, welche uns die Offenbarung auslegen.«[93]

Muss man diese Worte noch kommentieren? Der angeblich ungläubige Materialist schreibt, dass die letzte Ursache aller Bewegung *immateriell* ist und von Gott stammt. Er beruft sich dabei auf den heiligen Paulus und pflichtet dessen Ansicht vollkommen bei. Was Bellenghi als Sünde bezeichnete, und was ihn so sehr erboste, bestand wohl in Wahrheit darin, dass Darwin sich in diesem Textabschnitt als Spezialist zu erkennen gab, der im Gegensatz zu den römischen Zensoren nicht Anspruch auf allumfassendes Wissen erhob. Denn nur so ist Darwins Verweis zu verstehen, er befasse sich als Naturwissenschaftler nicht mit dem unsterblichen Teil der Seele. Bescheiden überlässt er dies Fachleuten, die sich darauf verstünden. Römische Zensoren wie Bellenghi aber mussten zu Beginn des 19. Jahrhunderts den Anschein erwecken, über alles Bescheid zu wissen, auch über die neuesten naturwissenschaftlichen Theorien. Nur so konnten die Zensoren ihren unrealistischen Anspruch aufrechterhalten, Kontrolle über alle Wissensgebiete auszuüben. Darwins Bescheidenheit war für Bellenghi nichts anderes als ein Stachel im Fleisch seiner wissenschaftlichen Unaufrichtigkeit. Denn wohl nie hätte er zugegeben, dass er weder Kants Satzungetüme verstand, noch in der Lage war, Erasmus Darwins Texte im englischen Original zu lesen.

Sehen wir uns ein weiteres Beispiel an: Als besonders impertinent empfand Bellenghi, dass Darwin in der *Zoonomie* harsche Kritik an den Klerikern übte, so etwa, wenn Priester mit großer Redekunst die Furcht vor der Hölle schürten. Darwin schreibt: »Die Angst vor der Hölle. Manche theatralischen Prediger unter den Methodisten inspirieren diese Furcht mit gutem Erfolg, um von dem Wahnsinn ihrer Zuhörer bequem zu leben. In dieser Art von Wahnsinn begeht der Kranke oft den Selbstmord, ob sie gleich glauben, dass sie spornstreichs zur Hölle fahren, welche sie so sehr fürchten! So groß ist die Kraft der Redekunst, und so schwach der menschliche Verstand! Diejenigen, welche an diesem Wahnsinn leiden, sind gewöhnlich die unschuldigsten und harmlosesten Kreaturen, die sich dann leicht der schrecklichsten Verbrechen anklagen, und so viel intellektuelle Feigheit besitzen, dass sie es nicht wagen, über diejenigen Dinge zu räsonieren, die ihnen die Priester zu glauben anempfehlen, ob sie gleich allen menschlichen Begriffen widersprechen, und dem großen Schöpfer aller Dinge entehrend sind.«[94]

Bellenghi schreibt in seinem Gutachten: »So erklärt er die Furcht, die die Christen vor der Hölle haben, zu einem physischen Schwächemoment; einer Schwäche, die – so heißt es – ›von vielen Scharlatanen propagiert worden ist‹; eine Schwäche, die ›die unschuldigsten und harmlosesten Personen befällt, die sich dann der schwersten eingebildeten Vergehen bezichtigen; und sie weisen dabei eine derart große Feigheit des Intellekts auf, dass sie nie dahin kommen, ihren Verstand in solchen Dingen anzuwenden, die ihnen ihre Priester zu glauben auferlegen, obgleich sie doch dem menschlichen Streben widersprechen und des Großen Schöpfers dieses Universums unwürdig sind.‹‹«[95]

Nichts ist so gut gesagt, dass es nicht verdreht werden könnte. Bellenghi verstand es geradezu meisterhaft, Zitate aus dem Kontext zu reißen und ihnen jene Färbung zu geben, die seinen Absichten entsprach: In einer rein wissenschaftlichen Beschreibung Darwins – der Beschreibung für die äußeren Ursachen von psychischen Traumata – wollte Bellenghi einen Angriff auf die katholische Kirche erkennen. Darwin kritisiert in der *Zoonomie* zwar durchaus übereifrig-fanatische Priester, die in ihren Predigten Psychoterror ausüben, aber niemals den Predigerstand an sich – wie Bellenghis Gutachten glauben machen will. Darwin spricht wörtlich von »manchen Predigern unter den Methodisten«. Der italienische Zensor aber ignorierte dies wohlwissend und urteilte pauschal.

Erasmus Darwin glaubte, dass sich alle warmblütigen Tiere aus einer Lebensfaser im Meer entwickelt hatten, die vom Schöpfer einst mit Animalität ausgestattet worden war. Ursache allen Seins war in seinen Augen also Gott. Darwin war demnach nie ein Materialist im Sinne der atheistischen französischen Materialisten, die alles Göttliche leugneten. Er stand vielmehr in der Tradition von Bacon und Hobbes, die für eine friedliche Koexistenz von Wissen und Glauben eintraten. Die englischen Materialisten waren im Gegensatz zu den französischen nämlich zumeist Deisten, die der Seele eine geistliche Provinz zugestanden. Aus der sichtbaren Welt war Gott zwar vertrieben worden, doch das Jenseits und die Unsterblichkeit überließ man demütig der Theologie. Darwin beging in den Augen Bellenghis vor allem den Fehler, dass er sich nicht zum institutionalisierten Glauben bekannte – zu keinem, nicht einmal zu den protestantischen Glaubensformen Englands. Darwin wusste warum: Er misstraute der organisierten Religion – hatte sie in seinen Augen doch schon zu oft für großes Leid gesorgt.[96] Überaus restriktiv und polemisch gehe sie vor; sie stemple Freidenker und Vernunftmenschen als Feinde ab.

Erasmus Darwin war ein Kirchenkritiker, aber kein ungläubiger Mensch. Doch dies war dem römischen Zensor egal. Bellenghi konnte etwas mit Presbyterianern, Baptisten und Quäkern anfangen, aber nichts mit Erasmus Darwins undurchschaubarer Glaubenshaltung. Denn diese war nicht zuzuordnen; sie entsprach keiner der institutionalisierten »Wahrheiten« auf dem Markt der Religionen. Der englische Landarzt passte in keine Schublade, und gerade dies machte ihn in den Augen Roms gefährlich. So behalf man sich notgedrungen und steckte Darwin in eine bereits existierende und von Autoritäten definierte Schublade: Darwin sei ganz im Sinne der französischen Materialisten ein Denker, der in seinem Werk die Spiritualität der Seele zunichte mache, und die moralischen Grundsätze der katholischen Religion umstürze, verkündete Bellenghi in seinem Gutachten, auch wenn dieses Totschlagargument in keiner Weise der Realität entsprach. Wie nicht anders zu erwarten, verdammte Albertino Bellenghi die *Zoonomie* schließlich und sprach ihr jeden Nutzen für die Medizin ab.

Bellenghis Zensur stellt ein eindrückliches Beispiel für die Inkompatibilität zweier »Wahrheiten« dar, und dafür, wie diese sich zu Beginn des 19. Jahrhunderts gegenüberstanden. Die katholische Kirche – einer Festung mit Mauern und wehrhaften Bastionen gleich – grenzte sich gegen die gesellschaftlichen Entwicklungen ab. Man sagte »nein« zu fast allem, was sich an Neuem regte. Im vatikanischen Zensurapparat herrschte ein Wahrheitsverständnis vor, das sich ausschließlich an Autoritäten orientierte, eine Wahrheit, die – wie es der Historiker Felipe Fernández-Armesto formuliert – von anderen »mitgeteilt wird.« Erasmus Darwin und die Lunatiker vertraten dagegen eine Wahrheit, »die man selbst denkt« und die sich der Vernunft verschrieben hatte.

Wie alle liberalen und dem *common sense* verpflichteten Menschen wurde Erasmus Darwin zum Feind fundamentalistischer Kirchenmänner – aller, auch der englischen, die sich gegen Ende des 18. Jahrhunderts wieder sammelten, um zum Gegenschlag auszuholen. Als 1791 im Birminghamer Aufstand das Haus seines Freundes Priestley niedergebrannt wurde, von einem Mob, der gegen die Freunde der Französischen Revolution den Satz schrie: »No philosophers – church and king forever«, wurde Darwin in seinen kirchenkritischen Äußerungen zurückhaltender.[97] Dennoch blieb er ein Querdenker und Freidenker, der vorgefertigte Muster nur zu gerne sprengte und ihnen etwas Neues entgegensetzte: Darwin, ein Briefpartner Rousseaus und guter Freund Benjamin Franklins, bekämpfte die Sklaverei und sympathisierte mit den Ideen der Französischen Revolution. Er schrieb ein Traktat zur Erziehung junger Mädchen, in dem er ein durchaus modernes Frauenbild vertritt. Nicht die Regentin eines Puppenheims, nicht das Heimchen am Herd war sein Ideal, sondern die selbstständige, aktive Frau in Gesellschaft und Familie.[98]

»Ich habe ein gutes Haus, angenehme Lebensumstände, eine verständige Frau, drei gesunde Kinder und mehr in meiner medizinischen Praxis zu tun, als ich schaffen kann – Mechanik und Chemie sind meine Steckenpferde […]«, schrieb er an einen Freund.[99] Zufriedenheit und Wohltätigkeit werden immer wieder als seine bestechendsten Charaktereigenschaften genannt. Überdies war er ein fröhlicher Zechkumpan und ein mitreißender Gesellschafter, dem die Birminghamer Gesellschaft zu Füßen lag. Selbst die Tatsache, dass er stotterte, änderte nichts daran. Denn auch aus dieser unangenehmen Eigenschaft wusste er noch Vorteil zu schlagen. Auf die Frage, ob ihn das Stottern nicht störe, antwortete der beleibte Mann selbstsicher: »Nein Sir, es lässt mir beim Antworten Zeit zu reflektieren!«[100]

Gerade seine Selbstironie war unvereinbar mit dem verbissenen Ernst und dem Absolutheitsanspruch der römischen Zensoren. Dennoch kann man nicht behaupten, dass Erasmus Darwin nicht auch von Wahrheiten überzeugt gewesen wäre: »Alles stammt aus den Muscheln« war nur eine seiner Wahrheiten, die er selbstbewusst propagierte und die sich im Übrigen als falsch erweisen sollte. Trotzdem blieb für den englischen Landarzt stets das Fragen eine Leidenschaft, nicht die bewährte und beruhigende Antwort. Immer wieder fing er neu an, und immer wieder war er bereit, sich selbst in Frage zu stellen. Seine regelmäßige Korrespondenz mit den Mitgliedern der Mondgesellschaft beweist dies. In Rom hingegen war man überzeugt davon, im Besitz der absoluten Wahrheit zu sein; Diskussionen darüber gab es nicht. Die Zeiten, in denen Benedikt XIV. die Urteilsfähigkeit der römischen Zensoren hinterfragt hatte und Experten am Werk wissen wollte, waren längst vorbei. Ignoranz und Verbohrtheit herrschten in den Zensurstuben vor, und mit Vertretern anderer Wahrheiten machte man wieder kurzen Prozess. Ja, man scheute sich nicht, im Interesse der Kirche Halbwahrheiten zu verkünden und Klischees zu bedienen. Denn nichts anderes war Bellenghis Behauptung, Erasmus Darwin beabsichtige mit seinem Werk, die moralischen Grundsätze der katholischen Religion umzustürzen.

Was Erasmus Darwin aber über den römischen Zensor gedacht haben würde, wäre er ihm zu Lebzeiten begegnet, dürfte wohl ungefähr dem Inhalt jener Sätze entsprechen, die er in einem Trostbrief seinem Freund Priestley schrieb, als dessen Haus niedergebrannt wurde: »Deine Feinde, unfähig deine Argumente durch Vernunft zu besiegen, mussten letztlich auf Gewalt zurückgreifen. Sie haben dir die Hunde der erbarmungslosen Ignoranz und des rasenden Fanatismus auf den Hals gehetzt. Sie haben Feuer entzündet, wie die der Inquisition, nicht um die Wahrheit zu beleuchten, sondern wie die düstere Laterne des Meuchelmörders, um dem Mörder zu seiner Beute zu leuchten. Deine philosophischen Freunde hoffen deshalb, dass Du nicht noch einmal Dein Leben unter Menschen riskierst, deren Bigotterie sie unfähig macht, dazuzulernen; sie hoffen, dass Du die unfruchtbaren Felder der polemischen Theologie verlässt und die Philosophie kultivierst, […] die das Reich des Aberglaubens besiegen wird.«[101]

Der Revolutionär und der Reaktionär. Kardinal Frings und Kardinal Ottaviani

Josef Frings (1887–1978)

Der Richtungsstreit zwischen Kardinal Frings und Kardinal Ottaviani auf dem Zweiten Vatikanischen Konzil prägte die Geschichte der katholischen Kirche im 20. Jahrhundert. Soll das Inquisitionsverfahren weiterhin nach althergebrachten Mustern ablaufen, oder soll eine neue Prozessordung herbeigeführt werden, die den Angeklagten mehr Rechte einräumt? Es ging dabei um nichts Geringeres als um eine Reform der Inquisition. Oberhaupt der Reformisten war Kardinal Josef Frings, der durch seine Intervention auf dem Konzil einen regelrechten Eklat hervorrief. Mit seiner Wortmeldung erschütterte er das Fundament der Inquisitionsbehörde. Josef Frings, ehemaliger Erzbischof von Köln, gehörte auf dem Zweiten Vatikanischen Konzil dem zehnköpfigen Konzilspräsidium an. Bereits 1948 wurde er von Papst Pius XII. zum »Hohen Protektor für das Flüchtlingswesen« ernannt. Frings, dessen Devise *Pro hominibus constitutus* (»Für die Menschen bestellt«) lautete, gründete gegen Ende der 50er Jahre die Hilfswerke *Misereor* und *Adveniat*.

Alfredo Ottaviani (1890–1979)

Der letzte Sekretär des Heiligen Offiziums, bevor die Behörde in »Glaubenskongregation« umbenannt wurde, war Alfredo Ottaviani. Er führte das Heilige Offizium mit eiserner Hand, Umgestaltungen lehnte er strikt ab. Als »Kommunistenhasser« gefürchtet, wandte er sich energisch gegen den Kommunismus sowjetischer Couleur. Kardinal Ottaviani leitete ab 1960 die theologische Vorbereitungskommission für das Zweite Vatikanische Konzil. Auf dem Konzil war er das Oberhaupt der konservativen Fraktion, die sich vehement gegen eine Reform der Inquisition aussprach. Der in Rom geborene Kleriker wurde dadurch zum Gegner der Reformisten um Kardinal Frings. Sein Streitgespräch mit dem Kölner Kardinal vor den Konzilsvätern ging in die Kirchengeschichte ein.

Die Kunst der Rhetorik spielt in unserer Gesellschaft nur noch eine geringe Rolle. Große Reden, wenn sie gehalten werden, nimmt in der Öffentlichkeit kaum jemand wahr – auch, weil die Medien sie stiefmütterlich behandeln. Andere Kommunikationsformen, vor allem die Bilder des Fernsehens, prägen unser Bewusstsein heute sehr viel mehr als die Macht des gesprochenen Wortes. Visuelle Eindrücke, etwa die in das World Trade Center stürzenden Passagierflugzeuge oder das splitternackte, um sein Leben laufende und vor Angst weinende Mädchen im Vietnamkrieg, bleiben in unserem kollektiven Gedächtnis verhaftet. Bilder sind es heutzutage, die so große emotionale Wirkungen hervorrufen können, dass politisch-gesellschaftliche Veränderungen eingeleitet, ja Kriege begonnen werden. Und doch gab es auch im Zeitalter des Fernsehens noch Reden, die bisweilen große Auswirkungen hatten – zumal in Gesellschaften, die dem Medium Fernsehen eher skeptisch gegenüberstehen. Eine dieser Reden wurde auf dem Zweiten Vatikanischen Konzil gehalten. Es war jene den Konzilsvätern mit heiligem Zorn vorgetragene Rede, die maßgeblich zu einer radikalen Reform der römischen Inquisition führen sollte. Nach über 400 Jahren weitgehenden Stillstandes bewirkten wenige Worte eine nachhaltige Veränderung zum Besseren; die Inquisition war nach dieser Rede nicht mehr das, was sie vorher einmal gewesen war – dank eines mutigen Kardinals.

Der Mann, der jene revolutionäre Ansprache hielt, war ein Deutscher: Josef Kardinal Frings. Lang angestaute Frustration und tiefe Verstimmung brachen aus ihm heraus. Frings, der mit vielen Antworten der katholischen Autoritäten unzufrieden war, stürmte gegen den *Status Quo* der Kirche an, den das Heilige Offizium (die römische Inquisition) verkörperte. So wurden Kardinal Frings und Kardinal Alfredo Ottaviani, der erzkonservative Sekretär des Heiligen Offiziums, zu den großen Antipoden des Konzils. Ihr erbitterter Richtungsstreit sollte die Geschichte der katholischen Kirche im 20. Jahrhundert nachhaltig prägen.

Heiliges Offizium – so nannte man die römische Inquisition seit der Mitte des 16. Jahrhunderts. Waren vormals in fast ganz Europa lokale Inquisitionen vertreten, war die Zentralisierung der Behörde eine Folge der Gegenreformation. Rom wollte im Angesicht der protestantischen Bedrohung die Inquisition zentral lenken, um die Häresie zu bekämpfen und die Herrschaft der katholischen Kirche über Europa aufrechtzuerhalten. Ein weiterer Grund war die in den Augen des Vatikans übertriebene Verselbstständigung der verschiedenen nationalen Inquisitionen, insbesondere der spanischen. Mit der Bulle *Licet ab initio* im Jahre 1542 wurde die so genannte *Heilige Römische und Universale Inquisition* von Papst Paul III. als oberstes Tribunal für alle kirchlichen Gerichte gegründet. Sie schaltete sich in eine Vielfalt von Angelegenheiten ein; so fällte sie Urteile in Fragen der Häresie, der Sitte, der kirchlichen Ordnung bis hin zu Fragen des Judentums. Auch wenn die römische Inquisition faktisch das für die gesamte Christenheit zuständige oberste päpstliche Glaubensgericht war, scheint ihr Wirkungsfeld weitgehend auf den Kirchenstaat beschränkt gewesen zu sein. Doch auf ihre verheerende Außendarstellung hatte diese räumliche Begrenzung keinen Einfluss. Schon kurz nach ihrer Errichtung wurde sie zum zentralen Angriffspunkt aller Kirchenkritiker, nicht nur auf protestantischer Seite. Die römische Inquisition wurde wie ihr spanisches Pendant zum Gegenstand einer schwarzen Legende.

Die Tatsache, dass nun nicht mehr einzelne Inquisitionen, sondern die *eine* Inquisition im Zentrum der Christenheit in ihrer geballten Macht agierte, verängstigte die Menschen zusätzlich. Man sah sich einer geheimnisvollen, totalitären Behördenmaschinerie ausgeliefert, einem Kraken, dessen Fangarme in alle Himmelsrichtungen reichten. Zynische Inquisitoren, Folterkammern und gemeine Denunzianten prägten von Anfang an ihr Antlitz, denn vor den häufig rachsüchtigen Spitzeln war niemand sicher. Ihnen wurde im Prinzip garantiert, dass ihr Name den Angeklagten gegenüber geheim bliebe. Für den gehorsamen Katholiken wurde die Denunziation eines Verdächtigen gar zur Pflicht. Das biblische Urbild, das der Denunziation eigentlich als Vorbild dienen sollte, war die *denuntiatio evangelica*, wie sie in Matthäus 18, 15–17 formuliert wird: Gegenüber dem fehlgeleiteten Mitchristen hat zuerst die brüderliche Ermahnung unter vier Augen stattzufinden, dann eine Mahnung vor Zeugen. Erst wenn alle Läuterungsversuche umsonst waren, erfolgt die Anzeige bei der Kirche.

Spätestens seit der Gegenreformation aber wurde diesem Ideal von den Inquisitoren nicht mehr entsprochen. Das Heilige Offizium ließ soviel Bruderliebe nicht zu. In der zweiten Hälfte des 16. Jahrhunderts wurde durchgesetzt, dass man auf eine vorherige Verwarnung zu verzichten habe. Keinesfalls durfte der Verdächtige gewarnt werden, bevor die Denunziation nicht beim Heiligen Offizium eingegangen war. Paranoia prägte die inquisitorische Praxis.

Die meisten Menschen im Kirchenstaat kannten die Taten, die auf das Konto der römischen Inquisition gingen. Die Verbrennung Giordano Brunos im Jahr 1600 in Rom war nur ein berühmtes und besonders trauriges Beispiel. Tausende wohnten ihr bei; sie wurde als wahres Volksfest in Szene gesetzt.

Für das Heilige Offizium sind zwischen 1540 und 1700 rund 44 700 Anklagen aktenkundig belegt. 800 Angeklagte wurden zum Tode verurteilt, weitere 750 Personen in Abwesenheit. Der Eifer des Kardinals Ghislieri, des späteren Papstes Pius V., führte zwischen 1566 und 1571 zur Veranstaltung von zwölf Autodafés.

Eine der berüchtigtsten Erfindungen der römischen Inquisition, der Index der verbotenen Bücher, bestand bis in das Jahr 1965 hinein. Viele Jahrhunderte lang war es bei Strafe der Exkommunikation verboten, die im Index aufgeführten Bücher zu lesen, zu kaufen, oder zu verkaufen. Der von vielen Historikern geäußerte Verdacht, der Index habe zum geistigen Niedergang Italiens nach 1600 beigetragen, ist kaum von der Hand zu weisen.

Im Laufe der Jahrhunderte wurden die Zuständigkeiten innerhalb der Behörde immer wieder verändert. Im 17. Jahrhundert hatten verschiedene italienische Staaten wieder ihre eigenen Inquisitionstribunale eingerichtet, die sie im 18. Jahrhundert im Zuge der Aufklärung auflösten. Als die Inquisition 1859 in ganz Italien abgeschafft wurde, blieb die *Sacra Congregatio Sancti Officii* aber als Garant der Kirchendisziplin bestehen,[102] auch wenn es schon lange keine Hinrichtungen und Folterungen mehr gab. Den Grauen evozierenden Namen *Heiliges Offizium* aber, der bei den Menschen über Jahrhunderte hinweg so viele schreckliche Assoziationen hervorgerufen hatte, behielt die Institution bis zum Zweiten Vatikanischen Konzil bei, bis Kardinal Frings das Wort erhob. Es waren ihre nach wie vor ungerechten Verfahrensweisen und die legenden-fördernde Geheimnistuerei, die den Kardinal so sehr erbosten.

Besonders im Rheinischen genießt Josef Frings noch heute einen legendären Ruf, und dies nicht nur in Kirchenkreisen. Der einstige Kardinal von Köln bereicherte sogar den deutschen Wortschatz, freilich ohne dies beabsichtigt zu haben. Im *Wörterbuch der deutschen Umgangssprache* findet man den Terminus »fringsen«: »in der Not zur Selbsthilfe greifen, auch bei offenem Verstoß gegen behördliche Anordnungen«.

In der Silvesterpredigt 1946, kurz nachdem er Kardinal von Köln geworden war, sagte Frings seiner durch den Krieg notleidenden Gemeinde: »Wir leben in Zeiten, da in der Not auch der Einzelne das wird nehmen dürfen, was er zur Erhaltung seines Lebens und seiner Gesundheit notwendig hat, wenn er es auf andere Weise, durch seine Arbeit oder durch Bitten, nicht erlangen kann.«[103] Dankbar für die pastorale Ermunterung zum lebensnotwendigen Mundraub – obwohl Frings diese im nächsten Satz der Predigt wieder einschränkte – verwendeten die Kölner das Wort *fringsen* fortan als verhüllende Umschreibung für Kohlen- und Lebensmittelklau. Nie aber hatte Frings geglaubt, dass der Begriff ihn überleben würde.

Kardinal
Josef Frings
(1887–1978)

Die Besatzungsmächte allerdings grollten dem eigenwilligen Kölner Kardinal noch lange.

Klein von Statur, hatte Frings ein scharf geschnittenes, hageres Gesicht. Gütig und zugleich listig blickte er die Menschen an. Als Graduierter des Päpstlichen Bibelinstituts in Rom war er ein vorzüglicher Bibelkenner. Auch verteidigte er später auf dem Konzil die historisch-kritische Bibelforschung. Das Heilige Offizium sah in den modernen Schriftforschern, die verschiedene sprachliche Strukturebenen sowie konkurrierende Ideenwelten im Inhalt der Bibel enthüllten, nichts anderes als Zersetzer der Offenbarung. Frings dagegen befürwortete ihre Forschungen. Auf dem Konzil galt er später auch als einer der herausragendsten Latinisten, vermochte er doch lateinische Reden aus dem Stegreif mit hoher stilistischer Virtuosität vorzutragen. Ganz der Devise seines Wappens entsprechend – *Pro hominibus constitutus* (Für die Menschen bestellt, Hebr 5, 1) – gründete Frings zwischen 1959 und 1961 die Hilfswerke *Misereor* und *Adveniat* für die Entwicklungsländer. Sein persönliches Schicksal verdüsterte sich allerdings im Laufe der 60er Jahre zusehends, als er immer mehr zu erblinden drohte. Der graue und der grüne Star vollzogen ihr grausames Werk, bis Frings schließlich in den 70er Jahren sein Augenlicht fast gänzlich verlor. Doch seine größte Herausforderung stand ihm erst bevor. Frings war schon 79 Jahre alt, als das Zweite Vatikanische Konzil begann.

Das Zweite Vatikanische Konzil (1962–1965) diente dem Versuch, die Kirche spirituell zu erneuern und sie so für eine Erfüllung ihrer innerweltlichen Mission tauglich zu machen. Es war zweifellos das katholische Hauptereignis des 20. Jahrhunderts. Einer berühmten Anekdote zufolge antwortete Papst Johannes XXIII. auf die Frage, weshalb man das Konzil überhaupt veranstalte: »Öffnen Sie mal das Fenster. Ja, sehen Sie, das ist's, was ich möchte. Ich will frische Luft in die Kirche hineinlassen.«[104] Johannes XXIII. selbst war die »frische Luft.« Er vermochte der katholischen Kirche wieder das Selbstvertrauen zurückzugeben, das ihr nach dem Zweiten Weltkrieg abhanden gekommen war. Rom war nämlich der Verlierer im politischen Poker um die Nachkriegsordnung. Die Westalliierten hatten der kommunistischen Sowjetunion auf der Jalta-Konferenz große Teile Ost-, Südost- und Mitteleuropas zugesprochen, darunter viele Länder katholischer Prägung. Der Vatikan war dabei schlicht übergangen worden. Und diese Länder wurden nun von den kommunistischen Machthabern systematisch »entkatholisiert«. Reagierte Pius XII. noch mit einer trotzigen Erklärung, in der es hieß, »dass jeder, der sich zur Lehre des materialistischen und antichristlichen Kommunismus bekennt, dieselben Kirchenstrafen auf sich ziehe wie alle anderen vom Glauben Abgefallenen«[105], distanzierte sich Johannes XIII. deutlich von dieser Konfrontationspolitik des Kalten Krieges. Er sprach sich für Verhandlungen aus, und seine Politik verursachte Risse im Eis. Seine Diplomatie, die die

Ära der »vatikanischen Ostpolitik« einleiten sollte, bewirkte schließlich, dass selbst Chruschtschow den Vatikan als politischen Ansprechpartner akzeptierte. Man war wieder jemand auf der politischen Weltbühne.

Dieser »frischen Luft« entsprechend, sollte auch das Zweite Vaticanum kein Lehrkonzil mit neuen Dogmen werden, sondern ein ökumenisches Reformkonzil mit pastoraler Ausrichtung. Rom bemühte sich um Selbstbesinnung. Verschiedenste Fragen wurden in den vier sich über Jahre hinziehenden Sitzungsperioden erörtert: Das Verhältnis zu den anderen christlichen Kirchen und den Juden wurde geklärt; man ordnete die Lehre der Offenbarung und normierte die ökumenische Verpflichtung der katholischen Kirche; die Diskussionen drehten sich auch um größere Selbstständigkeit der Laien; der Kult wurde modernisiert: Die lateinische Predigt wich fortan der volkssprachlichen – um nur einige wichtige Ergebnisse zu nennen.[106]

Im Vorfeld des zweiten Vaticanums aber herrschte hinter den Kulissen eine rege und umtriebige organisatorische Tätigkeit. Es ging um sehr viel, und es stand noch in keiner Weise fest, in welche Richtung die konziliaren Entscheidungen gehen sollten. Konservative und Progressive scharten sich emsig in Gruppen, auf ihr machtpolitisches Kalkül bedacht. Die katholische Kirche beabsichtigte, ihr Verhältnis zur modernen Welt zu klären. Hier galt es nun, vor Konzilsbeginn entscheidend und im Sinne der jeweiligen Gruppe einzugreifen. »Als die Sitzungen der Zentralkommission begannen, wurde uns bald klar, dass die vorliegenden Schemata […] alle in einem ganz konservativen Geiste entworfen waren«, schreibt Frings in seiner Autobiographie.[107] Die Konservativen um Kardinal Ottaviani hatten ihr Süppchen bereits gekocht. Sie wollten allzu weitreichende Reformen mit der Festlegung der Tagesordnungspunkte bereits im Vorfeld verhindern. Geistesgegenwärtig wehrte Frings aber mit einer lateinischen Rede zur Geschäftsordnung die Durchführung des Konzils nach dem Fahrplan der konservativen Kurie ab. Er forderte eine

Zeit des Kennenlernens vor Beschlussfassung und hatte damit Erfolg. Johannes XXIII. billigte sein Vorhaben.

Spätestens zu diesem Zeitpunkt war Frings in der Position, eine der einflussreichsten Stimmen auf dem Konzil zu werden. Er war Vorsitzender der deutschen Bischofskonferenz und Mitglied des zehnköpfigen Konzilspräsidiums. Die lateinamerikanischen und afrikanischen Bischöfe waren ihm wohlgesonnen, hatte er doch mit den deutschen Spendengeldern wesentlich zum Erfolg von *Misereor* und *Adveniat* in ihren Heimatländern beigetragen. Auch kam ihm sein Ruf zugute, ein gemäßigter Kirchenmann zu sein, ganz im Gegensatz zu seinem progressiven Münchener Amtskollegen Döpfner, der als Unruhestifter galt. Frings wusste sich von Sympathisanten umgeben.

Gleiches konnte auch sein Gegner von sich behaupten. Ottaviani war der letzte Kardinal, dem die Ehre zukam, einen Papst zu krönen – Paul VI. Viele der einflussreichen italienischen Kardinäle in Rom scharten sich um ihn, so etwa Giuseppe Siri und Ernesto Ruffini. Die so genannte »Römische Schule« beherrschte die Kurie. Und dies noch ganz im Stile jener Pius-Päpste, die vom Jahre 1775 an mit eiserner Faust regiert hatten. Skeptizismus, Positivismus, Naturalismus, Liberalismus, Agnostizismus, Atheismus, Kommunismus – und wie all die subversiven »Ismen« des 19. Jahrhunderts hießen – bekämpften sie mit Ingrimm. Und gerade in jenen Pius-Päpsten sah Ottaviani seine geistigen Vorbilder. Im Gegensatz zu ihrem deutschen Opponenten, erfahren im innerkurialen Intrigenspiel, war es für Außenstehende überaus schwer, dieses römische Bollwerk zu durchbrechen.

Schon Ottavianis Wahlspruch *Semper idem* (»Immer gleich«) gibt beredt Aufschluss über sein primäres Anliegen: Es galt die Tradition um jeden Preis zu wahren und die Kirche nach außen wie nach innen gegen ihre Gegner zu verteidigen. Der Titel eines seiner Bücher, *Il baluardo* (»Das Bollwerk«), beweist diese Geisteshaltung eindrücklich.

Ottaviani, der 1890 in Rom geboren wurde, war ein fanatischer Kommunistenhasser. Sieht man Bilder des mit weichen Gesichtszügen versehenen, rundlichen und kahlhäuptigen Kardinals, könnte man fälschlicherweise auf einen ruhigen und besonnenen Charakter schließen. Laienphysiognomen hingegen würden anhand seiner Adlernase vermutlich ein kämpferisches Naturell in ihm erkennen, denn Ottaviani war in der Tat ein ausgesprochener Machtmensch, der zu aufbrausendem Temperament neigte. Feinde konnte er mit Ingrimm verfolgen. In den Kommunisten, vor allem sowjetischer Couleur, sah er die größte Bedrohung für die katholische Kirche. Aus ärmlichen Verhältnissen stammend, verstand er sich als ein *Carabiniere des Herrn*. Und auch seine Einmischung in die italienische Innenpolitik der späten 40er Jahre muss in diesem Kontext verstanden werden. Ottavianis oberste Devise war es, die Kommunisten zu bekämpfen, koste es was es wolle. Fast alle Mittel waren ihm dabei recht. Nach dem Zweiten Weltkrieg herrschte im politischen Leben Italiens nämlich beileibe keine Klarheit darüber, wer politisch die Oberhand gewinnen würde: die der Kirche nahestehenden Christdemokraten oder die kommunistisch-sozialistische Partei Italiens. Ottavianis Politik war es, die 1948 schließlich wesentlich zum Sieg und zur absoluten Mehrheit der Christdemokraten führen sollte. Frohgemut hatte er nämlich seine Bereitschaft erklärt, jedermann zu exkommunizieren, der die Kommunisten wähle. Und viele der um ihr Seelenheil besorgten Italiener wählten fortan schwarz statt rot. In diesem radikalen und kompromisslosen Sinne strukturierte er später auch das Heilige Offizium zu einer Art antikommunistischer Eingreiftruppe um. 1959 war der für seine Durchsetzungsfähigkeit bekannte Kommunistenjäger schließlich zum Sekretär des Heiligen Offiziums ernannt worden.

Mit Frings war er gleich zu Beginn des Konzils aneinandergeraten. Ottaviani war jener Vorsitzende der vorbereitenden theologischen Konzilskommission, die versucht hatte, alle Neuerungen, die von Bischöfen, Priestern und Laien eingebracht worden waren, zu unterbinden. Frings hatte dieses Vorhaben bekanntlich verhindern können. Und so bestanden von Anfang an atmosphärische Störungen zwischen beiden Kardinälen, die aber nichts waren im Vergleich zu dem, was noch kommen sollte. Frings zeigte sich zusehends erbost über die fortwährenden Versuche der Konservativen, ihr Machtmonopol zu missbrauchen und anderslautende Vorschläge zu blockieren. Von intrigantem Getuschel und Hinterzimmer-Konferenzen hatte er endgültig die Nase voll. Am 8. November 1963 kam das Fass schließlich zum Überlaufen. Es ging während jener berühmt gewordenen Konzilssitzung aber zunächst noch um so friedvolle Angelegenheiten wie die Gemeinschaftlichkeit. Die Theorie der Gemeinschaftlichkeit besagt, dass die Bischöfe gemeinsam die Nachfolger der zwölf Apostel seien und daher ein Kollegium bildeten. Als solches übersteige ihre Autorität zwar nicht die des Papstes, sie sei aber auch nicht in der des Papstes inbegriffen. Beabsichtigt war also eine Klärung der Machtverhältnisse innerhalb des Kirchenapparates. Eine am 30. Oktober durchgeführte Abstimmung hatte ergeben, dass eine Mehrzahl der Bischöfe die Gemeinschaftlichkeit unterstützte. Schon vorher hatten die Kirchengewalten aber darauf beharrt, dass die Gemeinschaftlichkeit in den alten Texten keine Basis habe. »Diese Abstimmung ist ungültig!«, lautete das kurze und unumstößliche Verdikt des konservativen Kreises. Keine Diskussion! Formale Fehler seien begangen und wichtige Fragen im Vorfeld unzureichend abgefasst worden, argumentierte man.

Die Theologische Kommission, die sich aus Treugesinnten der Kurie zusammensetzte, hatte zu verstehen gegeben, dass ihr allein die Bestimmungsgewalt darüber obliege, ob die Gemeinschaftlichkeit vor der Glaubenslehre Zustimmung finde oder nicht.[108] Frings hatte nun endgültig genug. Vor Wut schäumend sagte er vor den anwesenden Konzilsvätern, er sei darüber erstaunt, dass Kardinal Browne, Vizepräsident der Theologischen Kommission, diese Abstimmung in Zweifel gezogen habe. Die Kommission habe keine andere Funktion als den Vollzug der

Wünsche und die Befolgung der Anweisungen des Konzils. Überdies dürften administrative Rollen nicht mit legislativen verwechselt werden. Und das gelte auch für das Heilige Offizium, dessen Methoden und dessen Verhalten nicht im Geringsten der heutigen Zeit entsprächen und einen Grund des Anstoßes für die Welt darstellten.

Plötzlich aufbrausender und lang anhaltender Beifall unterbrach die lateinischen Sätze. Der Skandal war perfekt. Ottaviani aber errötete sichtlich. Der Ablauf der Sitzung drohte aus den Fugen zu geraten und in einem Eklat zu enden – war das, was geschehen war, doch ein eindeutiger Verstoß gegen die Konzilsvorschriften. Unvorhergesehene Redeeinschübe und spontaner Applaus waren vollkommen unüblich. Frings aber bohrte weiter: »Niemand sollte beurteilt und verdammt werden, ohne angehört zu werden, ohne zu wissen, wessen er bezichtigt wird, und ohne die Gelegenheit zu haben, das zu berichtigen, was ihm billigerweise vorgeworfen werden kann«. Frings spielte hier ganz offensichtlich auf die inakzeptable Geheimnistuerei des Heiligen Offiziums an. Ottaviani hatte sich auf dem Konzil in der Zwischenzeit nämlich geweigert, offen zu legen, nach welchen Kriterien das Heilige Offizium Bücher verbot. Er fürchtete weiteren Streit zu entfachen und die Autorität der Zensoren in Frage zu stellen. »Zu viele Bischöfe arbeiten in der Kurie, obwohl deren Aufgaben genauso gut von Laien erfüllt werden könnten. Diese Reform der Kurie ist notwendig.«, sagte Frings. »Lasst sie uns in die Tat umsetzen.«[109]

Frings stützte sich bei seinem provokanten Vortrag auf eine Rede, die ein gewisser Josef Ratzinger – damals ein noch weitgehend unbekannter Bonner Theologieprofessor – geschrieben hatte. Ratzinger wirkte als Frings' offizieller Konzilstheologe. Und es gehört zur Ironie der Kirchengeschichte, dass Ratzinger, der Ottavianis Behörde mit dieser Rede in ihren Grundmauern erschütterte, nicht nur einer seiner Nachfolger wurde, sondern selbst den Ruf des erzkonservativen Glaubenshüters erlangen sollte.

Man kann sich Ottavianis Bestürzung vorstellen. Frings'

Worte mussten auf ihn wie ein Affront wirken. Der mächtige Mann war rot vor Zorn. Niemand in den Führungszirkeln der katholischen Kirche hatte es jemals gewagt, das Heilige Offizium so offen anzugreifen, ja ihm ungerechte Verfahrensweisen, Reformunfähigkeit und veraltete Strukturen vorzuwerfen. Aber noch gab sich Ottaviani nicht geschlagen. Wer mit kommunistischen Kirchenhassern fertig wurde, konnte der aufmüpfigen Rede eines deutschen Kardinals allemal Herr werden, dachte sich der römische Kirchenmann.

Als Redner war er an diesem denkwürdigen Tag an drittnächster Stelle vorgesehen, doch nichts hielt ihn mehr zurück. Die Konzilsregeln vernachlässigend, wonach ein Redner sich an die Reihenfolge und an die vorbereiteten Texte zu halten hatte, attackierte er Frings sofort und äußerte mit bebender Stimme: »Diese Kritik kann nur auf Unkenntnis des Heiligen Offiziums beruhen! Das Heilige Offizium untersucht die Fälle immer sorgfältig, anerkannte Fachleute werden hinzugezogen, bevor ein Urteil gefällt wird!« Daraufhin rühmte er die Arbeit seiner Mitarbeiter, die allesamt Spitzenkräfte römischer Universitäten seien – bewusst verschweigend, dass alle Mitglieder des Heiligen Offiziums mit einer Ausnahme Italiener waren und somit zur römischen *famiglia* gehörten.

Nach dieser engagierten Verteidigungsrede kam eine Attacke gegen den deutschen Kardinal: »Ein Angriff auf das Heilige Offizium stellt nichts anderes dar als einen Angriff gegen den Heiligen Vater!« In altbewährter Inquisitorenmanier drehte Ottaviani den Spieß einfach um: Der Angeklagte machte den Ankläger zum Täter und schob Frings den schwarzen Peter zu. Doch unter den Konzilsteilnehmern war bereits allseits bekannt, dass Ottaviani seine Kritiker regelmäßig mit dem Totschlagargument »Dies ist der Wille des Heiligen Vaters« ins Leere laufen ließ. Und so hatte sich Ottaviani gründlich verschätzt. Er glaubte, der Papst halte uneingeschränkt zu seiner Behörde. Paul VI. aber, der dem im Laufe des Konzils verstorbenen Johannes XXIII. auf dem Stuhl Petri gefolgt war, rief Frings am selben Nachmittag noch zu sich. Mit mulmigem Gefühl und beträchtlichen Sorgen über seine klerikale Zukunft ging der deutsche Kardinal zum Heiligen Vater. Frings rechnete mit einer päpstlichen Standpauke. Doch das Erstaunen des deutschen Kardinals war groß, als Paul VI. ihm hocherfreut zu seiner mutigen Rede gratulierte. Und so war Frings' Sieg vollkommen. Die gemäßigte Fraktion ging als Sieger aus dem Richtungsstreit hervor. Zweifellos hatte Frings auch das Glück, dass der neugewählte Papst ganz auf seiner Linie war. Paul VI. nämlich führte Johannes' XXIII. Versöhnungspolitik fort. Beispielhaft und von weitreichender ökumenischer Bedeutung war später etwa sein Treffen mit Patriarch Athenagoras von Konstantinopel, das zur Aufhebung der gegenseitigen Exkommunikation führte.

Viele Historiker beschreiben das, was in der heftigen Auseinandersetzung am 8. November geschah, geradezu als Symbol für alles, was auf dem Spiel stand: Der Aufschrei eines mutigen Mannes und ein einfacher Bruch der althergebrachten Konzilsordnung führten schließlich zum Bruch mit den formalen Begebenheiten der inquisitorischen Praxis. Wenige Tage vor dem Abschluss des Konzils im Dezember 1965 erließ Paul VI. das Dekret *Integrae servandae,* mit dem er der angestrebten generellen Reform vorgriff und die Umgestaltung überraschenderweise mit dem Heiligen Offizium begann:

- Das Heilige Officium bekommt den neuen Namen »Kongregation für die Glaubenslehre«.
- Ihr steht der Papst vor. Sie wird vom Kardinal-Sekretär geleitet, unterstützt vom Assessor, einem Substitut und einem Kirchenanwalt.
- Vor die Kongregation gehören alle Fragen, die die Glaubens- und Sittenlehre berühren.
- Sie prüft Publikationen neuer Lehren und Meinungen, fördert Studien und unterstützt Gelehrtenkongresse. Was den Glaubensprinzipien aber klar entgegengesetzt ist, verwirft sie nach Anhörung der Bischöfe.

- Nach sorgfältiger Prüfung verwirft die Kongregation ein Buch erst, nachdem der Autor die Gelegenheit hatte, sich schriftlich zu verteidigen.
- Sie entscheidet über Rechtsfragen, die das *Privilegium fidei* betreffen.
- Gemäß allgemeinem Prozessrecht kommt es ihr zu, über Glaubensdelikte zu richten.[110]

Was waren neben diesen Änderungen die wichtigsten Neuerungen? Überzeugungsarbeit, nicht Zensur, hieß die neue Devise. Ziel des Dekrets war die Umwandlung der Behörde von einer auf Verteidigung abgerichteten Wächterinstitution hin zu einem Apostel der katholischen Lehre. Zudem kam es zu einer Gleichschaltung der Kräfteverhältnisse innerhalb der verschiedenen Kongregationen: Das Heilige Offizium war einmal die *Suprema Congregatio,* die höchste Kongregation, ein Titel, der ihr 1913 vom Papst zugeschrieben wurde. Durch die Kurienreform im Jahre 1967 wurden alle römischen Kongregationen auf die gleiche Stufe gestellt, auch wenn man der Glaubenskongregation zugestand, dass sie die *potissima negotia,* die wichtigsten Geschäfte der Kurie, betreibe. Der legendäre und in seiner Wirkungslosigkeit lächerlich gewordene Index der verbotenen Bücher wurde aufgegeben, womit ein weiteres Tätigkeitsfeld entfiel. Vor dem Konzil hatten sich bereits hohe Kirchenmänner über den Index lustig gemacht. Kardinal Ciriaci verlautbarte in einer Rede vom 5. Mai 1962: »Es hat Verleger gegeben, die ihre Bücher mit dem Satz ›Verboten durch das Heilige Offizium‹ versahen. Das hat es gegeben. Stellen sie sich vor, wie viel Geld die Betreffenden damit verdient haben, ohne dem Heiligen Offizium einen Anteil zu zahlen! Das Heilige Offizium hatte ihnen schließlich einen großen Dienst erwiesen.«[111]

Die Kongregation wurde für Strafverfahren an das allgemeine Prozessrecht gebunden. Bislang war es so gewesen, dass ein katholischer Theologe, dessen Werk examiniert wurde, nicht davon erfuhr, dass ein Verfahren über seine Werke in Rom lief. Dies wurde geändert. Für Lehrverfahren wurde jetzt verlangt, dass der Autor in einem Kolloquium selbst gehört werden müsse.

Wie Disziplinarverfahren gegen katholische Theologen unmittelbar nach dem Zweiten Vatikanischen Konzil abliefen, kann man sich folgendermaßen vorstellen: Wenn eine unterzeichnete Anzeige in der Kongregation eintrifft, wird der Ortsbischof über das Verhalten des betreffenden Priesters befragt. Dann wird der Priester selbst befragt, der sich anschließend vor einem Richter und einem Notar verteidigen muss. Wenn er eine Verleumdung gegen seine Person beweisen kann, wird die Akte vernichtet. Erbringt er diesen Beweis nicht, wird das von ihm unterzeichnete Befragungsprotokoll an die Konsultoren weitergereicht. Die Kongregation bestellt einen Rechtsanwalt, den der Angeklagte umgehend sprechen darf, so dass dieser ihn vor dem Gremium verteidigen kann. Die Konsultoren prüfen die Angelegenheit – ihr Urteil kann einstimmig sein oder unterschiedlich ausfallen. Als nächstes befassen sich die Kardinäle mit dem Fall, die wiederum verschiedener oder gleicher Meinung sein können. Schließlich wird die Auffassung der Kardinäle dem Papst zur Genehmigung vorgelegt.[112]

Noch heute erlässt die Glaubenskongregation regelmäßig Erklärungen und Instruktionen zu glaubens- und gesellschaftsrelevanten Fragen, etwa der Sexualmoral, Euthanasie, Kindertaufe oder Emanzipation. Der geschilderte Verfahrensmodus wurde zwischenzeitlich aber des Öfteren geändert, so etwa 1970 und 1997, was der Behörde in Bezug auf die Benachteiligung der Verteidigung heftige Kritik eintrug.[113]

Wie aber reagierte Ottaviani unmittelbar nach dem Konzil auf diesen Paradigmenwechsel innerhalb seiner Behörde? Wir kennen seine Reaktion aus einem Interview, das er am 13. April 1966 der Zeitschrift *Gente* gab: »Der Unterschied liegt in der Abschaffung der inquisitorischen und repressiven Art. […] Der Beschuldigte hat größere Möglichkeiten, sich zu verteidigen, seinen Standpunkt darzulegen, zu diskutieren. Im Wesentlichen ist man zu der Verfahrensweise zurückgekehrt, die in der Konstitution *Sollicita ac provida* Benedikts XIV. vorgesehen war. Ich muss zugeben, dass sich das Heilige Offizium im Lauf der Zeiten von dieser Verfahrensweise entfernt und sie durch ein autoritäres Verfahren ersetzt hatte. Es ist sehr schmerzlich, dass man dahin gelangt ist und es ist schwer zu sagen, wie es so weit kommen konnte. [...] Wie dem auch immer sei: Wenn wir auf Abwege geraten sind, so geschah dies häufig aus Übereifer und Leidenschaft in der Sorge um die Einheit der Kirche und die Sicherheit der Doktrin.«[114]

Wenn diese Worte aufrichtig gesprochen waren, muss man Ottaviani für seinen Meinungswechsel im Nachhinein Respekt zollen. Dass er aber genau diese neuen Verfahrensweisen, die ja auch ein Zurück zu den Reformen Papst Benedikts XIV. bedeuteten, noch auf dem Konzil zu verhindern trachtete, steht außer Frage. Zwar blieb Ottaviani Chef der reformierten Behörde, mit den neuen Verhältnissen jedoch konnte er sich nicht mehr anfreunden. Resigniert und verbittert ging er bald in den Ruhestand. Auch später blieb Ottaviani seinem Konservatismus treu. Nach dem Konzil wurde er zusammen mit Marcel Lefebvre und Antonio Bacci zu einem der führenden Kritiker der Liturgiereform.

Wenn Ottaviani also der Konservative war – und als »Bewahrer«, der am Hergebrachten festhält, kann man ihn zweifellos bezeichnen –, war Frings dann sein genauer Gegenpol? War der deutsche Kardinal ein Revolutionär, wie einige Mythenmacher behaupten? Viele Kirchenhistoriker beschäftigten sich nach dem Konzil mit Frings' Rolle. Die einen sahen in ihm einen Vertreter des progressiven Flügels, die anderen das Haupt der liberalen Rheingruppe, wieder andere einen verkappten Traditionalisten.[115] Wir haben also drei verschiedene politische Richtungen zur Auswahl. Versuchen wir, diese Frage im Hinblick auf Frings' Brandrede zu erörtern. Frings' Ansatz war zweifellos progressiv. Wer für eine Reform der Kurie plädierte und behauptete, dass die Methoden des Heiligen Offiziums »nicht im Geringsten der heutigen Zeit« entsprächen, bekannte sich offen zu Neuerungen. Doch welche Neuerungen meinte Frings konkret? Theologische, verfahrensrechtliche oder politische? Welches Wahrheitsverständnis lag seiner Argumentation zugrunde?

Der Begriff »Wahrheit« erscheint in Kardinal Frings' Schriften sehr häufig: Ausdrücke wie »die alten Wahrheiten«, oder »die Wahrheiten des Glaubens« tauchen regelmäßig auf. Symptomatisch für Frings' Wahrheitsverständnis – und für die damit zusammenhängende Frage nach seiner Positionierung in einem konservativen, liberalen oder progressiven Lager – steht ein Satz in seiner Autobiographie. Hier heißt es über das Konzil: »Wir waren aufgerufen, zusammen mit dem Papst der ganzen Kirche neue Gesetze zu geben und die Wahrheiten des Glaubens in neue Ausdrucksformen zu fassen.«[116] Die alten Wahrheiten sollten in neue Ausdrucksformen gebracht werden. Die äußere Form sollte erneuert werden, nicht aber der Inhalt; die Worte wurden neu, nicht die zu verhandelnden Dinge.

Die Wahrheit war für Kardinal Frings etwas Unverrückbares. Einer platonischen Idee entsprechend, war sie in seinen Augen etwas Ewiges, Unveränderliches, Höherstehendes und Göttliches. Dass man aber die Mitteilungsarten dieser Wahrheit der Modernität anpassen könne – etwa durch eine Predigt in der Volkssprache – damit war er einverstanden. Die Form der Wahrheitsvermittlung war diskutierbar, nicht aber die Wahrheit selbst. Und in diesem Sinne muss auch seine Kritik am Heiligen Offizium verstanden werden. Nie kritisierte Frings die Überwachungsfunktion der Behörde. Nie forderte er, dass die Institution gar abgeschafft werden solle. Ausdrücklich hob Frings in seiner Rede den schwierigen und dornenvollen Dienst zum Schutz der Offenbarungswahrheit hervor, den das Heilige Offizium seit jeher geleistet hatte. Frings mahnte hingegen Rechtsprinzipien an. Er protestierte dagegen, dass das Heilige Offizium über dem Kirchenrecht stehe. Er pochte auf einer Trennung von Verwaltungsweg und gerichtlichem Verfahren, sowie auf einer Verteidigungsmöglichkeit des Angeklagten. Die theologischen Wahrheiten, die das Heilige Offizium in seinen Prozessen häufig in Frage gestellt hatte, kritisierte Frings nicht. Ihm ging es vielmehr um juristische und verfahrensrechtliche Fragen, um eine neue Prozessordnung. Gemäß seiner Devise *Pro hominibus constitutus*, focht Frings letztlich für größere Gerechtigkeit und mehr Transparenz den Angeklagten gegenüber. In diesem humanen Sektor liegt sein großes Verdienst.

Frings' Handeln war letztlich auch pragmatisch: In einer Zeit, in der sich Bücher mit dem Vermerk »verboten« besonders gut verkauften, existenzialistische Philosophen an den Universitäten gelesen wurden und die 68er Unruhen sich bereits anbahnten, war es einfach an der Tagesordnung, eine frühneuzeitliche Institution zu reformieren. Für die Legende des Drachentöters aber, der der Inquisitionsbehörde den Rest gab, taugt Josef Frings freilich nicht.

Kann die Kirche irren?
Hans Küng und
Josef Ratzinger

Hans Küng (geb. 1928)

Der Schweizer Theologe gilt heute als einer der renommiertesten Kritiker der katholischen Kirche und gleichzeitig als eines ihrer berühmtesten zeitgenössischen »Opfer«. Einst von Papst Johannes XXIII. zum Berater des Zweiten Vatikanischen Konzils berufen, wirkte Küng als Professor für Katholische Theologie an der Universität Tübingen. Vor allem durch seine kritische Haltung zur päpstlichen Unfehlbarkeit und zu den Methoden der Glaubenskongregation geriet Küng ins Visier der Glaubensrichter. Nach einem viele Jahre dauernden Prozess, der enormes Medienecho fand, wurde Küng von der Vatikanischen Kongregation für die Glaubenslehre die kirchliche Lehrerlaubnis entzogen. Niemand anderer als sein einstiger Tübinger Kollege Josef Ratzinger wirkte im Hintergrund an Küngs Amtsenthebungsverfahren mit.

Josef Ratzinger (geb. 1927)

In jungen Jahren galt Ratzinger als Progressist. Gemeinsam mit Hans Küng wirkte er auf dem Zweiten Vatikanischen Konzil als theologischer Berater. Später folgte er Küng an die Universität Tübingen. Doch aus Partnern wurden mit der Zeit unerbittliche Gegner, nicht zuletzt, weil die beiden in theologischen Belangen konträre Wahrheitsauffassungen vertraten. 1981 wurde Ratzinger von Johannes Paul II. zum Präfekten der Glaubenskongregation ernannt. Seine Bewunderer halten ihn für einen der bedeutendsten Theologen unserer Zeit; Gegner werfen ihm seinen Konservativismus vor: So wird Ratzinger für die Ablehnung des Vatikans von Verhütungsmitteln, homosexuellen Partnerschaften und Priesterehen mitverantwortlich gemacht. Zahlreiche Lehrverfahren gegen abtrünnige Theologen wurden unter seiner Regie geführt. Nach dem Tod von Johannes Paul II. im April 2005 übernahm Ratzinger als Benedikt XVI. die Leitung der römisch-katholischen Kirche.

Dass aus zwei ehemaligen Weggefährten, die auf dem Zweiten Vatikanischen Konzil gemeinsam der römischen Inquisition den Fehdehandschuh hingeworfen hatten, unerbittliche Gegner geworden sind, stellt eine besondere menschliche Tragik dar. Ratzinger und Küng, die einstigen Rebellen der katholischen Kirche, entwickelten sich sehr unterschiedlich. »Wir haben in der Tat gemeinsam angefangen, beinahe wie Zwillinge, und [...] dann ging der Weg auseinander. Er hat eben nach der Kirchenmacht gegriffen, als sie ihm angeboten wurde. Ich habe das ausdrücklich abgelehnt. Solange die Reform nicht durchgeführt ist, kann man sich in dieser Weise meines Erachtens nicht engagieren, und jetzt hat er ja erreicht, was er erreichen konnte. Ich habe erreicht, was ich erreichen konnte.« Diese scheinbar altersmilden und abgeklärten Worte, die der 74-jährige Hans Küng seinem Interviewpartner für den ZDF-Dreiteiler »Die geheime Inquisition« im Jahre 2002 gab, täuschen darüber hinweg, zu welch verbissener Auseinandersetzung es im Vorfeld zwischen den beiden Kontrahenten gekommen war. Ein in der deutschen Mediengeschichte für theologische Belange beispielloser publizistischer Krieg wütete über Jahrzehnte hinweg. Noch heute gilt Küng vielen als *der* zeitgenössische Revolutionär innerhalb der katholischen Kirche, noch heute gilt Ratzinger seinen Gegnern als Inbild des »Sakral-Stalinisten«. Medienvertreter warten lauernd auf Verlautbarungen der beiden Streithähne, denn Quote versprechen ihre Äußerungen allemal. Beide Theologen schicken regelmäßig ihre Jünger in die Schlacht, um die gegnerische Seite zu widerlegen, ja zu diskreditieren. *Der Spiegel,* die *Frankfurter Allgemeine* oder die *Neue Züricher Zeitung* wurden in der Vergangenheit neben theologischen Publikationsorganen als Plattformen für polemische und dem Widersacher Kompetenz absprechende Artikel genutzt. Küng? Ein eitler und mediengewandter Selbstdarsteller, der dem Zeitgeist nachrennt. Ratzinger? Ein Großinquisitor, der noch immer dem mittelalterlichen Paradigma verhaftet ist und mit den Mitteln des KGB arbeitet – so lauten die unverhohlen vorgetragenen Vorwürfe.

Als Außenstehender fragt man sich bisweilen, wie zwei Theologen auf derart verletzende und respektlose Art miteinander umgehen konnten. Küngs im Jahr 2002 erschienene Autobiographie *Erkämpfte Freiheit* strotzt geradezu vor martialischer Rhetorik. Da ist häufig die Rede von »Kampfgeist« und »Krieg«, von »Schlachten« und »Siegesfeiern«, von der Glaubenskongregation als »römischem Sicherheitshauptamt«, ja sogar von »Theologen-Säuberung«.[117] Sind das die Worte eines Mannes, der heute als Präsident der Stiftung Weltethos für ein friedliches Miteinander der Religionen eintritt? Es mag sein, dass man als deutscher Leser – bedingt durch den Nationalsozialismus – auf bestimmte Begriffe empfindlicher reagiert als ihr Schweizer Urheber. Geschmacklos sind sie allemal. Küngs beständiger Vergleich zwischen den Methoden des Vatikans und denjenigen totalitärer Regime hinkt auch deshalb, weil man heute weder gezwungen wird, der katholischen Kirche anzugehören, noch physisches Leid durch sie zu erwarten hat.

Küngs Wortwahl ist zweifellos auch eine Folge der Nadelstiche, die ihm selbst von zahlreichen Kritikern zugefügt wurden. Ratzinger, sein in kirchenhierarchischer Sicht machtvollster Gegner, polemisiert in seinen Verlautbarungen beständig und mit gezielten Sticheleien – ohne Küng explizit zu nennen – gegen einen falsch verstandenen »ideologischen Liberalismus« in Gesellschaft und Kirche. Wen er unter anderen als geistiges Oberhaupt dieser Richtung und als Brandstifter ansieht, ist offensichtlich. Schon 1976 reagierte er in einem Artikel, der als Reaktion auf Küngs Buch *Christ sein* entstand, äußerst bissig: Die Kirche verschwinde in der Leere von Küngs Worten, seine Theologie ende im Abstrusen und im Nichts, sein Buch enthalte eine unverhohlene Arroganz, schrieb der bayrische Kardinal damals in bewusst verletzenden Worten, die zweifellos zur Vergiftung der Atmosphäre beitrugen.

Aber es geht ja um nichts Geringeres als die Wahrheit – mag man in Anbetracht der verbalen Schlammschlacht verständnisvoll einräumen. Am Anfang der Auseinander-

Hans Küng (geb. 1928)

setzung stand ein Buch Küngs, das den Unfehlbarkeits-
und Wahrheitsanspruch der katholischen Kirchenspitze
hinterfragte.

Gibt es unfehlbare dogmatische Sätze, auf die die Kirche
die Gläubigen verpflichten kann? Kann es überhaupt eine
Festlegung der Wahrheit in Form von Dogmen geben? So
lauten Hans Küngs zentrale Fragen. Rund hundert Jahre
vor Küngs folgenschwerer Intervention wurde das Erste
Vatikanische Konzil (1869–1870) veranstaltet. Im Zuge der
italienischen Einigungsbewegung, die im Kirchenstaat einen Fremdkörper sah, verlor der Vatikan immer mehr an
Boden und wurde politisch wie gesellschaftlich in die Defensive gedrängt. Notgedrungen sah die katholische Kirche sich daher veranlasst, die Kräfte in Anbetracht des
aufkeimenden Liberalismus, der modernen Naturwissenschaft und vor allem der antikirchlichen Strömungen zu
bündeln. Man verbarrikadierte sich geistig hinter den
Mauern des Vatikans und verkündete am 18. Juli 1870
schließlich die Unfehlbarkeit des Papstes, nachdem bereits im Jahre 1864 der *Syllabus errorum* erlassen worden
war, der die bürgerlichen Freiheiten des 19. Jahrhunderts
verdammt hatte. Von nun an wurde dem Papst die finale

197

Entscheidung in kirchendogmatischen und -rechtlichen Fragen zugesprochen. Auch wenn die päpstliche Unfehlbarkeit an bestimmte Bedingungen geknüpft war, bedeutete das Dogma doch für eine zusehends auf die Vernunft eingeschworene Welt eine ungeheure Zumutung. Schon damals stieß das päpstliche Unfehlbarkeitsdogma auf erbitterten Widerstand. Und auch in Zukunft sollte es beständiger Anlass für Ärger bleiben. Dennoch beließ man es bis zum Zweiten Vatikanischen Konzil unangetastet. Das II. Vaticanum bestätigte nun im dritten Kapitel der Konstitution *Lumen gentium* die Aussagen des ersten Konzils über die päpstliche Unfehlbarkeit, kompensierte diese aber schließlich mit einem langen Anhang zur Unfehlbarkeit der Bischöfe. Man verlagerte sozusagen die päpstliche Unfehlbarkeit auf die breiteren Schultern des Episkopats: »Die einzelnen Bischöfe besitzen zwar nicht den Vorzug der Unfehlbarkeit; wenn sie aber in der Welt räumlich getrennt, jedoch in Wahrung des Gemeinschaftsbandes untereinander und mit dem Nachfolger Petri authentisch in Glaubens- und Sittensachen lehren und eine bestimmte Lehre übereinstimmend als endgültig verpflichtend vortragen, so verkünden sie auf unfehlbare Weise die Lehre Christi.« (Art. 25,3) An dieser etwas schwammigen Formulierung nimmt Hans Küng in seinem 1970 erschienenen Buch *Unfehlbar? Eine Anfrage* heftigen Anstoß. Der einzelne Bischof besitze »zwar nicht den Vorzug der Unfehlbarkeit«, könne aber unter bestimmten Umständen auf unfehlbare Weise die Lehre Christi verkünden. Ist der einzelne Bischof in seinen Lehraussagen nun unfehlbar oder nicht? In jenem besagten Buch, das einem wahren Paukenschlag gleichkam und eine Untersuchung der deutschen Bischofskonferenz nach sich zog, fragt der Schweizer Theologe offen: »Warum ist der einzelne Bischof als Nachfolger der Apostel, die ja nach dieser Theorie auch als einzelne unfehlbar waren, nicht auch als einzelner Bischof unfehlbar?«[118] Und er beantwortet seine Frage selbst: »Ja, die Kirche ist ›auferbaut auf dem Grund der Apostel [...]‹. Aber von irgendeiner personalen oder kollegialen Unfehlbarkeit, Unfähigkeit des Irrens ist keine Rede! Es dürfte ebenfalls nicht zu beweisen sein, dass die Bischöfe im direkten und exklusiven Sinn die Nachfolger der Apostel (und gar noch des Zwölferkollegs) sind.«[119]

Mit anderen Worten: Hans Küng kritisiert die unlogischen Formulierungen und Beweisgründe sowie die kausalen Unstimmigkeiten innerhalb der Konstitution *Lumen gentium* – sowohl in Fragen der theologischen Richtigkeit, wie auch in deren Folgerungen für den Ökumenismus. All diese verbalen Winkelzüge sind seiner Meinung nach aber nur Symptome einer tiefersitzenden Ursache: Es sei seit dem Ersten Vatikanischen Konzil nicht gelungen, die Machtstruktur der Kirche zu verändern, schreibt Küng. Schwammige Formulierungen dienten geradezu als Deckmantel; sie würden von der Kurie benutzt, um die Attitüde der Autorität zu verhüllen. Nach wie vor existiert in Küngs Augen eine monopolisierte päpstlich-hierarchisch-klerikale Wahrheitsvermittlung, für die es seiner Meinung nach weder eine theologische noch eine historische Rechtfertigung gibt. Und genau dies will der Schweizer Theologe in *Unfehlbar?* zeigen: Er schreibt, dass »die Aussagen über eine Unfehlbarkeit des Bischofskollegiums, die auf der traditionellen ungeschichtlichen Auffassung von einer direkten und exklusiven apostolischen Sukzession der Bischöfe gründet, […] auf tönernen Füßen stehen.«[120]

Küngs Empörung über den Unfehlbarkeitsanspruch der katholischen Kirchenspitze muss vor dem Hintergrund seiner Unzufriedenheit mit den Ergebnissen des Zweiten Vatikanischen Konzils verstanden werden. Der Eidgenosse, der als junger Konzilsteilnehmer maßgeblich an Beschlussfassungen des Konzils beteiligt gewesen war und dessen Buch *Konzil, Reform und Wiedervereinigung* vielen gar als inoffizielles Lehrdokument des Konzils galt, empfand es als bitter, dass »die vom zweiten vatikanischen Konzil gewollte Erneuerung der katholischen Kirche und damit auch die ökumenische Verständigung mit den anderen christlichen Kirchen und die neue Öffnung zur heutigen Welt hin ins Stocken geraten ist. [...] Papst, Kurie und viele Bischöfe geben sich bei allen unumgänglichen Wandlungen noch immer weithin vorkonziliar; man scheint aus dem Konzil wenig gelernt zu haben.«[121] Regelrecht verraten und in seinen Hoffnungen betrogen fühlte sich Küng in dieser Hinsicht durch seinen einstigen Mitstreiter Josef Ratzinger. Beiden Theologen, die als »junge Wilde« gemeinsam gegen den *Status quo* der Kirche anrannten, war es nämlich maßgeblich zuzuschreiben, dass viele progressive Entwürfe des Kirchenkonzils umgesetzt wurden. In Ratzinger sah und sieht Küng deshalb bis heute einen ehemaligen Weggefährten, der seinen eigenen Idealen untreu wurde. Gleichsam um ihm Fahnenflucht vorzuwerfen und ihn als Wendehals bloßzustellen, beginnt Küng ein Kapitel seiner Autobiographie mit einem Zitat Ratzingers aus dem Jahre 1968. So sagte der heute durch sein autoritäres Gebaren berühmt-berüchtigte Vorsitzende der Glaubenskongregation einst: »Über dem Papst als Ausdruck für den bindenden Anspruch der kirchlichen Autorität steht noch das eigene Gewissen, dem zuallererst zu gehorchen ist, notfalls auch gegen die Forderung der kirchlichen Autorität.«[122]

Nicht nur Hans Küng fragt sich, wie aus dem einst autoritätskritischen Kleriker ein lautstarker Befürworter der päpstlichen Autorität werden konnte und wie es allem Anschein nach zu einem biographischen Bruch in Ratzingers Leben kommen konnte: Gab es einen vor seiner römischen Amtszeit wirkenden, fortschrittlich-aufgeschlossenen Josef Ratzinger und gibt es einen in Rom tätigen, den resigniert anmutenden Erzkonservativen?

Josef Ratzingers Ruf geht heute weit über die Grenzen der katholischen Kirche hinaus. Seine Wortmeldungen zu Fragen der Kultur, etwa die fast paranoid anmutende Verdammung harmloser *Harry-Potter*-Bücher als »subtile Verführungen, die unmerklich und gerade dadurch tief wirken und das Christentum in der Seele zersetzen«[123], oder seine erzkonservativen Verlautbarungen zur gesellschaftlichen Rolle der Frau, zieren die Titelseiten der einflussreichsten Printmedien. Für die einen ist er der »Buhmann des Vatikans«, der »Großinquisitor« und »konservative Bremser«, für die anderen ist er ein »brillanter Theologe«, »oberster Glaubenshüter« und »gelehrter Kämpfer für die Forschungsfreiheit«. Sogar über einen eigenen Fanclub verfügt Josef Kardinal Ratzinger.

Geboren wurde Ratzinger am 16. April 1927 in Marktl am Inn. Nach dem Studium der Theologie und Philosophie in Freising und München legte Ratzinger eine wahre theologische Bilderbuchkarriere hin, denn schon 1958 wurde er mit 31 Jahren als jüngster Theologieprofessor, den es bis heute in Deutschland gab, Lehrstuhlinhaber für Dogmatik und Fundamentaltheologie an der Kirchenhochschule in Freising. 1959 ging Ratzinger an die Universität Bonn, wo er bald mit Kardinal Josef Frings von der Erzdiözese Köln Bekanntschaft machte, der zu einer prägenden Figur des Zweiten Vatikanischen Konzils werden sollte.

Als offizieller Konzilstheologe (*peritus*) und wichtigster theologischer Berater von Kardinal Frings war Ratzinger auf allen vier Sitzungen des Zweiten Vaticanums präsent. Und es war jenes bedeutende Kirchenkonzil, das seinen Ruf als »junger Wilder« bestätigen sollte. Obwohl Ratzinger im Konzilssaal nicht sprechen durfte, war er eine der zentralen Figuren im Hintergrund. Es steht außer Frage, dass Frings, der fast blind war, sich in der Vorbereitung seiner Verlautbarungen stark auf Ratzinger stützte. Schon im Vorfeld zog dieser an maßgeblicher Stelle die Fäden. Die Entwürfe der Kurienkommissionen, die vor dem offiziellen Beginn abgefasst worden waren, sollten nach dem Willen vieler Kurienmitglieder im Konzil einfach abgesegnet werden. Zusammen mit Josef Frings, Hans Küng, Yves Congar und Karl Rahner verfocht Ratzinger, dass die Entwürfe abgelehnt werden müssten. Das Konzil war nämlich, laut Ratzinger, fest entschlossen selbständig zu handeln und sich nicht zum Vollstreckungsorgan der vorbereitenden Kommissionen zu degradieren. Man ging also erneut an die Arbeit, und jenes frühe Veto war haupt-

Josef Ratzinger
(geb. 1927)

sächlich dafür verantwortlich, dass viele der gemäßigt-
progressiven Positionen auf dem Konzil später die Oberhand gewinnen sollten.

Die stürmischen Jahre des II. Vaticanums an der Seite
von Kardinal Frings wichen einer ruhigeren Phase der
Lehre. Ratzinger setzte nach dem Konzil seine univer-
sitäre Laufbahn fort. Nach einer kurzen Zwischenstation
in Münster wurde er 1966 Ordinarius für Dogmatik und
Dogmengeschichte an der Universität Tübingen. Jedoch
sollten sich die Jahre zwischen 1965 und 1967 buchstäblich als »Ruhe vor dem Sturm« erweisen, denn die 68er-
Bewegung ergriff auch die schwäbische Universitätsstadt.
Und dies in einer Heftigkeit, die Ratzingers Denken in seinen Grundfesten erschüttern sollte. Durch Sitzblockaden
behinderten Studenten lautstark die Vorlesungen Ratzin-

gers und seiner Kollegen. Kleriker, die von Berufs wegen an klare Hierarchien gewohnt waren, wurden von ihren eigenen Studenten verspottet. Besonders schockierend empfand Ratzinger aber die Tatsache, dass gerade die theologischen Fakultäten in Tübingen zum Zentrum der studentischen Revolte wurden. Mitglieder einer katholischen Studentengemeinde forderten in basisdemokratischer Intention, dass der Studentenpfarrer der Gemeindeversammlung untergeordnet werden solle. Unverblümt wurden marxistische Theorien von Theologen vorgetragen; das Kreuz wurde in aller Öffentlichkeit als Zeichen von Sadomasochismus blasphemisch verunglimpft. »Das Neue Testament ist ein Dokument der Unmenschlichkeit, ein groß angelegter Massenbetrug!«, stand auf einem Flugblatt der Fachschaft Evangelische Theologie. Waren gläubige Christen, die dem marxistischen Denksystem widersprachen, mit systemstabilisierenden »Spießern« gleichzusetzen, wie viele Studenten behaupteten? Waren dies nun die liberalen Errungenschaften des Zweiten Vatikanischen Konzils, fragte sich Ratzinger?

Im Jahre 1968 vollzog sich ein Wandel in Ratzingers Leben: Der einstmals Progressive wurde zu einem Konservativen. In *Salz der Erde* schreibt Ratzinger über diese Zeit: »Mir war von daher klar geworden, dass man, gerade wenn man den Willen des Konzils durchhalten will, sich gegen dessen Missbrauch zur Wehr setzen muss […], ich habe gesehen, wie wirklich Tyrannis ausgeübt worden ist, in brutalen Formen auch […]. Wer hier Progressist bleiben wollte, musste seinen Charakter verkaufen.«[124]

Nun fragt man sich dennoch etwas verwundert, wie die Studentenunruhen von 1968 derart traumatisch auf Josef Ratzinger wirken konnten – trotz aller studentischen Rüpeleien. War seine Reaktion nicht einfach übertrieben? Hätte man von einem Mann, der als junger Soldat das Grauen des zweiten Weltkriegs erlebt hatte, nicht eine gelassenere Haltung erwarten dürfen? Ratzingers Kollegen in Tübingen – unter ihnen Hans Küng, der den Protestierenden sehr kritisch und trotzig herausfordernd gegenüberstand – sahen mit den Unruhen jedenfalls nicht das nahende Ende der katholischen Kirche anbrechen. Man sagte sich vielmehr, dass die *ecclesia catholica* in ihrer langen Geschichte schon ganz andere Herausforderungen gemeistert hatte. Und Einige verstanden die Krise gar als Chance eines Neuanfangs. Gerade hier aber wird Ratzingers pessimistische Weltsicht besonders deutlich. Dem bayrischen Theologen gelten Unruhen und Krisen als Zeichen von Unglaube. Er kann ihnen nichts Positives und Sachdienliches abgewinnen.[125]

Schockiert wandte sich Ratzinger also von Tübingen ab und zog 1969 zurück in das konservativere Bayern, um einen Lehrauftrag an der neuen Universität Regensburg zu übernehmen. Es war eine natürliche Folge in der Logik Roms, dass Ratzinger, dem der Ruf eines hochintelligenten und eifrigen Theologen vorausging, 1977 zum Erzbischof von München und Freising und kurz darauf zum Kardinal ernannt wurde. 1981 berief ihn Papst Johannes Paul II. schließlich zum Präfekten der Glaubenskongregation nach Rom, jener Nachfolgeorganisation der römischen Inquisition, die heute die zentrale Instanz in Glaubensfragen ist und deren Methoden Ratzinger ironischerweise auf dem zweiten Vaticanum scharf kritisierte.

Der Mann aber, der im Vorfeld der 68er Unruhen maßgeblich an Ratzingers Berufung nach Tübingen beteiligt gewesen war, war niemand anderer als Hans Küng. Schon seit 1960 wirkte er als Professor für katholische Theologie an der Eberhard-Karls-Universität. Und der Schweizer Theologe erhoffte sich nun eine Fortsetzung des fruchtbaren und kollegialen Verhältnisses, wie es einst zwischen beiden auf dem zweiten Vaticanum bestanden hatte. In Forschung und Lehre sollte das fortgesetzt werden, was auf dem Zweiten Vatikanischen Konzil erfolgreich begonnen worden war. Wie so häufig im Leben sollte aber alles ganz anders kommen.

Nach Aussage des Kirchenhistorikers John Allen war Küngs geistiger Weg, der sich von rechts nach links bewegte, das genaue Gegenteil Ratzingers. Die Tatsache, dass sich die beiden ehrgeizigen Theologen auf dem zweiten vatikanischen Konzil so gut verstanden, erklärt er mit der ebenso schlichten wie einleuchtenden Feststellung, dass sich beide auf der Hälfte ihres Weges trafen.[126] Der 1928 in Sursee geborene Hans Küng war als junger Absolvent der päpstlichen Universität Gregoriana in Rom tatsächlich alles andere progressiv. Er war ein lautstarker Befürworter, als Papst Pius XII. die Glaubenslehre von der leiblichen Himmelfahrt Marias verkündete. Hochmut und Arroganz seien es zuzuschreiben, dass sich vereinzelte deutsche Theologen dagegen wandten, verlautbarte Küng schon damals in provokanter und selbstbewusster Manier.[127] Aus dem einstigen Befürworter päpstlicher Positionen sollte im Laufe der Jahre aber ein scharfer Kritiker der päpstlichen Autorität werden. Bereits im Jahre 1967 wurde Küng vom Vatikan kontaktiert, um sich für gewisse Passagen in seinem Buch *Die Kirche* zu rechtfertigen. Seine Bemerkungen zur päpstlichen Autorität schienen der Glaubenskongregation suspekt. Trotzig und im wackeren Stil eines Schweizer Freiheitskämpfers, antwortete Küng in einem Schreiben, er fordere erstens Zugang zu seiner Akte. Zweitens solle jede frühere ohne seine Einbindung getroffene Entscheidung außen vor gelassen werden. Drittens fordere er eine schriftliche Liste der im Zusammenhang mit seinem Buch stehenden Probleme und viertens die Namen aller Fachleute, die sein Buch prüften. Fünftens verlangte er, während aller offiziellen Treffen Deutsch sprechen zu dürfen und sechstens schließlich die Deckung der Reisekosten nach Rom – andernfalls könne man das Treffen in Tübingen abhalten; sein Haus stände ihnen zur Verfügung.[128] Ein Durchschlag jenes Briefes ging unter anderem auch an Ratzinger, der zu jener Zeit Dekan der Theologischen Fakultät war. Ratzinger wusste also von Anfang an über den »Fall Küng« Bescheid.

Küngs Katalog stellte eine ungeheuerliche Provokation dar. Nicht nur, dass ein David Goliath gegenüber Forderungen stellte, nein, Küng forderte von einer Behörde des Vatikans rechtsstaatliche Prinzipien laizistischer Staaten ein. Und schon hier sieht man, dass buchstäblich zwei verschiedene Welten aufeinander trafen.

In jenen Jahren kristallisierte sich bei Küng jedenfalls ein kompromissloser Kampfeswille heraus. Hatte er zu große Hoffnungen in die Reformkraft des Zweiten Vaticanums gesetzt? War es vielleicht aber auch Küngs unverhohlener Ruhmeswille, als Reformator in die Kirchengeschichte einzugehen?

Küng wurde von kurialer Seite immer wieder vorgeworfen, seine Angelegenheit ins Persönliche zu ziehen und zu behaupten, ihm geschehe Unrecht. Dabei gehe es ausschließlich um die Diskussion einiger fragwürdiger Lehrmeinungen, verlautbarten seine Opponenten. Niemand wolle ihm Böses antun. Küng jedoch sah dies ganz anders. Immer geschickter nutzte er in den kommenden Jahren die modernen Massenmedien, um sich als Opfer des Inquisitionsapparates darzustellen. Pressekonferenzen wurden abgehalten, Fernseh-Interviews gewährt. Selbst deutsche Politiker drängten sich an Küngs Seite, um sich im Glanze des renommierten Kirchenkritikers zu sonnen. Aber auch hinter den Kulissen des Vatikans zeigte man sich zusehends unwillig, dem Widerspenstigen gegenüber Toleranz walten zu lassen. Die Möglichkeit einer aufrichtigen Aussprache, gar einer Versöhnung, wurde von beiden Seiten schon bald nicht mehr ernsthaft in Erwägung gezogen – anders lautenden Äußerungen zum Trotz. 1970 veröffentlichte Küng *Unfehlbar?*, mit dem er ein weiteres Mal, noch provokativer, seine Sicht der Dinge verlautbarte. Die deutsche Bischofskonferenz sah sich schließlich veranlasst einzugreifen. 1971 wurde Küng vor einen Ausschuss zu Glaubenslehren der Bischofskonferenz zitiert, und in einer Erklärung vom 8. Februar 1971 wurde *Unfehlbar?* öffentlich verurteilt.

Das Band war nun endgültig zerschnitten. Insgesamt zehn Jahre lang ermittelte die römische Glaubenskongregation gegen den sich widerspenstig gebenden Tübinger Theologen. Jahre wurden damit vertan, um über faire Bedingungen eines Kolloquiums zu verhandeln. Als Küng im September des Jahres 1979 noch eine äußerst kritische Analyse des ersten Amtsjahres von Johannes Paul II. nachlegte, brachte dies das Fass endgültig zum Überlaufen. Im Laufe desselben Jahres wurde Hans Küng die Lehrerlaubnis für katholische Theologie entzogen. Küng könne nicht katholische Theologie lehren und dabei seine Position aufrecht halten, ließ man ihm mitteilen. Im Bewusstsein aber, einen international renommierten Theologen zu haben, wurde für Küng im Rom-fernen Tübingen sogleich mit Hilfe des Landes Baden-Württemberg eine Professur für Ökumenische Theologie eingerichtet.

Um es gleich vorwegzunehmen: Ratzinger war niemals Küngs unmittelbarer Richter. Er war aber von Anfang an in den Fall involviert, wirkte in Tübingen als eine Art »Spion vor Ort« und im Hintergrund als theologischer Berater der bischöflichen Ausschussmitglieder. Dass er sich dabei vehement gegen Küngs Theologie aussprach, beweisen seine Publikationen eindrücklich. Und es ist nicht übertrieben zu behaupten, dass Ratzinger bei Küngs Amtsenthebungsverfahren eine treibende Kraft im Hintergrund war. Es gab zwischen den beiden Antipoden wohl auch persönliche Animositäten, die im Vorfeld zur Vergiftung der Atmosphäre beitrugen. Laut Küng war Eifersucht im Spiel. Ratzinger soll während seiner Tübinger Zeit auf Küngs Beliebtheit unter den Studenten eifersüchtig gewesen sein.[129] Ob dies aber tatsächlich der Wahrheit entspricht, vermögen wir nicht zu beurteilen. Wenden wir uns daher besser den Inhalten der Debatte zu und lesen die Verlautbarung der Glaubenskongregation vom 15. Februar 1975 zum Abschluss der Lehrverfahren gegen Küngs Bücher *Die Kirche* und *Unfehlbar?*:

»In den oben genannten beiden Werken von Prof. Küng finden sich einige Auffassungen, die in verschiedenem Grad der von allen Gläubigen festzuhaltenden Lehre der katholischen Kirche widersprechen. Wir nennen nur die folgenden, weil bedeutsameren Punkte, wobei wir von einem Urteil über einige andere von Prof. Küng vertretene Auffassungen absehen: Die Auffassung, die das Glaubensdogma von der Unfehlbarkeit in der Kirche zum mindesten in Zweifel zieht oder auf eine grundsätzliche Indefektibilität der Kirche in der Wahrheit reduziert, mit der Möglichkeit des Irrtums in Sätzen, die das Lehramt der Kirche definitiv als festzuhalten lehrt, widerspricht der vom I. Vatikanischen Konzil definierten und vom II. Vatikanischen Konzil bestätigten Lehre. Ein anderer die Lehre von Prof. Küng schwer belastender Irrtum bezieht sich auf seine Auffassung vom Lehramt der Kirche. Er verwendet nämlich nicht den genuinen Begriff des authentischen Lehramts, dem gemäß die Bischöfe in der Kirche ›authentische, das heißt mit der Autorität Christi ausgestattete Lehrer sind, die dem ihnen anvertrauten Volk die Botschaft zum Glauben und zur Anwendung auf das sittliche Leben verkünden‹ (II. Vatikanisches Konzil, Dogmatische Konstitution *Lumen gentium* über die Kirche, Art, 25). Denn ›die Aufgabe, das geschriebene und überlieferte Wort Gottes verbindlich zu erklären, ist nur dem lebendigen Lehramt der Kirche anvertraut‹ (II. Vatikanisches Konzil, Dogmatische Konstitution *Dei verbum* über die göttliche Offenbarung, Art. 10). [...] Diese Kongregation erteilt [...] für jetzt die Mahnung, solche Lehrmeinungen nicht weiter zu vertreten [...].«[130]

Hans Küng vertrat sie dann aber doch. Unbeirrt, bis ihm 1979 schließlich die Lehrerlaubnis entzogen wurde. Rund 21 Jahre nach dieser vatikanischen Verlautbarung fand Küng dann bei seiner Tübinger Abschiedsvorlesung anlässlich der Emeritierung im Jahre 1996 folgende Worte: »Nicht nur um der Freiheit willen, die mir stets teuer war, sondern um der *Wahrheit* willen, die noch über meiner Freiheit steht, konnte ich einen anderen Weg nicht gehen.«[131]

Küng rechtfertigte seine Beharrlichkeit also mit einer Verpflichtung der Wahrheit gegenüber – einer Vorstellung von Wahrheit, die dem Wahrheitsverständnis der Glaubenskongregation offenbar diametral gegenüberstand. Wenn fehlbare Menschen wie der Papst und die Bischöfe in Küngs Augen keinen Anspruch auf Unfehlbarkeit und absolute Wahrheit haben können, wer hat sie dann?

Küng sieht die Wahrheit allein in der Person Jesus Christus verkörpert. »Das Kriterium für das, was in der christlichen Kirche wahr sein soll, ist die christliche Botschaft, wie sie im Neuen Testament ursprünglich niedergelegt ist, letztlich Jesus Christus selbst.«[132] Glaubenssätze und Dogmen sind für Küng nichts anderes als Deutungsversuche dieser einen Wahrheit. Dogmatische Formeln enthalten für ihn zwar Teilaspekte der Wahrheit, sie sind aber nicht die Wahrheit.

Daraus ergibt sich folgerichtig eine Kritik des katholischen Autoritätsverständnisses. Verpflichtend für Küng ist nur, wofür der irdische Jesus Modell steht, was wiederum heißt, dass weder Papst noch Bischöfe die letzte Autorität in Glaubensfragen, geschweige denn Anrecht auf Unfehlbarkeit, haben können. Nicht der Vatikan oder die bischöfliche Lehre, sondern die christliche Botschaft ist für Küng das letztlich gültige Referenzmodell. Christsein, christliche Kirche, Christentum ist nicht dort, wo christliche Lehren oder »Wahrheiten« sind, sondern wo die Person Jesus Christus ist. Der Schweizer Theologe befürwortet also eine Christologie »von unten«. Küng spricht in diesem Zusammenhang der katholischen Kirche zwar zu, eine unter anderen christlichen Kirchen zu sein; er spricht ihr aber ab, dass ausschließlich in der *ecclesia catholica* die Kirche Christi verwirklicht sei.

Der Vorwurf, der nun von zahlreichen katholischen Theologen gegen Hans Küngs Thesen erhoben wurde, lautet, dass Küng einem modernen Naturwissenschaftler gleich auf Tatsachen bestehe und mit empirischen Mitteln die Mysterien der Kirche analysieren wolle. Küng beziehe sich bei seinen Verlautbarungen – etwa in Unfehlbarkeitsbelangen – ausschließlich auf den Literalsinn der biblischen Aussagen. Er gehe von Satzwahrheiten aus und habe nicht das »große Ganze«, das hinter den Worten stehe, im Sinn. Der Theologe Adolf Kolping schreibt: »Was das einzelne Schriftwort angeht, so liegt dessen Mitteilungscharakter für Küng lediglich in dem Literalsinn des Satzes [...]. Hans Küng missversteht das Charisma der kirchlichen Unfehlbarkeit, wenn er sie in einen toten ›Satz‹ verlegt [...].«[133] Ähnlich argumentiert die römische Erklärung *Mysterium ecclesiae* aus dem Jahre 1973, in der es zur bischöflichen Unfehlbarkeit unter anderem heißt, bei der Ausübung ihres Amtes stehe den Hirten der Kirche aber der *Heilige Geist* hilfreich zur Seite.[134] Charisma und Heiliger Geist versus Vernunft und Empirie? Genau hier stoßen wir auf den Kern der theologischen Auseinandersetzung zwischen Küng und Ratzinger. Für Ratzinger gibt es in der modernen Theologie eine denkwürdige und falsche Tendenz, zu deren maßgeblichen Exponenten Hans Küng zählt: Man versuche in der theologischen wie in der geisteswissenschaftlichen Forschung überhaupt den gleichen Methodenkanon und die gleiche Art von Sicherheit zu erreichen, wie sie im empirisch-naturwissenschaftlichen Bereich vorliege. Aber: »Das nicht Materielle kann nicht mit Methoden angegangen werden, die dem Materiellen gemäß sind«,[135] schreibt der bayrische Kardinal in deutlichen Worten. Das moderne Denken steht in Ratzingers Augen zu sehr unter dem Einfluss Kants und seiner Unterscheidung zwischen empirischer Realität und dem bloß in der Vorstellungskraft Existierenden. Die aktuelle Krise des Christentums gehe vor allem auf diesen Dualismus und das ›Ende der Metaphysik‹ zurück: Die historischen Grundlagen des Christentums stünden wegen heutiger historischer Methoden im Zwielicht. Somit liege es nahe, die christlichen Inhalte ins Symbolische zurückzunehmen, ihnen keine höhere Wahrheit einzuräumen als den Mythen der Religionsgeschichte. In diesem Sinn könne man scheinbar auch künftig ein Christ bleiben und sich der christlichen Ausdrucksformen bedienen, deren Anspruch allerdings grundlegend verändert ist: »Was als Wahrheit verpflichtende Kraft und verlässliche Verheißung für den Menschen gewesen war, wird nun zu einer kulturellen Ausdrucksform des allgemeinen religiösen Empfindens [...].«[136] Genau diesen Verlust an Verbindlichkeit findet Ratzinger auch in der 1995 von Küng gegründeten Stiftung Weltethos wieder. Zwar würdigt er Küngs

Engagement und erachtet es als sinnvoll und notwendig, nach den gemeinsamen Grundelementen der ethischen Traditionen in den verschiedenen Religionen und Kulturen zu suchen. Allerdings meint er auch Grenzen eines solchen Versuchs deutlich zu erkennen: »Denn einem solchen aus den Weltreligionen destillierten ethischen Minimum fehlt zunächst die Verbindlichkeit, die innere Autorität, die das Ethos braucht.«[137] Dies zeigt sich für den bayrischen Kardinal eben auch deutlich in der Wahrheitsfrage. Wahrheit wird heutzutage in Ratzingers Augen auf Grund der geltenden Hinterfragungskultur zerredet. Es herrsche allgemeine Ratlosigkeit gegenüber der Wahrheitsfrage vor, es sei geradezu politisch inkorrekt, sich auf die Wahrheit zu berufen. Aber: »Wenn der Mensch von der Wahrheit ausgeschlossen wird, dann kann nur noch das Zufällige, das Willkürliche über ihn herrschen. Deswegen ist es nicht ›fundamentalistisch‹, sondern eine Pflicht der Menschlichkeit, den Menschen gegen die Diktatur des absolut gewordenen Zufälligen zu schützen und ihm seine Würde zurückzugeben [...].«[138]

Nicht zuletzt mit diesen Sätzen rechtfertigt Ratzinger, dessen bischöfliches Motto einst »Mitarbeiter der Wahrheit« lautete, die vatikanische Enzyklika *Fides et Ratio* (Glaube und Vernunft), mit der die katholische Kirche eine Renaissance der Wahrheitsfrage einleiten will. »Sie möchte die Frage nach der Wahrheit in einer vom Relativismus gezeichneten Welt rehabilitieren; sie möchte sie in der Situation der heutigen Wissenschaft, die zwar Wahrheiten sucht, aber die Frage nach der Wahrheit weithin als unwissenschaftlich abqualifiziert, auch wieder als rationale und als wissenschaftliche Aufgabe zur Geltung bringen, weil sonst der Glaube an Atemluft verliert. Die Enzyklika möchte ganz einfach wieder den Mut zum Abenteuer der Wahrheit geben.«[139]

Abenteuer ja, theologische Experimente hingegen nein! Denn diese aufmunternden und verbindlichen Worte sollten nicht darüber hinwegtäuschen, dass Ratzinger die *religio vera* ausschließlich in der katholischen Kirche verwirklicht sieht. Schon im Jahre 2000 hatte die Kongregation für die Glaubenslehre die Erklärung *Dominus Iesus* »Über die Einzigartigkeit und Heilsuniversalität Jesu Christi und der Kirche« erlassen, mit der ihr Absolutheitsanspruch untermauert wurde – sehr zum Befremden der anderen Religionen. Wahrheit – das ist für Ratzinger die römische Kirche. Sie allein ist die ganze Kirche Christi. In seinen Augen geht das Heil der Welt von Rom aus und es hat an jenem Ort ein Wächtertum gefunden. Ratzinger rechtfertigt den römisch-katholischen Wahrheitsanspruch nun mit folgenden Argumenten: Das Christentum habe in der Antike ursprünglich Elemente der philosophischen Aufklärung Griechenlands übernommen. Dadurch wurde das Judentum überwunden und aus ihm ein universaler Wahrheitsanspruch entwickelt. Darüber hinaus habe es als einzige der existierenden Religionen ausdrücklich die Wahrheitsfrage gestellt. »Deshalb könne das Christentum als *vera religio*, als wahre Religion verstanden werden«.[140] Mit anderen Worten: Das Christentum stellt für Ratzinger bereits eine Synthese aus Glaube und Vernunft dar. Christliche Differenzierungen außerhalb des Katholischen aber – etwa in evangelischer Form – sieht Ratzinger nur als »Fetzen« und Utopien an.

Der Konflikt zwischen Küng und Ratzinger dreht sich letztlich um Fragen der Ökumene und des interreligiösen Dialogs. Kann man die katholische Kirche als die *einzige* Kirche und somit als Mutter anderer »kirchlicher Gemeinschaften« bezeichnen? Ist der Anspruch des Christentums auf Wahrheit exklusiv? Ratzinger glaubt dies; für ihn gibt es eine historisch-theologische Rechtfertigung der einzig gültigen katholischen Wahrheit. Küng hingegen sieht diesen Anspruch weder historisch noch theologisch gerechtfertigt. Die Antwort auf diese brennende Frage liegt für beide Kontrahenten in der Person Jesus Christus. Für Ratzinger war Christus der einzige und eine Christus, in dem Gott sich selbst den Menschen offenbarte. Somit ist er die eine und einzige Wahrheit und die katholische Kirche in seiner Nachfolge der mystische »Leib Christi«. Auch für

Hans Küng stellt Jesus Christus das Referenzmodell dar. Doch Küng geht eher davon aus, wofür der irdische Jesus Modell steht. Er versteht »Sohn Gottes« als ein Symbol des Glaubens. Uns Menschen gehe in der Person des historischen Jesus eine Ahnung Gottes auf, die eben auch verschiedene Interpretationen zulasse. Küng schränkt demnach die für Ratzinger universale Bedeutung Christi ein. Die katholische Kirche ist für Küng nur eine mögliche Form des Christentums, neben der es auch andere vollwertige Kirchen geben kann. Küng befürwortet daher einen Dialog der Wahrheiten. Die gesamte Christenheit solle sich ständig auf die Suche nach der Wahrheit begeben, »nach der immer größeren und so immer wieder neu unbekannten Wahrheit.«[141]

Beide Kontrahenten stehen sich heute nach wie vor unversöhnlich gegenüber. Über Küng sagte der bayrische Kardinal noch im Jahre 1996: »[…] er hat nichts von seiner Bestreitung des Papstamtes zurückgenommen, sondern seine Positionen weiter radikalisiert; auch in der Christologie [...].«[142]

Es geht letztlich auch um Autorität: Ist der Mensch in Glaubensfragen so vernünftig, dass er ohne »Wächterinstanz«, ohne »starke Hand« und in Freiheit handeln kann? Küng glaubt dies, Ratzinger nicht. Ratzinger vertritt Autorität von Berufs wegen. Er steht einer Organisation vor, deren Aufgabe die Kontrolle ist. Küng könnte in Ratzingers Augen wohl durchaus konträre Meinungen vertreten, wenn er nur die Autorität Roms anerkennen würde.

Ist der eine ein anthropologischer Optimist, der andere ein anthropologischer Pessimist? Küng selbst scheint den Konflikt gerade auf diese Weise zu verstehen. Er erklärt Ratzingers Pessimismus in dessen theologischen Wurzeln begründet. Ratzinger sei »allzu sehr geprägt von Augustins pessimistischer Weltschau und Bonaventuras platonisierender Vernachlässigung des Sichtbar-Empirischen.«[143] Das Sichtbar-Empirische gegen das Platonisierend-Universelle, genau dieses Gegensatzpaar kennen wir bereits aus dem ersten Kapitel: Die Auseinandersetzung ähnelt dem Konflikt zwischen Nominalismus und Universalismus auffallend, wie er im Universalienstreit und in anderen theologischen Debatten des hohen Mittelalters geführt wurde. Für Ratzinger ist die Kirche eine geistige Wesenheit, die von der Summe der einzelnen Glieder unabhängig ist. Sie ist etwas »Größeres« und stattet ihre Hirten mit Unfehlbarkeit aus. Für Küng hingegen existieren Menschen nur als Individuen. Diese sind in seinen Augen sehr wohl fehlbar.

Nach Redaktionsschluss:

Joseph Kardinal Ratzinger wird am 19. April 2005 zum Nachfolger des verstorbenen Papstes Johannes Paul II. gewählt. In seiner Predigt zur Amtseinführung am 25. April 2005 kündigt er an, mit den anderen Konfessionen das Gespräch zu suchen. Während viele Gläubige über den ersten deutschen Papst nach über 480 Jahren jubeln, ist sein einstiger Weggenosse Hans Küng skeptisch, spricht sich aber dafür aus, dem neuen Papst Benedikt XVI. jene 100 Tage zuzubilligen, die etwa auch ein neu gewählter Präsident eingeräumt bekommt, ehe seine Politik erstmals ernsthaft auf den Prüfstand gestellt wird. Ob Ratzinger als Benedikt XVI. tatsächlich seine harte Linie ändert, kann zum Zeitpunkt der Drucklegung dieses Buches niemand vorhersagen – als die hier dargestellten Zusammenhänge niedergeschrieben wurden, war von einem möglichen Papst Ratzinger noch keine Rede.

Der Verlag

Nachwort

Inquisition – kaum ausgesprochen, ruft dieses Wort unwillkürlich eine Welt von Folterkammern und Scheiterhaufen vor Augen, in der Zynismus und Unbarmherzigkeit herrschen. Figuren treten auf, deren Name wie ein Trompetenschall ertönt – etwa Bernard Gui, der Inquisitor aus Umberto Ecos *Der Name der Rose*. Füchsisch schlau stehen die Inquisitoren vor uns, geschundene Opfer bitten um Gnade…

Dies ist die überspitzte Zusammenfassung des Mythos Inquisition, eines Klischees, das uns in Romanen, Comics und Filmen immer wieder vorgeführt wird.[144] Paradoxerweise wird das Klischee noch durch unbeholfene Versuche der Rehabilitierung verstärkt. Wissenschaftler schreiben gegen dieses Vorurteil an und machen mildernde Umstände für die Inquisitoren geltend – mit dem Resultat, dass sie heftigen Widerspruch ernten: Andere Forscher haben ihrerseits bewiesen, dass inquisitorische Exzesse sehr wohl stattgefunden haben und dass dem Klischee viel Wahres anhaftet. In der Tat: Es gab Unzählige, die unschuldig verbrannt wurden. Es gab jenen Inquisitor namens »Robert der Dominikaner«, einen bekehrten Katharer, der im Jahr 1239 an einem einzigen Tag hundertachtzig Menschen auf den Scheiterhaufen schickte. Allerdings gab es im Mittelalter und in der Frühen Neuzeit auch Inquisitoren, die nie Todesurteile fällten. Papst Hadrian VI. war über die »real existierende« Kirche so schockiert, dass er einen Legaten auf dem Reichstag zu Nürnberg (1522 / 23) sagen ließ: »Wir bekennen aufrichtig, dass auch bei diesem Heiligen Stuhl schon seit manchem Jahr viel Verabscheuungswürdiges vorgekommen ist: Missbräuche in geistlichen Dingen, Übertretungen der Gebote, dass alles sich zum Ärgeren verkehrt hat. Wir alle, Prälaten und Geistliche, sind vom Weg abgewichen, und es gab schon lange keinen einzigen, der Gutes tat.«[145]

Unzählige Abstufungen ließen sich nun zwischen diesen beiden Extrempolen aufzeigen: Nuancen im Hinblick auf Rücksichtslosigkeit, Gewalt und Härte der Glaubensrichter, auf Barmherzigkeit, Menschenliebe und Milde. Vielschichtigkeit lautet auch das Motto, kommt man auf die in diesem Buch präsentierten Wahrheitsauseinandersetzungen zu sprechen. Betrachten wir die Seite der Inquisitoren: Zwei Wahrheiten gilt es im inquisitorischen Diskurs zu unterscheiden: die *eine* von Gott offenbarte, universelle Wahrheit und jene, die Menschen durch Dogmen zur göttlichen Wahrheit erklären. Keiner der in diesem Buch porträtierten Inquisitoren hätte jemals die göttliche Wahrheit hinterfragt, angezweifelt oder für interpretierbar gehalten. Angezweifelt und verschiedenartig interpretiert wurden von Inquisitoren aber durchaus jene Wahrheiten, die von Menschen in schriftlicher Form niedergelegt wurden, sei es durch die Bibel oder durch Dogmen. Bernhard von Clairvaux und Bernard Gui hätten wohl nie der Satzwahrheit der Bibel widersprochen. Robert Bellarmin aber wäre bei einem schlüssigen Beweis durch Galilei bereit gewesen, die Satzwahrheit der Bibel im Hinblick auf das geozentrische Weltbild zu hinterfragen (»Die Sonne dreht sich um die Erde!«). Heute zweifelt in der Glaubenskongregation niemand mehr am heliozentrischen Weltbild der Naturwissenschaft. Dieses Beispiel zeigt eindrücklich, wie unterschiedlich Inquisitoren im Laufe der Jahrhunderte mit der von Menschen definierten Wahrheit umgegangen sind.

Lässt man die einzelnen Kapitel Revue passieren, weisen einige Fälle erstaunliche Gemeinsamkeiten auf. Da wären zunächst einmal jene Auseinandersetzungen, bei denen Glaube und Orthodoxie in Wirklichkeit keine Rolle spielten. Der Schutz und die Wahrheit des Glaubens wurden von den Inquisitoren nur vorgeschoben; sie waren Mittel zum Zweck. Zu nennen wären hier jene Prozesse, bei denen sich Inquisitoren für politische Zwecke oder für Justizmorde instrumentalisieren ließen.

Gleich zu Beginn steht der Fall Jeanne d'Arc. Es waren vor allem die Doktoren der Pariser Universität, die mit brutaler Rücksichtslosigkeit gegen die französische Heerführerin vorgingen. Die Stadt Paris, die sich im Jahre 1431 in den Händen der Burgunder befand, stand auf der Seite der verfeindeten Engländer. Jeanne hatte vor ihrer Festnahme einen Angriff auf die Metropole durchgeführt, der jedoch abgebrochen werden musste. Die Stadt war dabei nahezu blockiert worden und sah sich den größten Entbehrungen ausgesetzt. Nun sann man auf Rache. Immer wieder setzten die Doktoren den für den Prozess zuständigen Inquisitor unter Druck, das Verfahren möglichst schnell abzuschließen und den Prozess in die Metropole zu verlagern. Nachdem man damit keinen Erfolg gehabt hatte, bestätigte schließlich ein tendenziöses Gutachten Jeannes Schuld. Die Ankläger nahmen vor allem daran Anstoß, dass sich Jeanne von Gott inspirierter Kräfte rühmte. Diese konnten aber ebenso gut vom Teufel herrühren, was man der jungen Frau auch unterstellte: Die Stimmen, von denen Jeanne sprach, seien Teufelswerk. Dass der Vorwurf der Dämonenhörigkeit aber bewusst vorgetragen wurde, um sich der Frau zu entledigen, beweist nicht zuletzt die Tatsache, dass Erscheinungen des Erlösers, der Jungfrau und der Heiligen in der damaligen Zeit von der Kirche »anerkannt und respektiert« wurden, wie der Historiker Henry Charles Lea schreibt.[146] Es waren fast alltägliche Vorkommnisse. Erzählungen, etwa aus Cäsarius von Heisterbachs *Dialogus miraculorum,* in denen von derartigen Erscheinungen berichtet wird, wurden den Gläubigen zur Festigung des Glaubens vorgetragen. Was man den Protagonisten der Legenden aber zugestand, sprach man der jungen Frau ab. Jeanne d'Arc durfte nicht göttlich inspiriert sein. Sie war eine Feindin und musste deshalb sterben. Man unterstellte ihr ein Vergehen gegen die Wahrheit des Glaubens, um sich ihrer zu entledigen.

Genau das Gleiche lässt sich über Girolamo Savonarola sagen. Auch er berief sich auf göttliche Inspiration, auch er wurde Opfer eines Justizmordes. Papst Alexander VI., der Mann, der letztlich für seine Hinrichtung verantwortlich war, sah in dem Bußprediger vor allem einen Unterstützer des französischen Königs, der der päpstlichen Politik zuwiderhandelte. Unter der Folter presste man dem Bußprediger eine Falschaussage ab, die man triumphierend als Wahrheit verkündete. Angeblicher Ketzerei und schismatischer Bestrebungen überführt, wurde er schließlich verbrannt.

Agrippa von Nettesheim verhinderte mit heldenhaftem Mut einen weiteren Justizmord, der unter dem Deckmantel angeblichen Schadenszaubers an der Bäuerin Josette verübt werden sollte. Im Gegensatz zu den beiden vorher genannten Beispielfällen wurde wenigstens der Täter in diesem Fall auf Grund seiner Rechtsbrüche überführt und für seine Untat moralisch zur Rechenschaft gezogen.

Die Funktionalisierung der Inquisition zu politischen Zwecken manifestiert eindrücklich der Fall Bartolomé de las Casas. Blieben seine spanienkritischen Berichte zu Lebzeiten noch weitgehend unangetastet, verbot die Spanische Inquisition sie Jahre später aus Gründen der Staatsräson. Staat und Kirche waren mittlerweile so eng verbunden, dass sie in vielen Punkten dieselben Interessen vertraten. »Es ist ratsam, diese Berichte, da sie der spanischen Nation schaden, zu beschlagnahmen, denn selbst wenn sie wahr wären, hätte es doch genügt, bei Seiner Katholischen Majestät dieserhalb vorstellig zu werden, anstatt sie in der Welt auszuposaunen [...]«,[147] schrieb der zuständige Inquisitor zur Begründung seines Verbots. Ihn interessierte dabei vor allem das Ansehen der spanischen Nation. Und er bemühte sich nicht einmal, die Wahrheit des Glaubens vorzuschieben.

Zahlreiche weitere Beispiele für Instrumentalisierungen ließen sich anführen, seien sie politischer, seien sie krimineller Art. Dass viele Glaubensrichter im Zuge der Inquisitionsgeschichte tatsächlich kriminelle Absichten hegten, steht außer Zweifel, denn Ketzerverfolgung war über Jahrhunderte hinweg ein lukratives Geschäft. Es lohnte sich im wahrsten Sinne des Wortes, Menschen zu verurteilen. Die Summen aus den Konfiskationen ketzerischer Besitztümer flossen nämlich bisweilen auch in die

Kassen der Inquisitoren – illegalerweise, versteht sich. Zu oft konnten verbrecherische Glaubensrichter sich auf das Schweigen ihrer Vorgesetzten verlassen, die mitunter kräftig mitverdienten.

Kontrovers wurde in diesem Zusammenhang das *Mea culpa* Johannes Pauls II. aus dem Jahr 2000 diskutiert, in dem sich der Papst für die christlichen Irrtümer aller Zeiten entschuldigt hat. Katholische Kommentatoren sahen darin eine Ehrenrettung Roms. Und in der Tat muss man sagen, dass die katholische Kirche – zumindest in vielen Fällen – ihre Mitschuld an den in der Vergangenheit verübten Untaten eingestanden und viele Opfer posthum rehabilitiert hat. Etwa Galileo Galilei oder Jeanne d'Arc, um zwei Beispiele zu nennen. Für Aufklärung und Transparenz sorgte auch die Öffnung der vatikanischen Geheimarchive zu Forschungszwecken. Durch die Offenlegung der Akten wissen wir heute mehr über Denken und Handeln der Inquisitoren. Der Legenden fördernden Geheimnistuerei wurde dadurch ein Ende gesetzt. Die »schwarze Legende« lebt nicht fort.

Dennoch existieren nach wie vor viele Fragezeichen. Zahlreiche Kritiker vertreten die Ansicht, dass die Entschuldigung Roms nur halbherzig vorgetragen wurde. Warum erwähnte Papst Johannes Paul II. in seinem *Mea culpa* mit keinem Wort die Inquisition? Weshalb berief er sich darin explizit auf beiderseitige Schuld? »Wir bitten um Vergebung und gewähren sie«, hieß es.[148]

Betrachtet man das Verhältnis der Inquisitoren zur schriftlich fixierten Wahrheit, lassen sich zwei weitere Gruppen unterteilen: Einige in diesem Buch beschriebene Inquisitoren verließen sich ganz auf die Wahrheit, »die mitgeteilt wird«. Andere vertrauten offensichtlich auch der Wahrheit, »die man selbst denkt.«[149] Mit anderen Worten: Einige Inquisitoren waren vollkommen autoritätsgläubig, andere verstanden Wahrheit auch als das, was die eigene Vernunft bestimmt, zumindest in bestimmten Fragen. Bernhard von Clairvaux oder Bernard Gui setzten »Wahrheit« mit »Dogma« oder »Heiliger Schrift« gleich und vertrauten ganz auf die Überlieferung. Zu nennen wären hier auch die Zensoren Lorenzo Ganganelli und Albertino Bellenghi sowie Kardinal Ottaviani, dessen Wahlspruch *Semper idem* (»Immer gleich!«) beredt über diese Geisteshaltung Auskunft gibt. Robert Bellarmin hingegen hätte – wie schon erwähnt – bei einem schlüssigen Beweis in einer bestimmten Frage der empiristischen Wahrheitsauffassung den Vorzug vor dem Bibelwort gegeben. Benedikt XIV., ein in der Dialektik geschulter Papst, vertraute in der inquisitorischen Rechtssprechung ganz offensichtlich eher der Wahrheit, »die man selbst denkt«. Nur so ist es zu verstehen, dass er verschiedenste Kontrollmechanismen zur finalen Wahrheitsfindung einführte und seinen eigenen Zensoren misstraute.

Die Frage nach dem Umgang der Inquisitoren mit der festgeschriebenen Wahrheit ist immer auch eine Frage des Autoritäts- und Toleranzverständnisses. Wie die Kapitel dieses Buches gezeigt haben, gab es auf Seiten der Inquisitoren Unterschiede im Hinblick auf ihr Toleranzverhalten. Es waren hauptsächlich zwei Wesensmerkmale, die die toleranteren von den intoleranten Inquisitoren unterschieden: Gutmütigkeit und die Fähigkeit zur Autoritätsrelativierung. Jener Inquisitor, der zu seinen Quellen auch in Distanz treten konnte, urteilte in aller Regel toleranter.

Ein in dieser Hinsicht besonders interessanter Fall ist Josef Ratzinger, der kürzlich gewählte Papst Benedikt XVI. Auch wenn Ratzinger behauptet, sich seit jeher treu geblieben zu sein, muss man zwei Phasen in seinem Leben unterscheiden: eine frühe Phase, in der er bereit war, auch jener Wahrheit zu vertrauen, die seinem Gewissen entsprach – »notfalls auch gegen die Forderung der kirchlichen Autorität«[150] – und jene Phase nach 1968, in der er als späterer Vorsitzender der Glaubenskongregation ein strikter Vertreter der kirchlichen Autorität wurde. Ratzingers Beispiel zeigt, dass die Vielschichtigkeit im Umgang mit der Wahrheit nicht nur ein zeitliches, sondern auch ein individuelles Phänomen ist, das durchaus in ein und derselben Person zutage treten kann.

Wahrheit, die durch Vernunft bestimmt, oder Wahrheit, die durch verschiedenartige Quellen von Autorität vermittelt wird? In der Neuzeit trat eine dritte Wahrheitskategorie hinzu, die den inquisitorischen Diskurs in gehörige Schwierigkeiten bringen sollte. Die experimentelle Überprüfung gewann an Gewicht und somit eine Wahrheit, die man »mittels seiner Sinne wahrnimmt.« Der wohl bekannteste Exponent dieser empiristischen Wahrheitsauffassung wurde Galileo Galilei, der durch die mechanische Verbesserung des Fernrohrs das biblische Weltbild erschütterte. »Alles, was messbar ist, messen und alles, was nicht messbar ist, messbar machen.« Mit diesem Auftrag läutete Galilei das Zeitalter der Naturwissenschaften ein. Die in diesem Zitat beschriebene Art der Wahrheitsfeststellung wurde gegenüber den anderen zur vorherrschenden.

Man muss sich die gewaltige Zäsur klar machen, die diese Explosion des Empirischen zur Folge hatte. Die Sinnfragen, für die zuvor die Theologie zuständig war, wurden jetzt an die Wissenschaft gerichtet. Das naturwissenschaftlich-mechanistische Weltbild entfaltete eine kulturprägende Dominanz. »Wahr« wurde mit »richtig« und »objektiv« gleichgesetzt, und nur was objektiv war, war auch wirklich wahr. Ironischerweise waren es dann Naturwissenschaftler selbst, die im 20. Jahrhundert das naturwissenschaftliche Zeitalter für beendet erklärten – etwa der Physiker Herbert Pietschmann. In seinen Büchern *Das Ende des Naturwissenschaftlichen Zeitalters* und *Die Wahrheit liegt nicht in der Mitte*[151] weist er auf die Begrenztheit des mechanistischen und auf Objektivität bedachten Weltbildes hin. So erklärt er den Unterschied zwischen *wahr* und *richtig*: Der Satz »Ich liebe dich« beansprucht nicht *richtig* zu sein, er will *Wahrheit* vermitteln. Dadurch, dass ich den Satz anzweifeln könnte, konkret aber nicht an ihm zweifle, wird er zur wahren Aussage.[152]

Wahrheit ist demnach nicht messbar, sie ist keine beweisbare Kategorie, und dennoch existiert sie. Für Pietschmann gibt es in Wahrheitsbelangen nicht nur *richtig* oder *falsch*.

Er wendet sich in seinen Büchern gegen den Absolutheitsanspruch der empiristischen Wahrheitsauffassung und ge-
steht beiden Wahrheiten, der metaphysischen wie der phy-
sikalisch nachweisbaren, ihre Existenzberechtigung zu.
Pietschmann plädiert für eine Koexistenz beider Wahrheiten, womit er sich in ungewohnter Gesellschaft befindet.
Niemand geringerer als Johannes Paul II. erklärte nämlich,
es könne keinen unüberwindbaren Konflikt geben zwischen der Vernunft, die gemäß der ihr von Gott verliehe-
nen Natur auf Wahrheit ziele und zum Wissen diene, sowie
dem Glauben, der aus derselben göttlichen Quelle aller
Wahrheit stamme. Die Wissenschaft – begründet auf rationalen Motiven und methodischer Ernsthaftigkeit – könne
schlicht kein Wissen erzeugen, das den Glaubenswahrheiten widerspricht.[153]

Trotz aller wohlmeinenden Annäherungsversuche und
Respektbekundungen muss man konstatieren, dass die
Fronten sich weiterhin unversöhnlich gegenüberstehen,
nicht nur im Hinblick auf das Gegensatzpaar Wissenschaft und Glaube. Der Begriff der Wahrheit polarisiert
nach wie vor, und der Anspruch darauf bleibt leider zu oft
exklusiv. Auch in unserer sich so tolerant ziemenden
westlichen Gesellschaft. Gerade in dem Moment, in dem
diese Zeilen geschrieben werden, diskutiert das politische
Europa darüber, ob ein italienischer Politiker, der Homosexualität als »Sünde« bezeichnet, für das Amt eines
europäischen Justizkommissars geeignet erscheint. Der
gläubige Katholik, der sich in seiner Aussage implizit auf
biblische Satzwahrheiten stützt (Gen 19,4f, Lev 20,13,
etc.), trifft auf den erbitterten Widerstand kirchenferner
Kreise. Ein altbekannter Richtungsstreit ist damit ent-
brannt, in dem es letztlich um die Frage geht, für welche
Wahrheiten Europa steht: für Aufklärung und Toleranz
oder für den Glauben. Das eigentlich Traurige an dieser
Auseinandersetzung besteht darin, dass man trotz aller
Appelle offensichtlich weiterhin von unüberbrückbaren
Gegensätzen ausgeht. Der Konflikt lebt fort, auch wenn er
mittlerweile überwiegend gewaltlos ausgetragen wird.

Die fortschreitende Globalisierung hat dazu geführt, dass die gegenwärtige Lage des religiösen Wahrheitsproblems durch das Zusammenleben unterschiedlicher Religionskulturen gekennzeichnet ist. »Jeder soll nach seiner Façon selig werden«, sagte einst König Friedrich II. von Preußen. Glücklicherweise ist diese Maxime in die Verfassungen der meisten Staaten der Erde aufgenommen worden – auch wenn es an der praktischen Umsetzung fehlt. Religionsfreiheit gibt es sicherlich am ehesten in den Ländern des so genannten Westens. Weltweit gesehen ist die Situation eine andere. Wenn Europa seit 1945, von den Konflikten auf dem Balkan abgesehen, eine Periode des Friedens erleben durfte, ist dies sicher auch auf das vergleichsweise friedliche Zusammenleben der Religionen zurückzuführen.

Unterschiedliche Glaubenswahrheiten werden heute in Europa freilich weiterhin vertreten. Die katholische Kirche versucht gegenwärtig ihren Wahrheitsanspruch auch dadurch zu legitimieren, dass sie Wahrheit als gesellschaftliche Notwendigkeit erachtet. Gefordert wird ein »Zurück zur Wahrheit« als Reaktion auf die allgemein vorherrschende Wahrheitsrelativierung. Denn Wahrheitsrelativierung habe letztlich den allgemeinen Werteverfall zur Folge. Und gerade für Letzteren macht Josef Ratzinger den »ideologischen Liberalismus« verantwortlich. Nach Aussage Ratzingers herrscht heute in weiten Teilen des Westens eine »erkrankte« Vernunft vor. Die philosophische Strömung der Dekonstruktion etwa, die ihre spezifische Aufgabe darin sieht, scheinbar logische Systeme zu »de-konstruieren« und sie dadurch in Verlegenheit zu bringen, zersetze am Ende alles Bestehende, so Ratzinger. Sie verkörpere eine Vernunft, die nur noch sich selbst anerkenne und letztlich für eine »nihilistische« Wahrheit stehe. »Der erkrankten Vernunft erscheint schließlich alle Erkenntnis von definitiv gültigen Werten, alles Stehen zur Wahrheitsfähigkeit der Vernunft als Fundamentalismus. [...] Eine Vernunft, die sich völlig von Gott löst und ihn bloß noch im Bereich des Subjektiven ansiedeln will, wird orientierungslos und öffnet so ihrerseits den Kräften der Zerstörung die Tür.«[154] Der Vatikan wendet sich also gegen die Vernunftideologie des Laizismus, in der er eine erhebliche Gefahr für den Weltfrieden sieht.

Es ist hier nicht der Ort, um darüber zu diskutieren, inwiefern diese Äußerung und die damit zusammenhängende Befürchtung richtig sind. Es ist auch nicht der Ort, um die Frage zu stellen, welchen Begriff von Vernunft die Glaubenskongregation eigentlich vertritt. Die Äußerungen von Kardinal Ratzinger zeigen aber, dass die katholische Kirche der Wahrheitsfrage weiterhin eine existentielle Bedeutung beimisst und nichts unversucht lässt, sie in die öffentliche Diskussion einzubringen. Sie will der Wahrheit ihr Recht zurückerstatten. Und dies in einer Zeit, in der eine allgemeine Entzauberung der Wahrheit stattfindet und in der sich die katholische Kirche gesellschaftlich in der Defensive befindet. Rom ficht einen Windmühlenkampf aus. Es wird interessant sein zu sehen, wie sich das Verhältnis Roms zur Wahrheitsfrage in einer globalisierten Welt weiter entwickelt. Bleiben sich zukünftige Klerikergenerationen in Wahrheitsbelangen gleich, wird man toleranter, gar strenger? Eines steht zweifellos fest: Die Frage nach der Wahrheit ist und bleibt für die katholische Kirche letztlich *die* existenzielle Frage überhaupt.

Anmerkungen*

Einleitung

1 Zitiert aus: H.C. Lea, *Inquisition im Mittelalter*, Bd. 3, S. 417f. Vgl.
   auch: W. Durant, *Kulturgeschichte*, Bd. 17, S. 157f.
2 F. Fernández-Armesto, *Wahrheit*, S. 20.
3 Vgl. M. Buntfuß, *Wahrheit/Dogma*.

Kapitel 1

4 Abaelard, *Leidensgeschichte*, S. 17 ff.
5 Ibid., S. 67.
6 Vgl. L. Grane, *Peter Abaelard*, S. 45. Zu Abaelard vgl. auch: *Peter
   Abaelard Leben*.
7 Vgl. W. Durant, *Kulturgeschichte*, Bd. 13, S. 172.
8 Abaelard, *Leidensgeschichte*, S. 33.
9 Vgl. A. van Duinkerken, *Bernhard*.
10 Zitiert nach: M.T. Clanchy, *Abaelard*, S. 21.
11 Vgl. L. Grane, *Peter Abaelard*, S. 167.
12 Vgl. M.T.Clanchy, *Abaelard*, S. 24.

Kapitel 2

13 Zitiert aus: L. Baier, *Ketzerei*, S. 55.
14 O. Rahn, *Kreuzzug*, S. 112.
15 L. Baier, *Ketzerei*, S. 169.
16 Zitiert aus: *Das Buch der Inquisition*, S. 111.
17 Zitiert aus: H.L. Lea, *Inquisition im Mittelalter*, Bd. 2, S. 115.
18 Vgl. J. Duvernoy, *Pierre Autier*, S. 45 ff.
19 Zitiert aus: L. Baier, *Ketzerei*, S. 180.
20 Zitiert aus: M. Lambert, *Katharer*, S. 266.
21 Ibid., S. 256.
22 *Das Buch der Inquisition*, S. 122.

Kapitel 3

23 Vgl. G. Denzler, *Savonarola Fanatiker*, S. 46.
24 Vgl. P. Antonetti, *Savonarola Ketzer*, S. 19f.
25 Vgl. F. Hausmann, *Macht aus Schatten*, S. 87.
26 Vgl. O. Ferrara, *Alexander VI.*, Zürich 1957.
27 Zitiert aus: G. Masson, *Kurtisanen*, S. 17f.
28 Zitiert aus: E. Piper, *Savonarola Umtriebe*, S. 108.
29 Ibid.
30 Ibid., S. 120.
31 Vgl. L. Landucci, *Tagebuch*, S. 240f.
32 Vgl hierzu: G. Denzler, *Savonarola Fanatiker*, S. 47.

* Die vollständigen Angaben für die in Kurztiteln angegebenen Quellen find sich im Literaturverzeichnis.

Kapitel 4

33 J. Weyer, *Blendwerke*, S. 141.
34 Zitiert aus: A. von Nettesheim, *Fragwürdigkeit*, S. 236.
35 Ibid., S. 238.
36 J. Sprenger, H. Institoris, *Hexenhammer*.
37 H.C. Lea, *Geschichte*, S. 167.
38 J. Hansen, *Zauberwahn*.
39 A. von Nettesheim, *Fragwürdigkeit*, S. 238.
40 J. Sprenger, H. Institoris, *Hexenhammer*, Buch II, S. 64.
41 Vgl. W. Ziegeler, *Möglichkeiten*, S. 150.
42 Vgl. M. Kuper, *Agrippa*, S. 65.
43 A. von Nettesheim, *Fragwürdigkeit*, S. 238f.
44 Ibid., S. 239.
45 G. Rudolph, *De incertitudine*, S. 257.

Kapitel 5

46 Zitiert aus: H. Kamen, *Spanische Inquisition*, S. 45.
47 Zur spanischen Inquisition vgl. auch: J. Edwards: *Die spanische Inquisition*, Düsseldorf/Zürich 2003.
48 Vgl. J. Meier, *Bartolomé*.
49 Zitiert aus: M. Gillner, *Las Casas*, S. 30.
50 Ibid., S. 154.
51 Ibid., S. 210.
52 Ibid., S. 173.
53 Vgl. G. Gutiérrez, *Gott oder Gold*.
54 Zitiert aus: H. Kamen, *Spanische Inquisition*, S. 108f.

Kapitel 6

55 F. Beretta, *Galilei Inquisition*, S. 141f.
56 Vgl. P. Godman, *Inquisition*.
57 Zitiert aus: P. Godman, *Weltliteratur*, S. 166f.
58 Zitiert aus: M. Luther, *Tischreden*, S. 575.
59 Vgl. hierzu O. Loretz, *Galilei Irrtum*.
60 Zitiert aus: R. Fülöp-Miller, *Jesuiten*, S. 617.
61 Vgl. J.M. Jauch, *The Trial of Galileo Galilei (CERN-Bericht 36–64)*, Genf 1964.
62 Vgl. J. Helmleben, *Galileo Galilei*, S. 112.
63 Vgl. P. Godman, *Inquisition*, S. 89.
64 P. Godman, *Inquisition*, S. 157.

Kapitel 7

65 H. Taine, *The Ancient Regime*, New York 1891, S. 288.
66 Vgl. P. Godman, *Inquisition*, S. 217.
67 Ibid., S. 219.
68 Ibid., S. 220.
69 Ibid., S. 223f.
70 Vgl. L. Pastor, *Päpste*, Bd. 16,1, S. 252.
71 Zu *Sollicita et provida* vgl. P. Godman, *Inquisition*, S. 228–239. Zu Bendedikt XIV. vgl. T. Bertone, *Il governo*, sowie: *Benedetto XIV*.

72 Zitiert aus: L. Pastor, *Päpste*, Bd. 16,2, S. 66.
73 Ibid., S. 69.
74 Ibid., S. 63.
75 Eine Analyse des »Falls Voltaire« findet man in P. Godmans Buch *Inquisition*, S. 262–285.
76 Vgl. L. Pastor, *Päpste*, Bd. 16,2, S. 147.
77 Ibid. S. 146.
78 Vgl. P. Godman, *Inquisition*, S. 263.
79 Ibid., S. 266.
80 Ibid., S. 270.
81 Ibid., S. 271.

Kapitel 8

82 Zitiert aus: W. und A. Durant, *Kulturgeschichte*, Bd. 28, S. 151.
83 Vgl. W. Lepenies, *Autoren*, S. 162.
84 Vgl. W. und A. Durant, *Kulturgeschichte*, Bd. 26, S. 211.
85 Vgl. T. Schneider, *Thomas Hobbes*, in: *Metzler Philosophen Lexikon*, Stuttgart 1995, S. 397.
86 Zitiert aus: H.J. Störig, *Philosophie*, S. 373.
87 Vgl. P. Godman, *Weltliteratur*, S. 311.
88 Vgl. W. und A. Durant, *Kulturgeschichte*, Bd. 28, S. 153.
89 Ibid., S. 152.
90 Vgl. P. Godman, *Inquisition*, S. 288–290.
91 Ibid., S. 288.
92 Vgl. P. Godman, *Weltliteratur*, S. 306f.
93 Ibid., S. 463 (Das altertümliche Deutsch des Originals wurde in ein modernes Deutsch übertragen.).
94 Ibid., S. 465.
95 Ibid., S. 309f.
96 Vgl. D. King-Hele, *Erasmus Darwin*, London 1963, S. 55.
97 Vgl. W. Lepenies, *Autoren*, S. 162.
98 Vgl. L. Rössner, *Pädagogik*, S. 40.
99 W. Lepenies, *Autoren*, S. 161.
100 L. Rössner, *Pädagogik*, S. 16.
101 *The Letters*, S. 215f.

Kapitel 9

102 Vgl. P. Segl, *Inquisition*, in: *Religion in Geschichte und Gegenwart*, Bd. 4, Tübingen 2001, Sp. 166.
103 Zitiert aus: H. Benz, *Nah bei den Leuten*.
104 Zitiert aus: J. Frings, *Für die Menschen*, S. 255.
105 Vgl. L. Ring-Eifel, *Weltmacht Vatikan*, S. 112.
106 Vgl. O.H. Pesch, *Das Zweite*.
107 Ibid., S. 249.
108 Vgl. J.H. Allen, *Ratzinger*, Düsseldorf 2002, S. 37.
109 Ibid., S. 37f.
110 Vgl. *Rom*, S. 195f.
111 Zitiert aus: *Acta et Documenta*, S. 845.
112 Vgl. *Rom*, S. 46f.
113 Vgl. H.H. Schwedt, *Kongregation für die Glaubenslehre*, in: *Religion in Geschichte und Gegenwart*, Bd. 4. Tübingen 2001. Sp. 1580f.

114 Zitiert aus: L. Kaufmann, *Prophet Ottaviani*, S. 37.
115 Vgl. A. Roche Muggeridge, *Desolate City*. Muggeridge sieht Frings als Haupt der liberalen Rheingruppe.
116 Vgl. J. Frings, *Für die Menschen*, S. 256.

Kapitel 10

117 H. Küng, *Erkämpfte Freiheit*, vgl. etwa S. 140 oder S. 487.
118 H. Küng, *Unfehlbar?*, S. 56.
119 Ibid., S. 64.
120 Ibid., S. 68.
121 Ibid., S. 9.
122 H. Küng, *Erkämpfte Freiheit*, S. 524.
123 Vgl. *FAZ*, 11. November 2003, S. 33.
124 J. Ratzinger, *Das Salz*, S. 82f.
125 Vgl. hierzu: H. Häring, *Theologie*, S. 23–30.
126 Vgl. J.H. Allen, *Ratzinger*, S. 110.
127 Ibid.
128 Ibid.
129 Ibid., S. 112.
130 Zitiert aus: *Um nichts*, S. 143f.
131 H. Küng, *Erkämpfte Freiheit*, S. 601.
132 *Fehlbar?*, S. 461.
133 A. Kolping, *Der Fall Küng*, S. 85 und S. 94.
134 Vgl. *Um nichts*, S. 33.
135 J. Ratzinger, *Glaube*, S. 156.
136 Vgl. J. Ratzinger, *Wahrheitsanspruch*.
137 J. Ratzinger, *Glaube*, S. 203.
138 Ibid., S. 154.
139 Ibid., S. 149.
140 H. Häring, *Theologie*, S. 43.
141 H. Küng, *Christ sein*, München 1974, S. 107.
142 J. Ratzinger, *Das Salz*, S. 102.
143 H. Küng, *Erkämpfte Freiheit*, S. 597.

Nachwort

144 Vgl. W. Tschacher, *Inquisition*, in: *Metzler Lexikon Religion*, Bd. 2, Stuttgart 1999, S. 100
145 Zitiert aus: H.-J. Fischer, *Die Jahre*, S. 252.
146 Vgl. H.C. Lea, *Inquisition im Mittelalter*, Bd. 3., S. 418.
147 Zitiert aus: H. Kamen, *Spanische Inquisition*, S. 108f.
148 Vgl. H.-J. Fischer, *Die Jahre*, S. 252; und: P. Godman, *Inquisition*, S. 361.
149 Zu den Formulierungen »Wahrheit, die mitgeteilt wird«, »Wahrheit, die man selbst denkt«, oder »Wahrheit, die man mittels seiner Sinne wahrnimmt« vgl. F. Fernández-Armesto, *Wahrheit*, S. 20f.
150 Vgl. H. Küng, *Erkämpfte Freiheit*, S. 524.
151 Vgl. Stuttgart 1990 und Stuttgart 1995.
152 Vgl. H. Pietschmann, *Mitte*, S. 145.
153 Vgl. P. Godman, *Inquisition*, S. 348.
154 Vgl. J. Ratzinger, *Auf der Suche nach dem Frieden*, *FAZ*, 11. Juni 2004, S. 39.

Glossar

Albigenser Katharer, die in der südfranzösischen Stadt Albi lebten. Durch die Albigenserkreuzzüge im ersten Viertel des 13. Jahrhunderts wurden sie ausgerottet. Der Begriff Albigenser wurde auch synonym für Katharer verwendet.

Anglikaner Angehörige der anglikanischen Kirche, der »Kirche von England«. Als der Papst König Heinrich VIII. von England die Scheidung von seiner Ehefrau Katharina von Aragón verweigerte, vollzog Heinrich den Bruch mit Rom, den das englische Parlament 1534 bestätigte. Seither ist der englische König das »Irdische Oberhaupt der Kirche von England«. Nach Umsetzung der Suprematsakte wurden katholische Klöster aufgehoben, deren Besitztümer konfisziert und das Papsttum offiziell verworfen. Um 1550 kam es zu Reformen im protestantischen Sinn.

Autodafé, auch **Sermo generalis**, siehe S. 109

Baptisten Angehörige einer im 17. Jahrhundert entstandenen Gemeindebewegung, die nach urchristlichem Vorbild die Erwachsenentaufe vollzieht. Die Bibel, die jeder auslegen darf, gilt nach baptistischer Vorstellung als einziger Leitfaden für Glaube und Leben.

Befreiungstheologen Anhänger jener Kleriker Lateinamerikas, die eine »Kirche der Armen« fordern. Auf Grund ihrer programmatischen Nähe zu kommunistisch-sozialistischen Parteien sieht die römische Glaubenskongregation in der Befreiungstheologie eine Politisierung der Kirche. Gegen führende Vertreter der Befreiungstheologie (u.a. Leonardo Boff) wurden Lehrverfahren eingeleitet.

Beginen (wahrscheinlich von *Al-bigenser*) Frauen, die im Flandern, Brabant und Rheinland des Mittelalters ein Leben in Keuschheit führten, sich dem Gebet widmeten und ihren Lebensunterhalt durch Handarbeit und Krankenpflege verdienten. Wegen ihrer institutionellen Offenheit – sie war kein offizieller Orden – war die Beginengemeinschaft sehr anziehend für viele Frauen. Aus demselben Grund wurde sie aber auch zum Objekt des Misstrauens hoher Geistlicher.

Bogomilen Religiöse Gruppe, die nach dem bulgarischen Dorfpriester Bogomil benannt wurde. Bogomil rief im zweiten Viertel des 10. Jahrhunderts zum Widerstand gegen die griechisch-orthodoxe Kirche auf und lehrte, dass alles Stofflich-Materielle von Übel sei. Seiner Lehre lag dieselbe dualistische Idee zu Grunde, die schon die Manichäer und später die Katharer formulierten. Aus der Bauernbewegung wurde im 12. Jahrhundert eine Sekte mit mönchischem Ritus.

Consolamentum siehe S. 44

Credentes siehe S. 43

229

Deisten Vertreter einer Lehre, die besagt, dass ein Gott die Welt zwar erschaffen, seitdem aber nicht mehr in ihren Lauf eingegriffen habe.

Dominikaner Angehörige des nach dem heiligen Dominikus (um 1170–1221) benannten Bettelordens. Im Jahre 1216 von Papst Honorius III. anerkannt, sahen die Dominikaner ihre Hauptaufgabe in der Predigt, der wissenschaftlichen Beschäftigung mit der Theologie und in der Ketzerbekämpfung. Zu ihren berühmtesten Gelehrten zählten Albertus Magnus und Thomas von Aquin. Im Mittelalter stellten die Dominikaner die päpstlichen Hoftheologen. Über Jahrhunderte hinweg waren sie an führender Stelle in der Inquisition tätig.

Dualismus Glaube an zwei weltgestaltende Mächte, die sich feindlich gegenüberstehen.

Encomienda siehe S. 109

Endura siehe S. 44

Erstes Vatikanisches Konzil (1869–1870) siehe S. 197

Franziskaner Angehörige des nach dem heiligen Franz von Assisi (1181–1226) benannten Bettelordens. Papst Honorius III. bestätigte im Jahre 1223 die Regel des Ordens, wonach das Leben der Mitglieder nach dem Evangelium zu führen ist, jeder persönliche Besitz abgelehnt wird und die Franziskaner sich zum Dienst am Menschen in Predigt und Arbeit verpflichten.

Frieden von Lodi (1454/55) siehe S. 73

Gnosis Denkrichtung frühchristlicher Religionsgemeinschaften, die besagt, dass nur einem kleinen Kreis von Auserwählten bestimmte göttliche Geheimnisse erkennbar werden. Die Gnosis zeichnet sich vor allem durch drei Aspekte aus: Sie setzt die Materie mit dem Bösen gleich, reklamiert mystische und esoterische Einsichten für sich und wertet die Erkenntnis höher als den Glauben. Die katholische Kirche verurteilte die Gnosis als Ketzerlehre. Dennoch hielten sich zahlreiche Bewegungen, die sich auf sie berufen, bis in die Gegenwart.

Heilige Liga siehe S. 73

Heiliges Offizium siehe Römische Inquisition.

Humiliaten (von lat. *humilitas* – Demut), die im 12. Jahrhundert locker organisierte Gemeinden in norditalienischen Städten bildeten, lehnten die Verlockungen des Geldes ab und erwirtschafteten sich ihren Lebensunterhalt ausschließlich durch Kleinhandwerk. Ihre Kleidung aus ungefärbter Wolle wurde zum identitätsstiftenden Merkmal und zum Zeichen ihrer Demut. Papst Alexander III. lehnte es ab, den Humiliaten das Recht der Laienpredigt zuzugestehen. Auf dem dritten Laterankonzil wurden sie offiziell als Ketzer gebrandmarkt.

Index verbotener Bücher (*Index Librorum Prohibitorum*) Liste der zwischen 1559 und 1966 erschienenen Bücher, die nach Einschätzung der katholischen Kirche glaubensgefährdende und moralzersetzende Gedanken beinhalteten. Die Lektüre dieser Bücher wurde verboten.

Inkubus Nach mittelalterlichem Dämonenglauben der männliche Buhlteufel einer Hexe, der sexuell mit ihr verkehrte und Teufelskinder zeugte.

Kamaldulenser Angehörige des benediktinischen Reformordens der Eremiten von Camaldoli, der 1012 vom heiligen Romuald gegründet wurde. 1072 wurde der Orden von Papst Alexander II. bestätigt.

Kongregation für die Glaubenslehre Aus Anlass ihrer Reorganisation gab Papst Paul VI. 1965 der Römischen Inquisition diesen neuen Namen.

Konquistador Teilnehmer an der spanischen Eroberung Lateinamerikas, der Konquista.

Konzil von Sens (1140) siehe S. 31

Kopernikanisches Weltbild, auch **heliozentrisches Weltbild**. Kopernikus und Galilei vertraten dieses Weltbild, nach dem die Sonne den Mittelpunkt des Planetensystems bildet. Das **geozentrische Weltbild** hingegen betrachtet die Erde als den Mittelpunkt des Weltalls. Dieses Weltbild wurde von Aristoteles, Ptolemäus und Tycho Brahe vertreten.

Manichäer Anhänger der Lehre des iranischen Religionsstifters Mani (216–277). Nach Mani wurde die Entstehung des Menschen durch eine schuldhafte Vermischung von Licht und Materie bedingt. Um erlöst zu werden, müsse der Mensch die in ihm vorhandenen Lichtteile von seiner Körperlichkeit trennen, um seine Seele mit der himmlischen Lichtwelt zu vereinigen. Voraussetzung dafür ist nach Mani ein asketisches Leben. Die Manichäer unterteilten sich in mönchisch lebende »Auserwählte« und Laien.

Materialismus siehe S. 161

Mithras Indoiranischen Ursprungs, erlangte Mithras im 1. Jahrhundert nach Christus als Erlösergott im römischen Reich kultische Verehrung. Vor allem die römischen Soldaten huldigten ihm.

Nominalisten Mittelalterliche Philosophen, die die Allgemeinbegriffe nur für Worte ohne Wirklichkeitswert hielten.

Oligarchenfamilien Familien, die die Herrschaft über einen Staat ausüben.

Ordo-Gesellschaft Gesellschaft, die strikt in Klassen und Stände unterteilt ist.

Paulikianer Um 660 gründete ein Armenier namens Konstantin eine

Sekte, die dem Apostel Paulus große Verehrung entgegenbrachte und den Namen Paulikianer trug. Dem einfachen Manichäismus gemäß, teilten die Paulikianer das Weltall in eine von Gott erschaffene geistige und eine von Satan erschaffene stoffliche Welt ein. Satan setzten sie mit dem Jahwe des Alten Testaments gleich. Ihre Lehre hatte auf die späteren Dualisten, vor allem Bogomilen und Katharer, beträchtlichen Einfluss.

Perfecti siehe S. 42

Polytheismus Verehrung einer Vielzahl von Göttern.

Presbyterianer Angehörige jener reformierten kirchlichen Gemeinschaften, die auf der sogenannten Presbyterialverfassung beruhen. Das heißt, dass nur ein Amt, das des Presbyters, vorgesehen ist. Dadurch unterscheiden sich die Presbyterianer von anderen Kirchen, etwa der anglikanischen Kirche, die das Amt des Bischofs und die hierarchische Ämterverteilung kennt. Ursprünglich aus Schottland stammend, setzten die Presbyterianer die kalvinistische Kirchenverfassung um. 1647 wurde in England eine einheitliche Konfession für alle presbyterianischen Gruppierungen ausgearbeitet.

Puritaner (zu lat. *purus* – rein) Rigoros verbannten die Puritaner ab 1570 katholische Einflüsse aus der Kirche von England. Sie änderten den Kult und entfernten Orgeln aus den Kirchen. Ihr strenger Biblizismus, die Sonntagsheiligung sowie ihre Gewissenstheologie brachten sie nicht nur mit der katholischen Kirche, sondern auch mit der anglikanischen Kirche in Konflikt. 1604 in die politische Opposition getrieben, emigrierten viele Puritaner nach Nordamerika. Unter Oliver Cromwell erlangten sie wieder die Herrschaft. Nach der Rückkehr der Stuarts wurden sie aus dem öffentlichen Leben Englands verbannt.

Quäker (von engl. *Quaker* – Zitterer) Mystisch-antikirchliche Bewegung, die um 1650 in England entstand und heute weltweit verbreitet ist. Die Quäker gehen davon aus, dass ein »inneres Licht« durch Christus alle Menschen erleuchtet und sie zum Heil führt. Aus moralischen Gründen verweigern die Quäker den Kriegsdienst. Sie lehnen es ab, Eide zu schwören. Wegen ihrer strikten Ablehnung der Staatskirche wurden die Quäker in der Vergangenheit angefeindet und zur Auswanderung gezwungen.

Römische Inquisition, auch **Heiliges Offizium** Die »Heilige Römische und Universelle Inquisition« wurde 1542 von Papst Paul III. im Zuge der Gegenreformation als oberste Instanz für alle kirchlichen Gerichte gegründet, um die Häresie zu bekämpfen und die katholische Herrschaft über Europa zu gewährleisten.

Römische Kurie nennt man den päpstlichen Hof und die päpstlichen Behörden.

Schismatiker Abtrünniger, der zur Spaltung der kirchlichen Einheit (Schisma) beiträgt.

232

Scholastiker Vertreter der Scholastik, der theologischen und philosophischen Lehre des lateinischen Mittelalters. Gemeinhin wird zwischen Früh-, Hoch- und Spätscholastik unterschieden. Bezeichnend für die gesamte Scholastik waren ihre Autoritätsgläubigkeit und ihre Schulgebundenheit. Da man in der Theologie davon ausging, dass die *eine* Glaubenswahrheit bereits vorläge, beschäftigten sich die Scholastiker vornehmlich mit der Deutung, Begründung, Systematisierung und Verteidigung der Wahrheit.

Simonie Kauf und Verkauf von geistlichen Ämtern.

Spanische Inquisition Ihre Gründung hing unmittelbar mit der Befürchtung zusammen, dass zur Konversion gezwungene Juden und Muslime weiterhin insgeheim ihre Bräuche praktizieren könnten. So forderte Königin Isabella von Kastilien die Errichtung einer speziellen Inquisition. Ab 1478 arbeitete die spanische Inquisition unter dem Einfluss der Krone. Vom Papst und von der Römischen Inquisition, die später entstand, war sie unabhängig. Ein Großinquisitor stand der Spanischen Inquisition vor. Sie war für ihre strengen Urteile berüchtigt.

Tiara nennt man die dreifache Krone des Papstes.

Tonsur Kreisrund geschorene Stelle auf dem Kopf katholischer Geistlicher. Kirchenrechtlich gesehen wurde der Geschorene mit dem Akt des Scherens in den Stand der Kleriker aufgenommen. 1973 wurde die Zeremonie abgeschafft.

Universalienstreit Mittelalterliche philosophische Auseinandersetzung über die Frage, ob die Allgemeinbegriffe (Universalien) vor den Dingen, in den Dingen oder bloße Namen (Worte) seien.

Viertes Laterankonzil Das bedeutendste Konzil des Mittelalters fand 1215 in Lateran statt. Auf dem Konzil wurde bestimmt, dass die verurteilten Ketzer an die weltliche Gerichtsbarkeit ausgeliefert werden müssten. Auf diese Weise entzog sich die Kirche der Verantwortung für die Hinrichtung.

Waldenser, nach ihrem Lyoner Gründer, Peter Waldes (zw. 1184 und 1218) benannt. Sie verpflichteten sich, nach dem Vorbild Jesu in völliger Armut zu leben. Ihr Bestreben, zur Einfachheit des Evangeliums zurückzukehren, die Ablehnung der kirchlichen Hierarchie, die Praxis der Laienpredigt, sowie ihre Verlautbarung, jeder Gläubige könne die Funktion eines Priesters erfüllen, führten sie in Konflikt mit der römischen Kirche.

Zisterzienser Angehörige des nach dem Kloster Cîteaux benannten benediktinischen Reformordens. Gegründet 1098, wurde der Zisterzienserorden 1108 offiziell anerkannt und erhielt eine eigene liturgische und ordensrechtliche Verfassung. Als charakteristisch gelten die Schmucklosigkeit der Kirchen und die Einfachheit der Liturgie.

Zweites Vatikanisches Konzil (1962–1965) siehe S. 180

Literaturverzeichnis

Abaelard, *Die Leidensgeschichte und der Briefwechsel mit Heloisa*. Übertr. und hg. von E. Brost, Berlin 1939. (= *Leidensgeschichte*)

Acta et Documenta Concilio Oecumenico Vaticano II Apparando II, 2, Vatikanstadt 1968. (= *Acta et Documenta*)

Allen, J.H., *Kardinal Ratzinger*, Düsseldorf 2002. (= *Ratzinger*)

Antonetti, P., *Savonarola. Ketzer oder Prophet?*, Zürich 1992. (= *Savonarola Ketzer*)

Baier, L., *Die große Ketzerei. Verfolgung und Ausrottung der Katharer durch Kirche und Wissenschaft*, Berlin 1984. (= *Ketzerei*)

Benz, H., *Nah bei den Leuten. Kardinal Frings. Norbert Trippen beschreibt Leben und Wirken des früheren Kölner Erzbischofs*, in: *Rheinischer Merkur online 2003 – www.merkur.de*. (= *Nah bei den Leuten*)

Beretta, F., *Galileo Galilei und die Galilei Inquisition (1616–1633)*, in: *Inquisition, Index, Zensur. Wissenskulturen der Neuzeit im Widerstreit*, hg. von H. Wolf, Paderborn/München 2001, S. 141–159. (= *Galilei Inquisition*)

Benedetto XIV (Prospero Lambertini). Atti del Convegno internazionale di studi storici su Benedetto XIV, Cento 1982. (= *Benedetto XIV.*)

Bertone, T., *Il governo della chiesa nel pensiero di Benedetto XIV (1740–1758)*, Rom 1977. (= *Il governo*)

Buntfuß, M., *Wahrheit/Dogma*, in: *Metzler Lexikon Religion*, Bd. 3, Stuttgart 2000, S. 617–620. (= *Wahrheit/Dogma*)

Clanchy, M.T., *Abaelard. Ein mittelalterliches Leben*, Darmstadt 2000. (= *Abaelard*)

Das Buch der Inquisition. Das Originalhandbuch des Inquisitors Bernard Gui, hg. von P. Seifert und M. Pawlik, Augsburg 1999. (= *Das Buch der Inquisition*)

Denzler, G., *Savonarola – Fanatiker? Ketzer? Heiliger?*, in: *Kirche Intern 5*, 1998, S. 46. (= *Savonarola Fanatiker*)

Die Ketzer, hg. von A. Holl, Hamburg 1994.

Dirnbeck, J., *Die Inquisition. Eine Chronik des Schreckens*, München 2001.

Durant, W. und A., *Kulturgeschichte der Menschheit*, o.J. (= *Kulturgeschichte*)

Duvernoy, J., *Pierre Autier*, in: *Cahiers d'études cathares XXI*, 1970, S. 9–49. (= *Pierre Autier*)

Edwards, J., *Die spanische Inquisition*, Düsseldorf/Zürich 2003.

Fehlbar? Eine Bilanz, hg. von H. Küng, Zürich 1973. (= *Fehlbar?*)

Fernández-Armesto, F., *Wahrheit. Die Geschichte. Die Feinde. Die Chancen*, Freiburg/Basel/Wien 1998. (= *Wahrheit*)

Ferrara, O., *Alexander VI. Borgia*, Zürich 1957. (= *Alexander VI.*)

Fischer, H.-J., *Die Jahre mit Johannes Paul II.*, Freiburg i. Br. 1998. (= *Die Jahre*)

Frings, J., *Für die Menschen bestellt. Erinnerungen des Alterzbischofs von Köln Josef Kardinal Frings*, Köln 1973. (= *Für die Menschen*)

Fülöp-Miller, R., *Macht und Geheimnis der Jesuiten*, München/Zürich 1960. (= *Jesuiten*)

Gillner, M., *Bartolomé de Las Casas und die Eroberung des indianischen Kontinents*, Stuttgart/Berlin/Köln 1997. (= *Las Casas*)

Godman, P., *Die geheime Inquisition. Aus den verbotenen Archiven des Vatikans*, München 2001. (= *Inquisition*)

Godman, P., *Weltliteratur auf dem Index. Die geheimen Gutachten des Vatikans*, München 2001. (= *Weltliteratur*)

Grane, L., *Peter Abaelard*, Göttingen 1969. (= *Peter Abaelard*)

Gutiérrez, G., *Gott oder das Gold. Der befreiende Weg des Bartolomé de Las Casas*, Freiburg / Basel / Wien 1990. (= *Gott oder Gold*)

Hansen, J., *Zauberwahn, Inquisition und Hexenprozeß im Mittelalter und die Entstehung der großen Hexenverfolgung*, Aalen ²1983. (= *Zauberwahn*)

Häring, H., *Theologie und Ideologie bei Joseph Ratzinger*, Düsseldorf 2001. (= *Theologie*)

Hausmann, F., *Die Macht aus dem Schatten. Alessandra Strozzi und Lucrezia Medici: Zwei Frauen im Florenz der Renaissance*, Berlin 1993. (= *Macht aus Schatten*)

Helmleben, J., *Galileo Galilei*, Hamburg 1969. (= *Galileo Galilei*)

Hroch, M. / Skýbová, A., *Die Inquisition im Zeitalter der Gegenreformation*, Stuttgart 1985.

Jauch, J.M., *The Trial of Galileo Galilei (CERN-Bericht 36–64)*, Genf 1964.

Kamen, H., *Die spanische Inquisition. Verfolgung und Vertreibung*, München ²1980. (= *Spanische Inquisition*)

Kaufmann, L., *Prophet Ottaviani?*, in: *Orientierung* 39, 1975. (= *Prophet Ottaviani*)

King-Hele, D., *Erasmus Darwin*, London 1963.

Kolping, A., *Der Fall Küng. Eine Bilanz*, Bergen-Enkheim 1975. (= *Der Fall Küng*)

Küng, H., *Christ sein*, München 1974.

Küng, H., *Erkämpfte Freiheit. Erinnerungen*, München / Zürich 2002. (= *Erkämpfte Freiheit*)

Küng, H., *Unfehlbar? Eine Anfrage*, Zürich 1970. (= *Unfehlbar?*)

Kuper, M., *Agrippa von Nettesheim. Ein echter Faust*, Berlin 1994. (= *Agrippa*)

Lambert, M., *Geschichte der Katharer. Aufstieg und Fall der großen Ketzerbewegung*, Darmstadt 2001. (= *Katharer*)

Landucci, L., *Ein Florentinisches Tagebuch 1450–1516*, Bd. 1, Jena 1912. (= *Tagebuch*)

Lea, H.C., *Geschichte der Inquisition im Mittelalter*, Neudruck Frankfurt a. M. 1997, Bd. 2 und 3. (= *Inquisition im Mittelalter*)

Lea, H.C., *Geschichte der spanischen Inquisition*, Bd. 3, Leipzig 1912. (= *Geschichte*)

Lepenies, W., *Autoren und Wissenschaftler im 18. Jahrhundert*, München 1988. (= *Autoren*)

Loretz, O., *Galilei und der Irrtum der Inquisition. Naturwissenschaft – Wahrheit der Bibel – Kirche*, Kevelaer 1966. (= *Galilei Irrtum*)

Luther, M., *Tischreden*, Bd. 4, hg. von K.E. Förstermann und H.E. Bindseil, Leipzig 1844–1848. (= *Tischreden*)

Masson, G., *Kurtisanen der Renaissance*, Bergisch-Gladbach 1974. (= *Kurtisanen*)

Meier, J., *Bartolomé de Las Casas. Die Kommunität des Predigerordens in Santo Domingo und die untergegangenen Völker der Karibik*, in: Ders. / A. Langenhorst, *Bartolomé de Las Casas. Der Mann, das Werk, die Wirkung*, Frankfurt a. M. 1992, S. 23–32. (= *Bartolomé*)

Pastor, L., *Geschichte der Päpste im Zeitalter des fürstlichen Absolutismus.*

235

Von der Wahl Benedikts XIV. bis zum Tode Pius' VI. (1740–1799), Freiburg i. Br. [8]1961, Bd. 16,1 und 16,2. (= *Päpste*)

Pesch, O.H., *Das Zweite Vatikanische Konzil. Vorgeschichte – Verlauf – Ergebnisse – Nachgeschichte*, Würzburg [2]2001. (= *Das Zweite*)

Peter Abaelard. *Leben-Werk-Wirkung*, hg. von U. Niggli, Freiburg i. Br. 2003. (= *Peter Abaelard Leben*)

Pietschmann, H., *Das Ende des Naturwissenschaftlichen Zeitalters*, Stuttgart 1990.

Pietschmann, H., *Die Wahrheit liegt nicht in der Mitte*, Stuttgart 1995. (= *Mitte*)

Piper, E., *Savonarola. Umtriebe eines Politikers und Puritaners im Florenz der Medici*, Berlin 1979. (= *Savonarola Umtriebe*)

Rahn, O., *Kreuzzug gegen den Gral*, Neuausgabe Stuttgart 1964. (= *Kreuzzug*)

Ratzinger, J., *Auf der Suche nach dem Frieden*, in: FAZ, 11. Juni 2004.

Ratzinger, J., *Der angezweifelte Wahrheitsanspruch. Die Krise des Christentums am Beginn des dritten Jahrtausends*, in: *FAZ*, 08.01.2000. (= *Wahrheitsanspruch*)

Ratzinger, J., *Glaube, Wahrheit, Toleranz. Das Christentum und die Weltreligionen*, Freiburg i. Br. 2003. (= *Glaube*)

Ratzinger, J., *Salz der Erde. Christentum und katholische Kirche an der Jahrtausendwende. Ein Gespräch mit Peter Seewald*, Stuttgart 1996. (= *Das Salz*)

Ring-Eifel, L., *Weltmacht Vatikan. Päpste machen Politik*, München 2004. (= *Weltmacht Vatikan*)

Roche Muggeridge, A., *The Desolate City. Revolution in the Church*, San Francisco 1986. (= *Desolate City*)

Rom, Platz des Heiligen Offiziums Nr. 11, hg. von L. Waltermann, Graz 1970. (= *Rom*)

Rössner, L., *Die Pädagogik des Lunatikers Erasmus Darwin*, Braunschweig 1984. (= *Pädagogik*)

Rudolph, G., *De incertitudine et vanitate scientiarum, Tradition und Wandlung der wissenschaftlichen Skepsis von Agrippa von Nettesheim bis zum Ausgang des 18. Jahrhunderts*, in: *Gesnerus, Aarau* 23 (1966). (= *De incertitudine*)

Schneider, T., *Thomas Hobbes*, in: *Metzler Philosophen Lexikon, Stuttgart* 1995.

Schwedt, H.H., *Kongregation für die Glaubenslehre*, in: *Religion in Geschichte und Gegenwart*, Bd. 4. Tübingen 2001.

Segl, P., *Inquisition*, in: *Religion in Geschichte und Gegenwart*, Bd. 4, Tübingen 2001.

Sprenger, J., Institoris, H., *Der Hexenhammer*, aus dem Lateinischen übertragen und eingeleitet von J.W.R. Schmidt, München [7]1987. (= *Hexenhammer*)

Störig, H.J., *Kleine Weltgeschichte der Philosophie*, Frankfurt a. M. 1988. (= *Philosophie*)

Taine, H., *The Ancient Regime*, New York 1891.

The letters of Erasmus Darwin, ed. by D. King-Hele, Cambridge 1981. (= *The letters*)

Tschacher, W., *Hexe/Hexenmuster/Hexenverfolgung*, in: *Metzler Lexikon Religion*, Bd. 2, Stuttgart 1999.

Tschacher, W., *Inquisition*, in: *Metzler Lexikon Religion*, Bd. 2, Stuttgart 1999.

Um nichts als die Wahrheit. Deutsche Bischofskonferenz contra Hans Küng. Eine Dokumentation, hg. von W. Jens, München / Zürich 1978. (= *Um nichts*)

van Duinkerken, A., *Bernhard von Clairvaux,* Wien / Freiburg / Basel 1966. (= *Bernhard*)

von Nettesheim, A., *Über die Fragwürdigkeit, ja Nichtigkeit der Wissenschaften, Künste und Gewerbe,* hg. von S. Wollgast, Berlin 1993. (= *Fragwürdigkeit*)

Weyer, J., *Über die Blendwerke der Dämonen,* zitiert aus: Hammes, M., *Hexenwahn und Hexenprozesse,* Frankfurt a. M. 1977. (= *Blendwerke*)

Ziegeler, W., *Möglichkeiten der Kritik am Hexen- und Zauberwesen im ausgehenden Mittelalter,* Köln / Wien 1973. (= *Möglichkeiten*)

Danksagung

Ohne Roman Hocke wäre dieses Buch nie entstanden. Ein Literaturagent wie er ist für jeden Autor ein absoluter Glücksfall. Über die Vermittlung Roman Hockes gab mir dann Thomas Schmitz – ehemals Kreuz Verlag – die Chance, das Projekt zu verwirklichen. Beiden bin ich zu größtem Dank verpflichtet. Bei Ulrike Merkel und Claus-Jürgen Jacobson vom Kreuz Verlag bedanke ich mich ganz herzlich für ihr kompetentes und konstruktives Lektorat.

Ein Buch wie dieses kann nicht ohne die wissenschaftliche Vorarbeit anderer Autoren verfasst werden. Allen Autoren, die in der Literaturliste aufgeführt werden, danke ich herzlich. Einen jedoch möchte ich ganz besonders hervorheben: Ohne die Forschungen Peter Godmans hätten einige Kapitel dieses Buches nicht geschrieben werden können. Er war es, der mir den ersten Einblick in den inquisitorischen Kosmos gewährte und mir einst die Pforten zur vatikanischen Bibliothek öffnete.

Meine Frau Agnes war mit ihrer liebevollen und konstruktiven Art stets am Entstehungsprozess des Buches beteiligt, sowohl als Ideengeberin wie als Lektorin. Von ihrer religionswissenschaftlichen Kompetenz konnte ich jederzeit profitieren. Ihr ist dieses Buch in Liebe gewidmet.

Bildnachweis

Bibliografische Information der Deutschen Bibliothek
Die Deutsche Bibliothek verzeichnet diese Publikation in der
Deutschen Nationalbibliografie; detaillierte bibliografische Daten
sind im Internet über http://dnb.ddb.de abrufbar

Kreuz Verlag, Stuttgart
in der Verlagsgruppe Dornier GmbH
Postfach 80 06 69, 70506 Stuttgart

www.kreuzverlag.de
www.verlagsgruppe-dornier.de

Umschlagbild: © creatas
Umschlaggestaltung: Bergmoser + Höller Agentur, Aachen
Satz: de·te·pe, Aalen
Druck: Clausen & Bosse, Leck

ISBN 3-7831-2587-1
ISBN 978-3-7831-2587-0